Los OSCARS

Adolfo Pérez Agustí

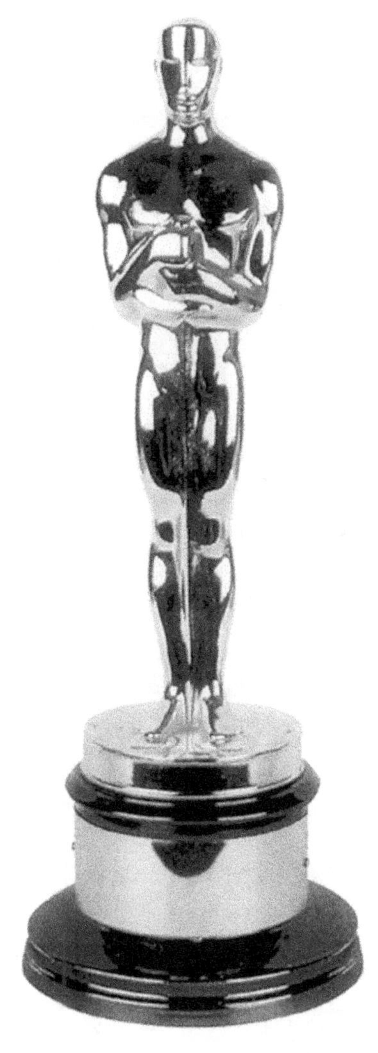

Adolfo Pérez Agustí
Fernán Caballero, 4-1º dcha.
28019 MADRID

http://www.edicionesmasters.com
edicionesmasters@gmail.com

Diseño portada: Slabon
Maquetación: Roberto-Carlos Pérez

Nada genera más entusiasmo y admiración en los aficionados al cine que los premios de la Academia, con su desfile previo y la incertidumbre sobre quiénes serán los galardonados. En su intento de honrar lo mejor del cine mundial, los organizadores han realizado eventos que son una mezcla de buen gusto, arte escénico y extravagancia, logrando con ello que año tras año las ceremonias -que son seguidas a través de la televisión por millones de fans de todo el mundo- muestren la esencia del cine, que no es otra cosa que aportar magia y sueños, casi siempre dentro de esa fábrica de ilusiones que es Hollywood.

Pero como todo premio, los Oscars siempre son objeto de largas y controvertidas polémicas, básicamente de quienes ni siquiera han sido nominados, pues hay que reconocer que estos galardones han contribuido sensiblemente al éxito fulgurante de los premiados. En el camino se quedan no siempre los peores, pero cuya calidad artística no es suficiente para un jurado de expertos que debe hilar muy fino para no tener que aguantar luego una gran cantidad de críticas.

Posteriormente, y en ocasiones en franca oposición a este jurado, está el público, el único que certifica lo que verdaderamente interesa o no. Y es que el tiempo ha demostrado que el cine es, ante todo, un espectáculo de masas, no un arte para minorías intelectuales a quienes parecen gustar todo lo que aburre a la mayoría. Por eso, y aunque sea ir en contra de los eruditos, una película que no logra atraer la atención del gran público y que supone un fracaso económico es, deberíamos ser sinceros, una película frustrada.

La finalidad de realizar un filme es gustar, generar beneficios a todos cuantos en él han intervenido, y no ser caldo de cultivo para asociaciones de "entendidos" en cine que desprecian los gustos del público.

Con el tiempo, los premios de la Academia han demostrado que no han sido otorgados al azar y casi siempre, con pocas excepciones, lo que gusta a ese jurado gusta al público. Paralelos a ellos están una gran cantidad de certámenes, Cannes, San Sebastián, etc., pretendidamente más "serios", cuyas películas premiadas son con frecuencia ignoradas por los Oscars y que en su pase al público encuentran serias dificultades para amortizar los costes económicos. Esto nos lleva a la conclusión de que no debe ser difícil combinar buena calidad artística y técnica en un filme y, al mismo tiempo, unos buenos resultados en taquilla. Eso, al menos, es lo que pretende la Academia con la entrega de Los Oscars.

BREVE RECORRIDO HISTÓRICO

Este extraordinario acontecimiento cinematográfico denominado simplemente como los "Oscars", fue fundado por los legendarios Mary Pickford, Henry King, Douglas Fairbanks, Raoul Walsh, Frank Lloyd, Irving Thalberg, Fred Niblo y el productor Luis B. Meyer, entre otros muchos, quienes fundaron el 4 de mayo de 1927 la "Academy of Motion Picture Arts and Sciencies".
Cuando los primeros Premios de la Academia se mostraron el 16 de mayo de 1929, los cines habían empezado a introducir el sonoro. La primera entrega de los Premios tuvo lugar durante un banquete en el Blossom Room del Hotel Roosevelt, con una asistencia de 250 personas y un precio por entrada de $10, pero entonces no había la expectación que ahora conocemos, pues la mayoría de los ganadores alcanzaban su fama con posterioridad. Los periódicos, además, conocían los resultados de antemano, ya que debían publicarse esa misma noche con todo detalle. Pero en 1940, los propios invitados llegaron a la entrega con el periódico Los Angeles Time, por lo que la intriga ya no existía. Como resultado, el sistema del sobre sellado se adoptó el próximo año y se conserva hasta ahora.

Desde los primeros años, el interés por los Premios de la Academia ha superado las expectativas, llegando a ser ahora un motivo comercial para los premiados. La primera presentación solamente se anunció mediante unas cortas noticias en la radio, pero la segunda ceremonia ya había acaparado el entusiasmo del público, especialmente porque se efectuó en vivo y con una duración de una hora.

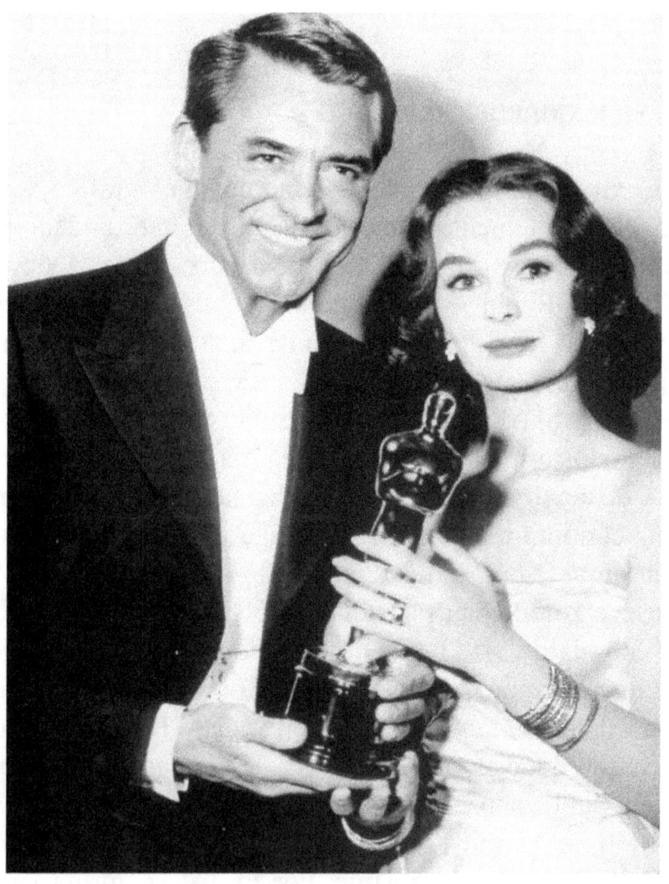

Cary Grant y Jean Simmons

Durante 15 años la entrega se efectuó en la Academy Awards Presentations, posteriormente en el Blossom Room, y más tarde en los hoteles Ambassador y Biltmore. La costumbre de presentar las estatuillas durante un banquete se modificó después de 1942, pues la mayor asistencia de invitados y la guerra habían hecho poco recomendables los banquetes, por lo que desde entonces la entrega se efectuó en teatros.

La ceremonia 16 de los Premios se realizó en el Grauman's Chinese Theater y se difundió por vez primera por la radio para que llegara a los soldados de ultramar. Allí se entregaron los Oscars durante tres años, hasta que se trasladaron a Los Angeles Shrine Auditorium. Dos años después, en marzo de 1949, la ceremonia 21 se efectuó en la Academy's Own Melrose Avenue Theater, mientras que durante los siguientes 10 años los premios anuales se entregaron en el RKO Pantages Theater de Hollywood, siendo aquí donde se transmitió por televisión por vez primera el 19 de marzo de 1953. La NBC-TV y la radio llevaron la ceremonia 25 a Hollywood, con Bob Hope como maestro de ceremonias y de allí pasó al Teatro Internacional en Nueva York con Fredric March como presentador. En 1961, los premios se fueron hasta el Santa Monica Civic Auditorium y durante los próximos 10 años la ABC-TV y la radio se ocuparon de la radiodifusión.

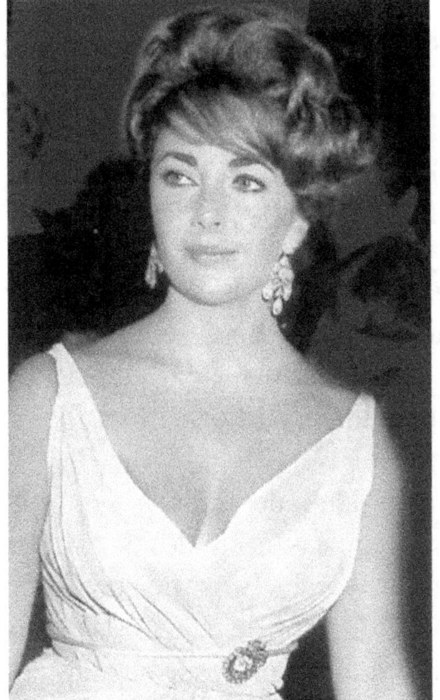

En 1966, los Oscars se transmitieron por vez primera en color, y el 14 de abril de 1969 la entrega 41 se efectúa en el Dorothy Chandler Pavilion del Music Center de Los Angeles County, siendo entonces el primer evento de este centro cultural conocido mundialmente.

Elizabeth Taylor

Desde 1971 a 1975 la NBC-TV se ocupó de los premios, continuando con la ABC desde entonces hasta el 2008.
Los Oscars permanecerían en el Music Center hasta las 1986, cuando la ceremonia volvió al Shrine Auditorium para la 60 y 61 entrega. Desde entonces se han movido entre el Shrine y el Music Center. La Shrine Auditorium alberga hasta 6.000 asientos, y constituye un lujo para la Academia, pues el Music Center apenas tiene 2.500 asientos. En 2002 se entregaron en el Kodak Theatre at Hollywood & Highland.
Con el tiempo, la ceremonia de los Oscars, que inicialmente duraba poco más de cinco minutos, se convirtió en un gran espectáculo que se retransmite vía satélite a todo el mundo occidental y se añadieron nuevos premios. Algunos de ellos, posiblemente los más importantes o entrañables, son los Oscars honoríficos, los especiales, otorgados a aquellas personas que han dedicado toda su vida al cine y han cosechado grandes éxitos entre el público, el único jurado, insisto, válido.

La primera estatuilla fue presentada por Emil Jannings, galardonado Mejor Actor por sus trabajos en "The Last Command" (La última orden) y "The Way of All Flesh". El primer año, 1929, se otorgaron 15 estatuillas, todas ellas para varones, salvo la de Janet Gaynor. En el segundo año, el número de premios se redujo a siete, dos para las estrellas y uno para la mejor película, director, fotografía y dirección artística.
Se reconoció también la necesidad de otorgar premios especiales más allá de las categorías normales y así, en 1927/28, el primero fue para la Warner Bros. por producir la primera película hablada "El Cantor de Jazz," y el otro para Charlie Chaplin por producir, dirigir, escribir e inter-

pretar "El Circo." En 1934, se agregaron tres nuevas categorías, así como un reconocimiento especial para Bette Davis por su actuación en "Of Human Bondage".
En 1936, se entregaron los primeros Oscars a los mejores actores secundarios, recayendo en Walter Brennan por "Come and Get it" y Gale Sondergaard por "Anthony Adverse." La primera presentación del Premio Irving G. Thalberg recayó en Darryl F., Zanuck.

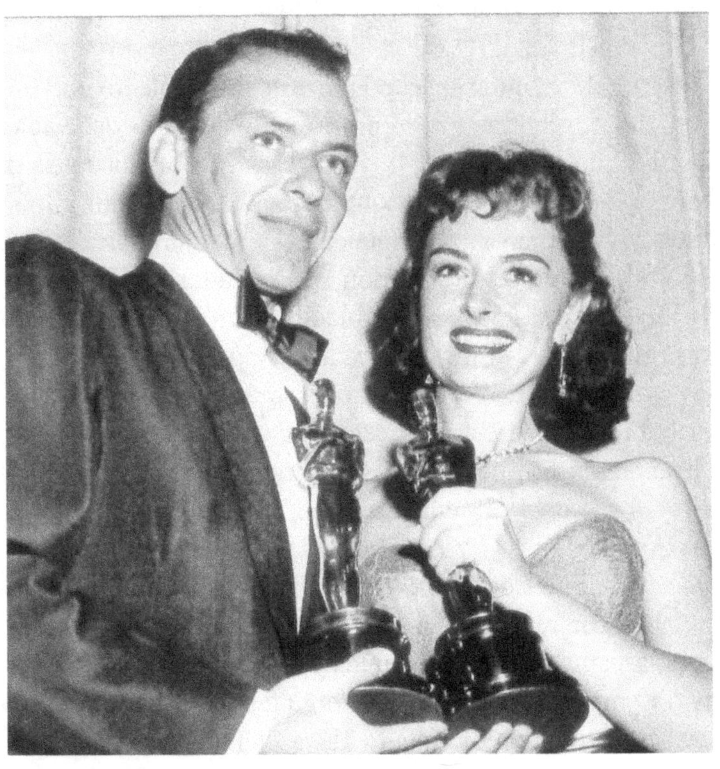

Frank Sinatra y Donna Reed

El primer premio a los Mejores Efectos Especiales se otorgó en 1939 y fue ganado por la Fox por "The Rains

Came" (Vinieron las lluvias.) En 1941, la categoría cinematográfica Mejor Documental aparecía por vez primera en la papeleta de voto, y en 1947, mucho antes de que las ceremonias de los Premios alcanzaran el resto del mundo, la Academia invitó a los filmes extranjeros para acceder el Oscar. Ese año el primer premio para honrar una película en idioma extranjero se otorgó a la película italiana "Shoe-Shine". El año siguiente la Academia incluyó también el Mejor Vestuario que recayó en "Juana de Arco" (color) y "Hamlet" (B/N).

El premio humanitario Jean Hersholt se estableció en 1956 y en 1963, mientras que el premio a los efectos especiales fue dividido en dos: Efectos sonoros y Efectos visuales, en reconocimiento del hecho que ambos efectos eran importantes y no tenían que pertenecer a la misma película. Los decorados y el Premio Gordon E. Aserrador por las contribuciones tecnológicas se establecieron en 1981, y una categoría nueva para filmes animados se agregó en 2001.

Ha habido sólo tres circunstancias que interrumpieron la presentación prefijada de los Premios de la Academia. La primera fue en 1938 cuando hubo una lluvia torrencial en Los Angeles que arruinó la ciudad, obligando a posponer la ceremonia desde el 8 de abril al 10 de abril; la segunda en 1968 por respeto a la memoria del Dr. Martin Luther King, asesinado unos días antes y cuyo entierro estaba previsto el mismo día de la ceremonia de los Oscars; y la tercera en 1981 por el intento de asesinato del presidente Ronald Reagan.

La asistencia a los Premios de la Academia Anuales sólo es por invitación y ninguna localidad se pone en la venta pública. Después de la entrega de premios, la Academia celebra una fiesta a la que acuden los invitados de la gala, tras lo cual se dirigen a otras fiestas privadas organizadas en honor de los ganadores. Paralelamente, en varias ciudades de Estados Unidos tienen lugar una serie de fiestas benéficas autorizadas por la Academia que recrean la glamour de esa gran noche de Hollywood.

La persona que más ha sido recompensada por la Academia es Walt Disney: obtuvo más de 60 nominaciones y 26 Oscars, principalmente por sus cortos de animación. Entre los actores, el récord lo tiene Katharine Hepburn, con 4 Oscar de sus 12 nominaciones, aunque la actriz más nominada ha sido Meryl Streep, que ha optado a los premios en 13 ocasiones.

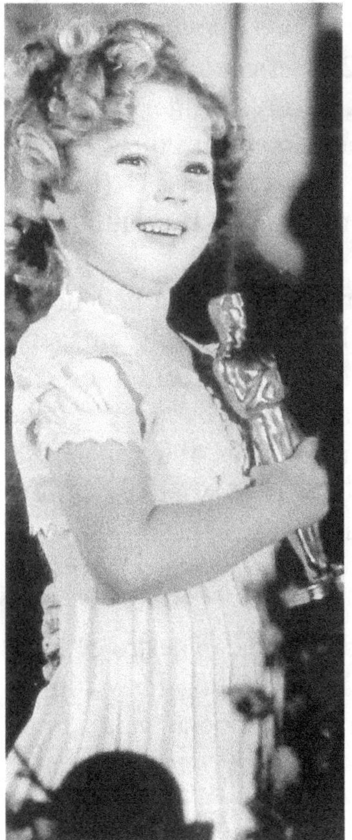

La más joven galardonada por la Academia fue Shirley Temple, quien recibió un premio juvenil con 6 años, aunque en los ganadores de un Oscar de interpretación, la de menos edad fue Tatum O'Neal, con 10 años, que se llevó la estatuilla a la mejor actriz secundaria por "Luna de papel" (1973.) La mujer más anciana nominada fue Gloria Stuart por "Titanic" (1997), con 87 años, y el ganador varón de más edad fue George Burns por "La pareja chiflada" (1975), con 80 años.

Shirley Temple

Sólo tres películas se han llevado los cinco Oscars más importantes: mejor película, mejor actor, mejor actriz, mejor director y mejor guión. Fueron "Sucedió una noche" (1934), "Alguien voló sobre el nido del cuco" (1975) y "El silencio de los corderos" (1991).

El Oscar ha sido compartido (ex-aequo) en contadas ocasiones. En 1932, el premio al mejor actor fue para Fredrich March (El hombre y el monstruo) y Wallace Beery (El campeón); y en 1968, Barbra Streisand (Funny Girl) y Katharine Hepburn (El león en invierno) compartieron la estatuilla a la mejor actriz

Varias mujeres han sido nominadas en el mismo año a la mejor actriz y a la mejor actriz secundaria: Fay Bainter en 1993, Teresa Wright en 1942, Jessica Lange en 1982, Sigourney Weaver en 1988, Holly Hunter y Emma Thompson en 1993, y Julianne Moore en 2002. Tres de ellas se llevaron el premio como secundarias (Bainter, Wright y Lange), y sólo Hunter consiguió la estatuilla a la mejor actriz.

Francia es el país con más nominaciones a la película de habla no inglesa: 30 de sus filmes fueron seleccionados, aunque el récord de Oscars lo tiene Italia, con 10 estatuillas (cuatro de ellas para largometrajes de Federico Fellini.) Tres películas fueron nominadas a la vez en esta categoría y en la de mejor filme: la taiwanesa "Tigre y dragón" (2000), la italiana "La vida es bella" (1998) y la francesa "Z" (1969). Las tres se llevaron el Oscar a la mejor película extranjera.

Bob Hope puede ser considerado como el maestro de ceremonias por excelencia de los Oscars. Este actor y cómico posee el record de intervención en la conocida gala: la presentó nada más y nada menos que en 17 ocasiones, entre las décadas de los 40 y de los 70.

Alfred Hitchcock, el maestro del suspense, no consiguió ningún Oscar al mejor director pese a haber rodado más de 60 películas, algunas de ellas inolvidables. Fue nominado

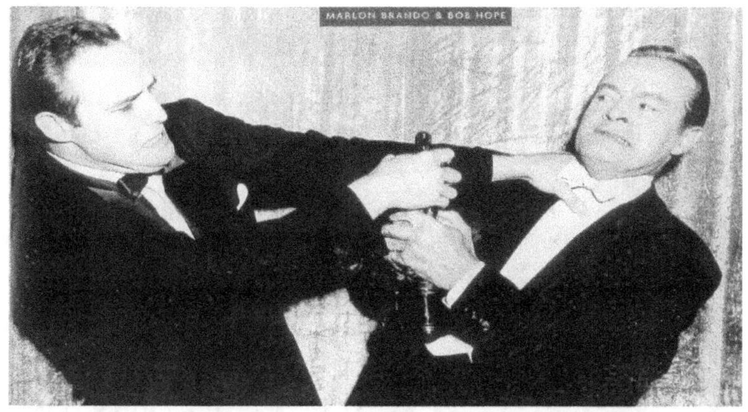

Bob Hope y Marlon Brando

esta categoría en cinco ocasiones, por "Rebeca" (1940), "Náufragos" (1944), "Recuerda" (1945), "La ventana indiscreta" (1954) y "Psicosis" (1960). Al final, sólo se llevó un Oscar honorífico.

"El color púrpura" (1985), de Steven Spielberg, figura como una de las mayores perdedoras en la historia de los Oscars. Consiguió 11 nominaciones pero no se llevó ni un Oscar. Lo mismo le sucedió a "Paso decisivo" (1977), de Herbert Ross. Otra gran olvidada fue "Qué bello es vivir" (1946), que con cinco nominaciones -entre ellas película, director y actor- no recibió estatuillas.

Recompensar a un actor con un premio honorífico después de toda una carrera de nominaciones pero ni un solo Oscar, parece algo habitual en la Academia. Por esa experiencia pasaron Greta Garbo, Kirk Douglas, Deborah Kerr o Gene Kelly. Y entre los directores, están en esa misma situación Ernst Lubitsch y Howard Hawks.

En 1996, Steven Spielberg compró de forma anónima el único Oscar que ganó el actor Clark Gable por su trabajo en "Sucedió una noche" (1934). Lo hizo para evitar que perdiera su valor simbólico y pasara a ser objeto de explotación comercial. Más tarde lo cedió a la Academia, alegando que no había un santuario mejor para la estatuilla.

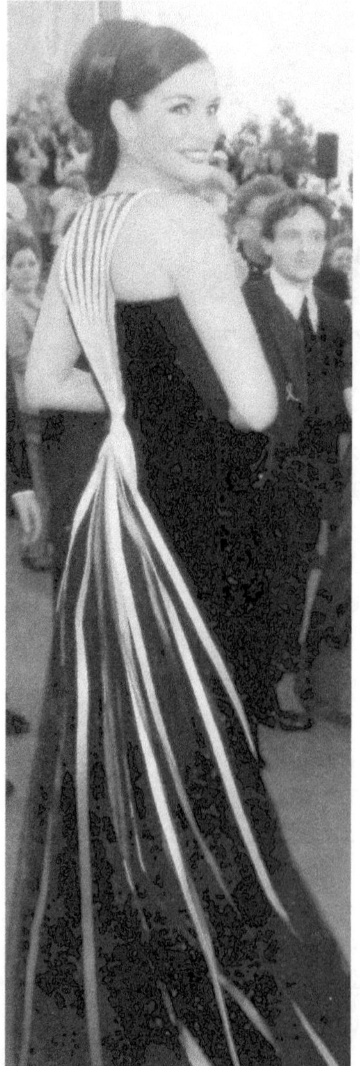

Días antes de la ceremonia del 2001, en la que Julia Roberts estaba nominada a la mejor actriz por "Erin Brockovich", el Museo de Cera de Hollywood puso una réplica de un Oscar en las manos de la figura de la actriz que hay en el museo, aunque posteriormente la Academia hizo retirar la estatuilla por cuestiones de copyright.

Julia Roberts

LA ESTATUILLA DORADA

Creada en 1928, esta estatuilla fue diseñada por Cedric Gibbons, director artístico de Metro Goldwyn Mayer, aunque fue el artista George Stanley quien la esculpió. En un principio, el premio no tenía nombre, y tanto la prensa como la gente de la industria se referían a ella como "la estatuilla de la Academia", "el trofeo dorado" o "la estatuilla al mérito". Casi cuatro años después, la famosa estatuilla de bronce bañada en oro de 14 quilates recibió el sobrenombre de Oscar, atribuyéndose su paternidad personas como Bette Davis (quien le nombró como su marido Harmon Oscar) y Sidney Skolsky, un periodista que gustaba hacer chistes sobre esos premios. También es posible que la autoría corresponda realmente a Margaret Herrick, bibliotecaria de la Academia y más tarde directora ejecutiva, quien "bautizó" a la figura como Oscar. Al parecer, Herrick comentó que el caballero de la espada le recordaba a su tío Oscar, y desde entonces la Academia empezó a referirse a ella de esa manera.

El nombre se hizo popular en 1934, cuando Sidney Skolsky lo usó en su columna periodística para hablar del premio a la mejor actriz para Katharine Hepburn; aunque la Academia no lo empleó de forma oficial hasta 1939. Su figura representa a un caballero armado con una espada que aguarda de pie sobre un rollo de película con cinco radios. Cada radio simboliza una de las cinco ramas originales de la Academia: actores, guionistas, directores, productores y técnicos. Con una altura de poco más de 34 centímetros y un peso de unos cuatro kilos, siempre ha mantenido el mismo diseño, aunque ha sufrido algún cambio a lo largo de su historia. Por ejemplo, el material con el que se fabrica, ya que aunque en sus orígenes la estatuilla era de bronce macizo bañado en oro, poco después pasó a elaborarse en una aleación que permitía darle un acabado pulido. Por otra parte, las figuras no siempre han llevado

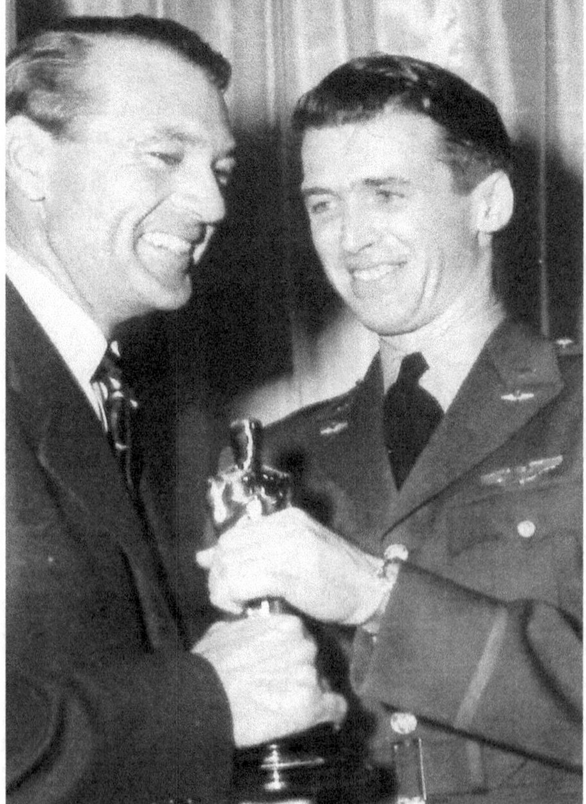

Gary Cooper y James Stewart

número de serie en la base, comenzando a ser numeradas en 1949, y se tomó el nº 501 como punto de partida.
El Oscar original no tenía el brillo de las estatuillas actuales y entre 1942 y 1944 se fabricaron excepcionalmente en yeso, quizá por la crisis económica originada por la Segunda Guerra Mundial. Una vez superada la crisis, sus dueños pudieron cambiar esos premios temporales por las clásicas estatuillas doradas.
Desde la primera ceremonia en 1929, se han entregado 2.365 estatuillas. La empresa R. S. Owens and Company de Chicago, encargada de fabricar los Oscars desde 1982, ha fundido, moldeado y pulido nuevas estatuillas doradas. En un principio los Oscars eran de bronce macizo, durante un tiempo fueron de escayola y ahora son de britanio, una aleación de estaño, chapado en oro. Nunca ha sido alterado desde su nacimiento, excepto cuando el pedestal se hizo más alto en 1945. "Cada estatuilla Oscar está hecha a mano", explica Scott Seigel, presidente de R. S. Owens. "Esta estatuilla es sólo una pequeña parte de nuestro negocio, pero permite que se nos conozca en todo el mundo. Ningún otro premio es tan conocido como el Oscar y por eso lo tratamos con toda la atención que se merece. Estamos muy orgullosos de que la Academia nos haya confiado su fabricación."
Cada año se fabrican entre 50 y 60 estatuillas, y las que no cumplen todos los controles de calidad son partidas y fundidas de nuevo. Se calcula que para fabricar un Oscar se necesitan 12 personas que tardan unas 20 horas en elaborarla.

SELECCIÓN DE LOS MIEMBROS DE LA ACADEMIA

Los miembros de la Academia alcanzan esta categoría como resultado de una invitación de la junta rectora y sólo la reciben aquellos que hayan destacado en las artes y ciencias cinematográficas. Los criterios de admisión son muy severos, e incluyen: méritos cinematográficos que reflejen las exigencias de calidad de la Academia; una nominación a los Premios de la Academia; el logro de una distinción extraordinaria, méritos especiales o una contribución especial al mundo del cine. Además, los candidatos deben venir recomendados por dos miembros de la Academia como mínimo y que trabajen en la especialidad a la que pertenece el aspirante.

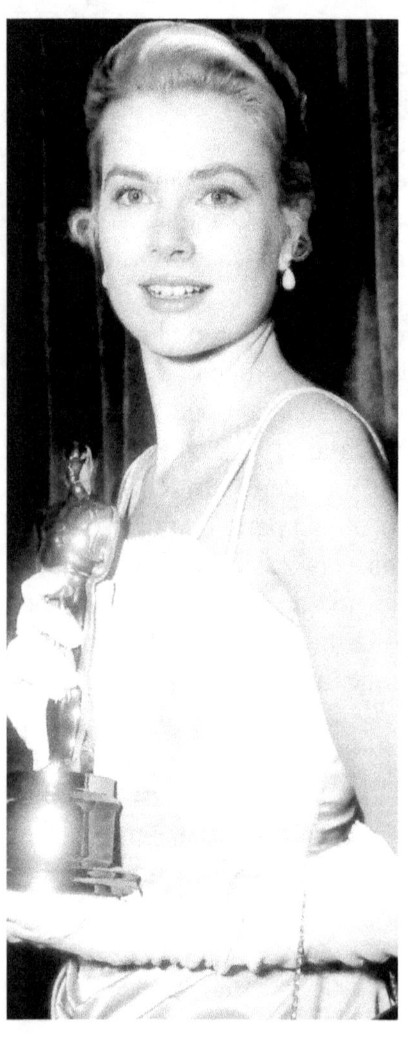

Grace Kelly

El conjunto debe representar 13 ramas de la industria: actores, directores artísticos, cinematógrafos, directores, ejecutivos, editores cinematográficos, músicos, productores, relaciones públicas, realizadores de cortometrajes y animación, especialistas de sonido, especialistas de efectos especiales y guionistas.

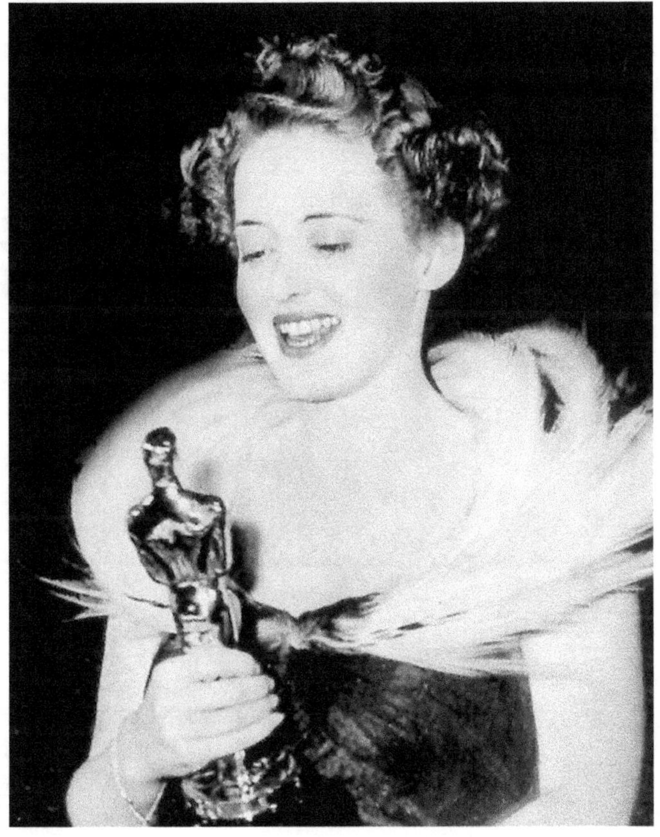

Bette Davis

Selección de las candidaturas

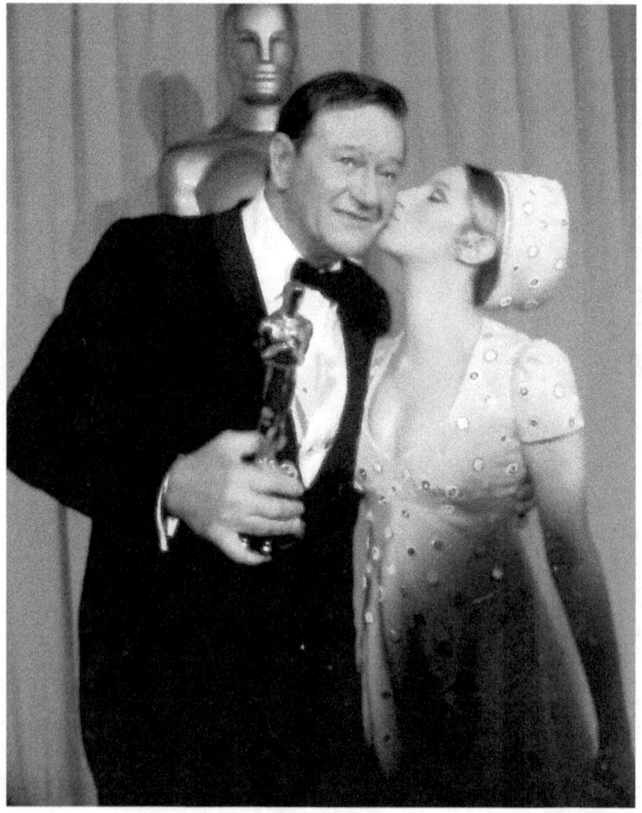

John Wayne y Barbra Streisand

Los 5.600 miembros actuales con derecho a voto elegidos por la Academia, forman los mejores artistas y artesanos del mundo cinematográfico, por lo que sus votos suelen ser considerados como válidos para la mayoría de los críticos.

Los miembros deben visionar cada una de las películas que han superado las pautas de calidad establecidas por la Academia y devolver su voto de nominación secreta a la empresa Pricewaterhouse Coopers. Esta empresa trata de mantener en la más estricta confidencialidad los resultados, pues una vez que las papeletas han sido contadas, sólo dos asociados de Pricewaterhouse Coopers sabrán los resultados antes de que los sobres sean abiertos en el escenario.

Los Oscars de la Academia se otorgan a los mejores resultados individuales o colectivos del año en 24 categorías ordinarias, la mayoría de las cuales cuenta con cinco nominaciones. Las papeletas de estas nominaciones son supervisadas por los miembros de la Academia que se especializan en la rama en cuestión.

De las nominaciones para los premios de las categorías de película extranjera y documentales se encargan amplios grupos procedentes de todas las ramas de la industria.

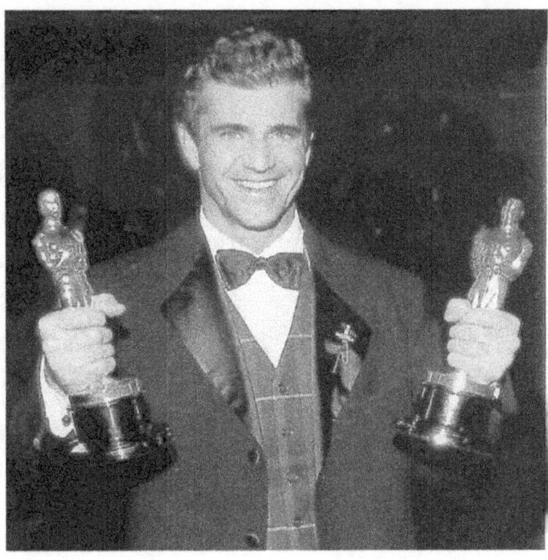

Mel Gibson

PELÍCULAS MÁS PREMIADAS

El Señor de los Anillos: El Retorno del Rey (2003) 11 Oscars
Ben-Hur (1959) 11 Oscars
Titanic (1997) 11 Oscars
West Side Story (1961) 10 Oscars
El Paciente inglés (1996) 9 Oscars
El Último Emperador (1988) 9 Oscars
Lo que el viento se llevó (1939) 8 Oscars
La lista de Schindler (1993) 7 Oscars
Bailando con lobos (1990) 7 Oscars

ACTORES Y ACTRICES MÁS PREMIADOS

ACTORES:

Con tres Oscars	Con dos Oscars
Walter Brennan	Gary Cooper
Frederic March	Marlon Brando
Spencer Tracy	Jack Lemmon
Jack Nicholson	Peter Ustinov
	Dustin Hoffman
	Tom Hanks
	Kevin Spacey
	Robert De Niro
	Denzel Washington
	Anthony Quinn

ACTRICES:

Con cuatro Oscars
Katharine Hepburn
Fue nominada otras
once veces.

Con tres Oscars
Hellen Hayes

Con dos Oscars
Bette Davis
Olivia de Havilland
Louise Rainer
Vivien Leigh
Ingrid Bergman
Elizabeth Taylor
Glenda Jackson
Sally Field
Jodie Foster
Meryl Streep
Maggie Smith

NIÑOS:

Jackie Cooper, en 1930, con nueve años de edad
Shirley Temple, en 1935, con seis años de edad
Tatum ONeill, en 1973, con diez años de edad
Anna Paquin, en 1993, con diez años de edad

NOTAS:

El lector encontrará cierta divergencia entre el año de entrega de los Premios y el año del estreno del filme, totalmente razonable pues siempre se entregan con posterioridad. Al principio, los premios abarcaban las películas estrenadas entre agosto de un año y julio del siguiente; en 1934, se pasó a los años naturales (de enero a diciembre). En 1930 se celebraron dos ceremonias: el 3 de abril se premiaron los filmes estrenados entre agosto de 1928 y julio de 1929, y el 5 de noviembre los comprendidos entre agosto de 1929 y julio de 1930. Coincidiendo con el cambio de sistema, la ceremonia saltó un año en 1933.

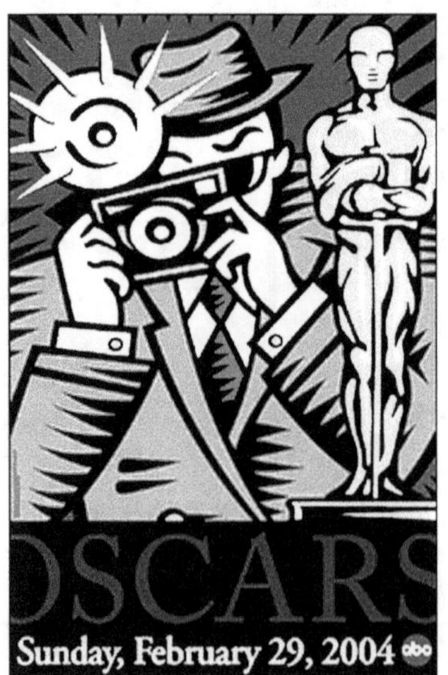

Respecto al nombre de la estatuilla, OSCAR, y puesto que en los medios de comunicación se emplea indistintamente el plural como el singular, denominándose como "entrega de los Oscar" en ocasiones, en lugar de "entrega de los Oscars", hemos preferido esta última opción, ya que así es como figura en el cartel original.

Finalmente, y aunque nos hubiera gustado incluir amplios comentarios sobre todas las películas, sus creadores e intérpretes, las necesidades obvias de espacio nos han obligado a ser muy parcos.

AÑOS

1927/28

1st Awards: 16 de Mayo de 1929, 8:00 p.m.
Lugar:Blossom Room del Hollywood Roosevelt Hotel
Presentadores:Douglas Fairbanks, William C. deMille

La primera ceremonia no tuvo cobertura en directo a través de los medios de comunicación, aunque el acto despertó un gran interés entre el público, por lo que de cara a la segunda edición una emisora de radio local de Los Angeles decidió dedicarle un especial de una hora. Se premiaban obras comprendidas entre 1927 y 1928, con doce categorías.
Las primeras entregas de los Oscars tuvieron lugar durante banquetes en hoteles de Los Angeles. Esa costumbre acabó en 1943, ya que la guerra y el aumento de asistentes hizo que fuera imposible seguir celebrándolos. Desde entonces, las ceremonias se hacen en teatros.
Aunque la película galardonada fue "Alas", las más premiadas fueron "Amanecer" y el "Séptimo cielo", con tres Oscar cada una.

MEJOR PELÍCULA

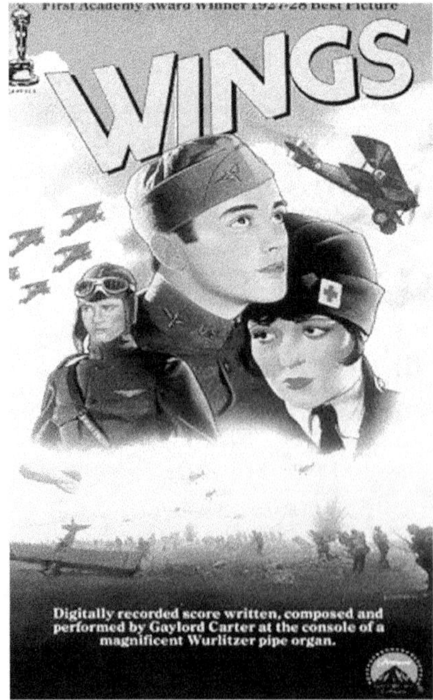

ALAS (*Wings*)
Fue la primera y única película muda que alcanzó un Oscar. Todo el filme se rodó en San Antonio -Texas- y el ejército norteamericano proporcionó 3.500 soldados y 60 aviones, además de artillería de fogueo, muriendo un piloto durante el rodaje. El actor Gary Cooper tiene una corta intervención como un cadete.

Nominadas: *La última orden, La Horda, El séptimo cielo, El destino de la carne.*

MEJOR ACTOR

EMIL JANNINGS Por: *La última Orden* (The Last Command) y *El destino de la carne.*

Emil Jannings había nacido de padre americano y madre alemana en 1884. Se marchó de su pueblo alemán de Görlitz y se hizo un actor profesional con 18 años de edad. Cuando debutó en la pantalla en 1914, dejó bien claro que iba a ser uno de los mejores actores de la historia. A mediados de los años 20, fue aclamado ampliamente como el mejor actor cinematográfico del mundo. Hombre dotado de un gran carisma, Jannings fue la figura trágica ideal. En 1927 se estableció definitivamente en Hollywood, siendo galardonado en 1929 con el premio al Mejor Actor por sus papeles en "The Last Command" y "The Way of All Flesh." La celebración de la cena a la que acudieron todos los galardonados, y donde recibirían las estatuillas, fue fijada el 16 de mayo, pero los planes de Jannings eran volver a Europa antes de la fecha del banquete. Pidió que le dieran antes su premio para poder volver a casa y su demanda fue aceptada. La estatuilla que recibió como el primer mejor actor era por consiguiente la primera que otorgaba la Academia.

Nominados: Sir Charles Chaplin, Richard Barthelmess.

MEJOR ACTRIZ

JANET GAYNOR Por: *El séptimo cielo, El ángel de la calle y Amanecer*

Fue la primera mujer que obtuvo el Oscar a la mejor actriz, en 1929, y lo hizo por 3 películas a la vez: *El séptimo cielo,*

Amanecer y *El ángel de la calle*. Algo parecido sucedió ese mismo año con el actor Emil Jannings, que fue premiado por sus interpretaciones en *El destino de la carne* y *La última orden.*

Nominadas: Louise Dresser, Gloria Swanson

MEJOR DIRECTOR DE COMEDIA
LEWIS MILESTONE Por: *Hermanos de armas*
Nominados: Ted Wilde

MEJOR DIRECTOR
FRANK BORZAGE Por: *El séptimo cielo*
Nominados: Herbert Brenon, King Vidor

MEJORES RÓTULOS
JOSEPH FARNHAM Por: *De millonario a periodista, La gloria del colegio* y *Ríe, payaso, ríe.*

MEJOR GUIÓN ORIGINAL
BEN HECHT Por: *La ley del hampa*
MEJOR GUIÓN ADAPTADO
BENJAMIN GLAZER Por: *El séptimo cielo*

MEJOR DECORACIÓN
WILLIAM CAMERON MENZIES Por: *El mejor caballero* y *Tempestad*
MEJOR CALIDAD ARTÍSTICA
F.W. MURNAU Por: *Amanecer*

MEJOR FOTOGRAFÍA
CHARLES ROSHER, KARL STRUSS Por: *Amanecer*

MEJORES EFECTOS DE INGENIERÍA

ROY POMEROY Por: *Alas*

OSCAR HONORARIOS

WARNER BROS. Por: *El cantor de jazz* ("The Jazz Singer").

Estrenada en octubre de 1927, alcanzó en los dos primeros meses una recaudación equivalente a 2 millones de dólares actuales, hecho que salvó de la bancarrota a la productora Warner. Fue considerada la película que revolucionó la industria del cine.

Sir **CHARLES CHAPLIN** Por: *El circo*

Por la versatilidad, el genio, el guión, la interpretación, la dirección y la producción en "El circo".

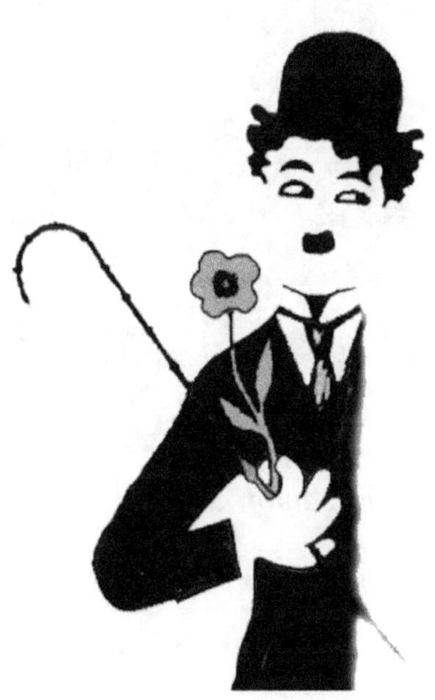

Charlot/Charles Chaplin

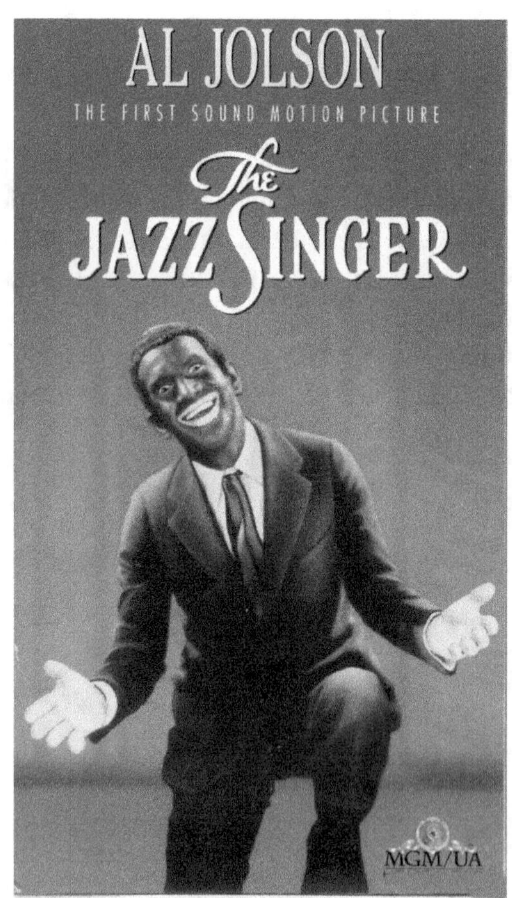

El cantor de Jazz

AÑOS 1928/29

2nd Awards: 3 de abril de 1930
8:00 p.m.
Lugar:The Cocoanut Grove del Ambassador Hotel, Los Angeles
Presentador:William C. deMille, Presidente de la Academia

Se establecieron solamente siete categorías y ninguna de las películas consiguió más de un galardón. Las críticas aumentaron cuando se otorgó un premio a la actriz Mary Pickford, pues se consideró que era por su posición en la industria del cine.
Un hecho curioso es que fue la primera vez que un intérprete era seleccionado después de su fallecimiento, tal y como ocurrió con la actriz Jeanne Eagels, nominada al Oscar por su trabajo en "La carta".
El decorador Cedric Gibbons obtuvo el primero de sus once Oscars, por su labor en "El puente de San Luis".

MEJOR PELÍCULA

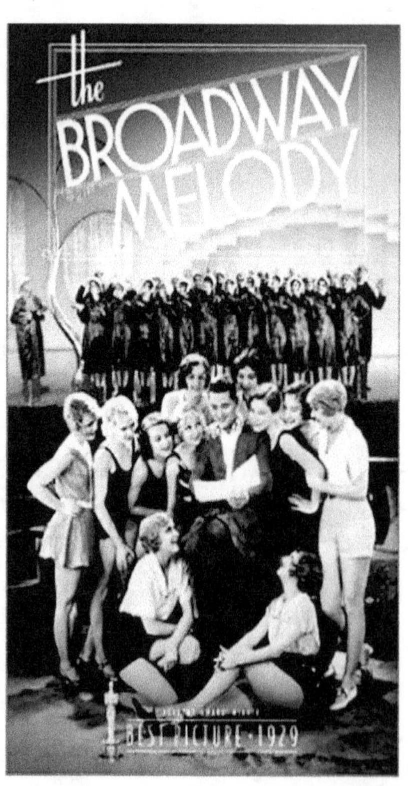

LA MELODÍA DE BROADWAY
(Broadway Melody)

Fue un rotundo éxito de taquilla, aunque para muchos críticos el Oscar era inmerecido. El título dio lugar a cuatro filmes similares, el último con Fred Astaire, mezclando siempre bellas canciones con algo de humor y amor, integrando el sonido perfectamente en las escenas.

Nominadas: *Ronda nocturna, Hollywood revue, En el viejo Arizona, El patriota.*

MEJOR ACTOR

WARNER BAXTER Por: *En el viejo Arizona.*
La fama de Baxter llegaría a eclipsar al mismísimo Clark Gable, a quien arrebató varios papeles, pues poseía un gran atractivo entre las mujeres. Su fama perduró hasta 1930, aunque permaneció en el cine hasta 1950 con "State Penitentiary", falleciendo un año después.
Nominados: Chester Morris, Paul Muni, George Bancroft

MEJOR ACTRIZ

MARY PICKFORD Por: *Coqueta*
Nominadas: Ruth Chatterton, Bessie Love, Betty Compson, Jeanne Eagles

MEJOR DIRECTOR

FRANK LLOYD Por: *Trafalgar*
Nominados: Irving Cummings, Lionel Barrymore, Harry Beamont, Ernest Lubitsch

MEJOR GUIÓN ADAPTADO

HANS KRALY Por: *El patriota*

MEJOR FOTOGRAFÍA

CLYDE DE VINNA Por: *Sombras blancas*

MEJOR DECORACION

CEDRIC GIBBONS Por: *El puente de San Luis Rey*
Fue el primero de 11 Oscar que lograría este decorador de la Metro.

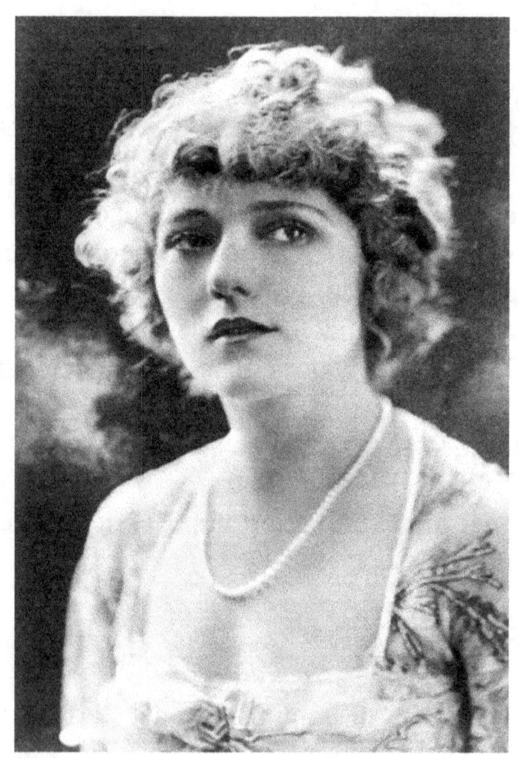

Mary Pickford

AÑOS
1929/30

3rd Awards: 5 de noviembre de 1930, 8:00 p.m.
Lugar: Fiesta Room del Ambassador Hotel, Los Angeles
Presentador: Conrad Nagel

Desde este año, el jurado estuvo compuesto por todos los miembros de la Academia, en lugar de una comisión. Se creó una nueva categoría para el Mejor Sonido, siendo el primer galardonado Douglas Shearer, hermano de la actriz premiada Norma Shearer.
Se creó un nuevo galardón, al mejor sonido, pues entonces la mayoría de las películas eran habladas.

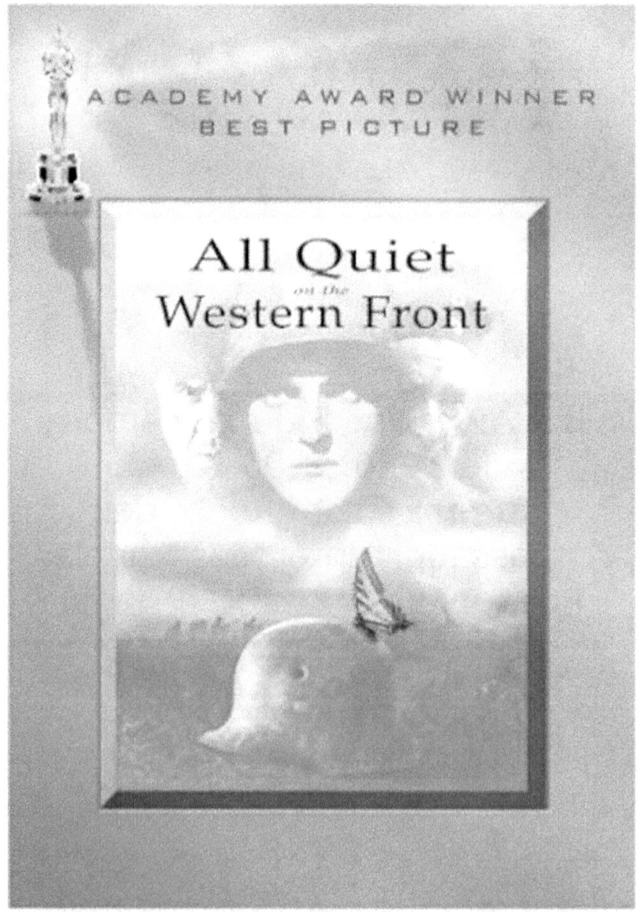

MEJOR PELÍCULA

SIN NOVEDAD EN EL FRENTE (*All Quiet on the Western Front*)

El filme estuvo prohibido en la Alemania nazi a pesar de que para la mayoría era simplemente un alegato pacifista, pero se cuestionaban valores como el patriotismo, la valentía y el honor. Relatada en el bando de los alemanes, supuso un riesgo comercial muy alto que, afortunadamente, superó.

Nominadas: *El Presidio, Disraeli, La Divorciada, El desfile del amor.*

MEJOR ACTOR

GEORGE ARLISS Por: *Disraeli*

Procedente del teatro, donde había fundado su propia compañía con la cual recorrió los escenarios londinenses y neoyorquinos, George Arliss llegó a Hollywood cuando tenía tras de sí una experiencia de 35 años. La película por la cual fue premiado con un Oscar ya la había interpretado en el cine en 1921 y anteriormente en el teatro. Cuando se retiró de la interpretación, en 1935, publicó su autobiografía (su segundo libro) que constituyó un gran éxito de ventas.

Nominados: George Arliss, Wallace Beery, Maurice Chevalier, Ronald Colman, Lawrence Tibbett.

MEJOR ACTRIZ

NORMA SHEARER Por: *La Divorciada*

Consentida y mimada por el magnate cinematográfico Irving G. Thalberg, quien posteriormente se convertiría en su marido, esta elegante mujer era conocida como "La

Primera Dama de Hollywood". Nominada en seis ocasiones a los Oscars (lo que para muchos era una influencia de su esposo), su declive llegó justo con la muerte de éste. Retirada del cine en 1942, tuvo la mala fortuna de rechazar el papel de Escarlata en "Lo que el viento se llevó".

Nominadas: Nancy Carrol, Ruth Chatterton, Greta Garbo, Norma Shearer, Gloria Swanson.

MEJOR DIRECTOR

LEWIS MILESTONE Por: *Sin novedad en el frente*

Nominados: Clarence Brown, Robert Leonard, Ernst Lubitsch, King Vidor.

MEJOR GUIÓN_

FRANCIS MARION Por: *El presidio*

MEJOR FOTOGRAFÍA EN BLANCO Y NEGRO

JOSEPH T. RUCKER, WILLARD VAN DER VEER Por: *Con Byrd en el Polo Sur*

MEJOR SONIDO

DOUGLAS SHEARER Por: *El Presidio*

MEJOR DECORACIÓN

HERMAN ROSSE Por: *El rey del Jazz*

AÑOS

1930/31

4rd Awards: 10 de noviembre de 1931 8:00 p.m.
Lugar: Sala D'Oro del Biltmore Hotel, Los Angeles (banquete)
Presentador: Lawrence Grant

El Vicepresidente de los Estados Unidos, Charles Curtis, acudió a saludar a los 1.800 invitados, lo que daba muestra de la gran aceptación que la ceremonia estaba teniendo. En esta ocasión, los galardonados permanecieron en incógnito hasta ese día, no siendo conocidos ni siquiera por los miembros de la Academia.
La gran olvidada fue "Luces de la ciudad", de Chaplin, ni siquiera nominada, lo mismo que la actriz Marlene Dietrich, quien tampoco logró su estatuilla -contra todo pronóstico- por su trabajo en "Marruecos".

MEJOR PELÍCULA

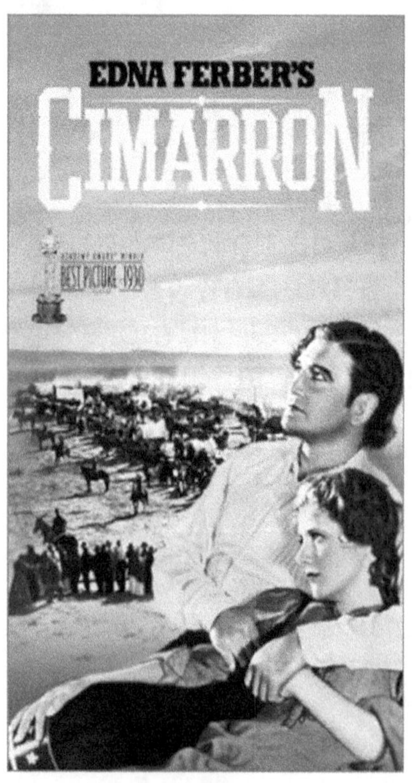

C I M A R R Ó N
(Cimarron)

La historia de un granjero de Oklahoma sirve de puente para relatarnos hábilmente la vida rural norteamericana entre los años 1890 y 1915, en donde no faltan los amores, las peleas y las sobrecogedoras carreras de diligencias y carretas en pos de terrenos gratis.

Nominadas: *Vidas truncadas, Las peripecias de Skippy, Un gran reportaje, Trader Horn*

MEJOR ACTOR

LIONEL BARRYMORE Por: *Alma libre*

A este actor tuvimos la suerte de verle en filmes tan importantes como: *Vive como quieras* y *¡Qué bello es vivir!*, ambas de Frank Capra. Sus más de doscientas películas, casi siempre como actor secundario, estuvieron unidas a sus trabajos como locutor de radio, guionista, pintor, compositor y novelista.

Nominados: Jackie Cooper (el niño que acompañaba a Charlot), Adolphe Menjou, Richard Dyx, Fredric March

MEJOR ACTRIZ

MARIE DRESSLER Por: *La fruta amarga*

Nominadas: Norma Shearer, Marlene Dietrich, Irene Dunne, Ann Harding

MEJOR DIRECTOR

NORMAN TAUROG Por: *Las peripecias de Skippy*

Nominados: Josef von Sternberg, Clarence Brown, Lewis Milestrone, Wesley Ruggles

MEJOR GUIÓN ADAPTADO

HOWARD ESTABROOK Por: *Cimarrón*

MEJOR GUIÓN ORIGINAL

JOHN MONK SAUNDERS Por: *La escuadrilla del amanecer*

MEJOR FOTOGRAFÍA

FLOYD CROSBY Por: *Tabú*

MEJOR SONIDO

DEPARTAMENTO DE SONIDO DE LOS ESTUDIOS PARAMOUNT

MEJOR DIRECCION ARTÍSTICA
MAX REE Por: *Cimarrón*

OSCAR ESPECIALES
Departamentos de la **RKO, RCA, FOX, KODAK, ELECTRICAL RESEARCH**

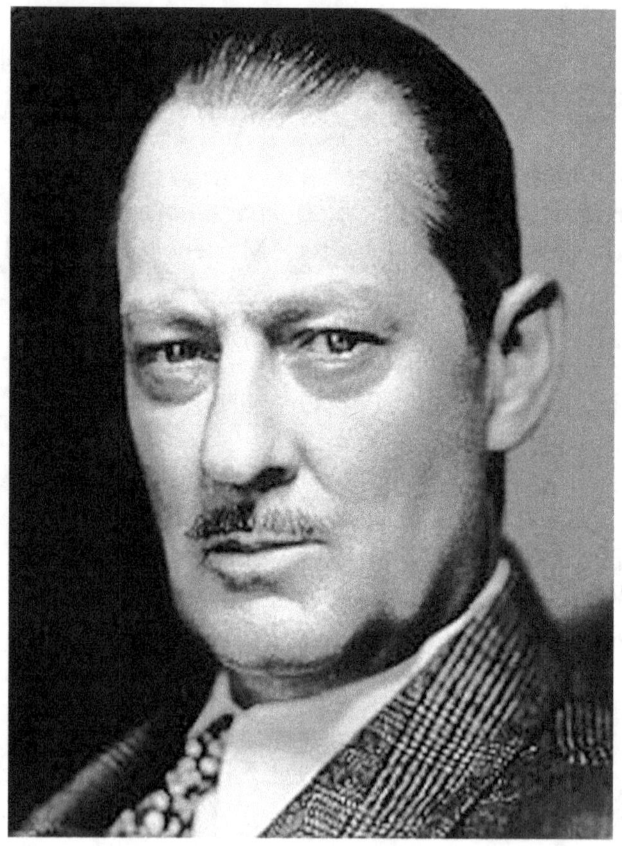

Lionel Barrymore

AÑOS

1931/32

5rd Awards: 18 de noviembre de 1932, 8:00 p.m.
Lugar: Fiesta Room del Ambassador Hotel, Los Angeles (banquete)
Presentador: Conrad Nagel

Se crearon nuevos premios dedicados a cortometrajes, lo que permitió a Disney hacerse con los primeros de una larga serie de Oscars en los cuales no tenía competencia. El género de terror, sin embargo, con películas como *Drácula* y *Frankenstein,* no obtuvo el reconocimiento que se merecía.

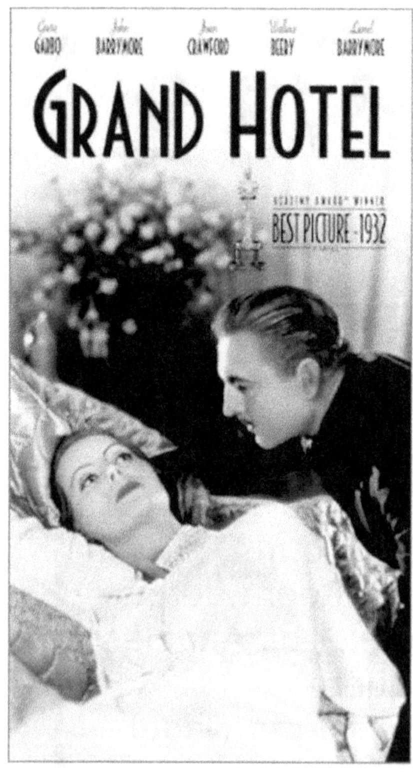

MEJOR PELÍCULA

GRAN HOTEL (***Grand Hotel***)
Basada en el bestseller de Vicky Baum, se convirtió en la película más taquillera del año, dando lugar a una secuela titulada "Fin de semana" que se mostró en 1945.

Nominadas: *Champ, el campeón, Arrowsmith, Bad Girl, Una hora contigo, Sed de escándalos, El expreso de Shangai, El teniente seductor*

MEJOR ACTOR

FREDRIC MARCH Por: *El hombre y el monstruo*
WALLACE BEERY Por: *Champ, el campeón*
Era la primera vez que el premio fue compartido por dos actores.
Nominados: Alfred Lunt

MEJOR ACTRIZ

HELEN HAYES Por: *El pecado de Madelon Claudet*

Nominadas: Lynn Fontanne, Marie Dressler

MEJOR DIRECTOR

FRANK BORZAGE Por: *Bad Girl*

Nominados: Josef von Sternberg, King Vidor

MEJOR GUIÓN ADAPTADO

EDWIN BURKE Por: *Bad Girl*

MEJOR GUIÓN ORIGINAL

FRANCES MARION Por: *Champ, el campeón*

MEJOR FOTOGRAFÍA

LEE GARMES Por: *Shangai Express*

MEJOR SONIDO

DEPARTAMENTO DE SONIDO DE LOS ESTUDIOS PARAMOUNT

MEJOR DIRECCIÓN ARTÍSTICA

GORDON WILES Por: *Transatlantic*

OSCAR HONORARIO

WALT DISNEY Por: la creación de su personaje Mickey Mouse.

Este pequeño roedor fue creado para el corto animado *Steamboat Willie* (El vapor Willie, 1928), producido por su propia compañía, y supuso también el inicio del cine sonoro en los dibujos animados. Disney realizó a continuación su serie de *Sinfonías tontas*, iniciada con *La danza del esqueleto* (1929) y en 1932 introdujo el color en *Árboles y flores*, creando en 1934 al pato Donald.

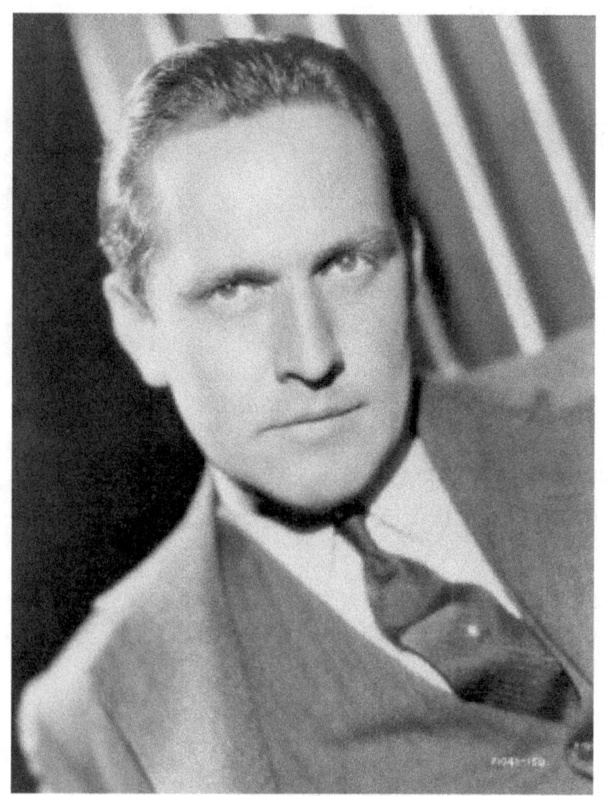

Fredric March

Años

1932/33

6rd Awards: 16 de marzo de 1934, 8:00 p.m.
Lugar:Fiesta Room del Ambassador Hotel, Los Angeles (banquete)
Presentador:Will Rogers

Con una personal forma de realizar las presentaciones, Will Rogers consiguió desconcertar a los espectadores. Para el premio a la mejor actriz llamó al estrado a dos de las nominadas, pero ninguna de ellas alcanzó el galardón que fue otorgado a una asombrada Katharine Hepburn, quien tardó bastante en subir a recogerlo ante el silencio del público. Después, reclamó la presencia de Frank para recibir el premio al mejor director, pero en la sala había dos nominados con ese nombre: Frank Capra y Frank Lloyd. El primero acudió súbito, pero su alegría se truncó en desilusión cuando le indicaron que el Oscar era para el otro. Duke Ellington amenizó la velada con su orquesta.

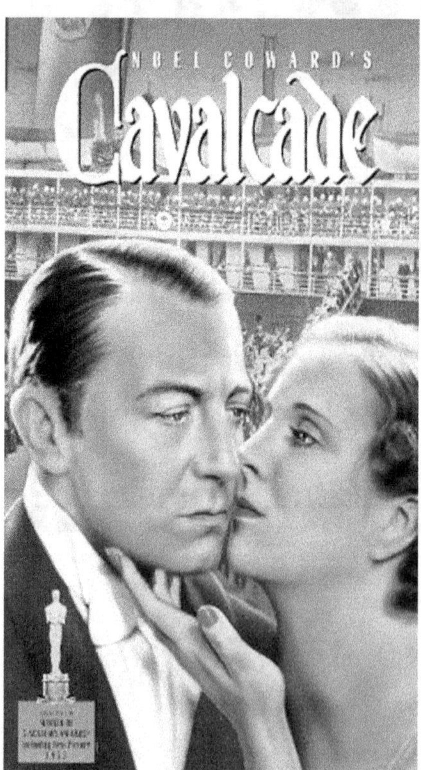

MEJOR PELÍCULA

CABALGATA
(*Cavalcade*)

Nominadas: *Adiós a las armas, Soy un fugitivo, Calle 42, La vida privada de Enrique VIII, Las cuatro hermanitas, Dama por un día, La llama eterna, Lady Lou, La feria de la vida*

Con un extraordinario éxito comercial, este filme nos cuenta una sencilla historia sentimental de los años 30.

MEJOR ACTOR

CHARLES LAUGHTON Por: *La vida privada de Enrique VIII*

Fue le primer actor británico premiado y aunque no volvió a ser considerado, tuvo el honor de recibir dos nominaciones posteriores y el premio al mejor actor de la Asociación de Críticos de Cine de Nueva York.

Nominados: Paul Muni, Leslie Howard

MEJOR ACTRIZ

KATHARINE HEPBURN Por: *Gloria de un día*

Nominadas: Diana Wynyard, May Ronson

MEJOR DIRECTOR

FRANK LLOYD Por: *Cabalgata*

Nominados: Frank Capra y George Cukor

MEJOR GUIÓN ADAPTADO

VICTOR HEERMAN, SARAH Y. MASON Por: *Las cuatro hermanitas*

MEJOR GUIÓN ORIGINAL

ROBERT LOD Por: *Viaje de ida*

MEJOR FOTOGRAFÍA

CHARLES B. LANG JR. Por: *Adiós a las armas*

MEJOR SONIDO

HAROLD C. LEWIS Por: *Adiós a las armas*

MEJOR DIRECTOR ARTÍSTICO

WILLIAM S. DARLING Por: *Cabalgata*

MEJOR CORTO DE ANIMACIÓN

WALT DISNEY Por: *Los tres cerditos*

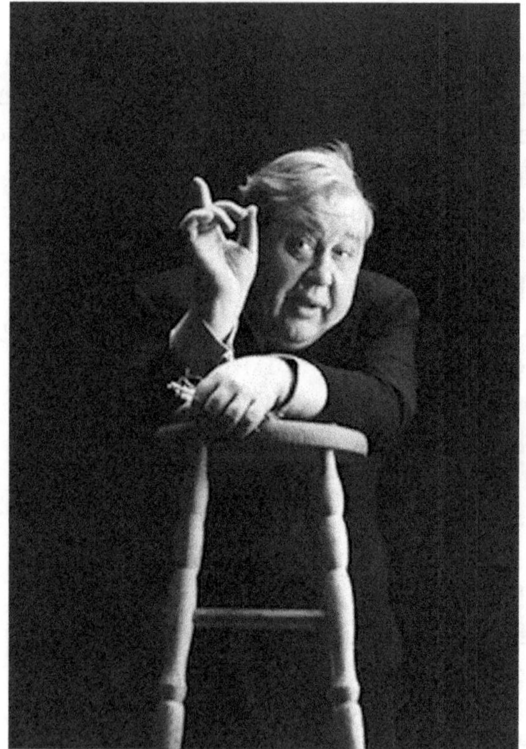

Charles Laughton

Año 1934

7rd Awards: 27 de febrero de 1935, 8:00 p.m.
Lugar: El Biltmore Bowl del Biltmore Hotel, Los Angeles (banquete)
Presentador: Irvin S. Cobb

Se crearon nuevos apartados para Mejor Canción, Mejor Banda Sonora y Mejor Montaje. Ese año fueron nominadas nada menos que 12 películas, reduciéndose luego a 10 y posteriormente a solamente 5.
Bette Davis ni siquiera fue nominada por su papel en *Cautivo del deseo,* lo que ocasionó un gran revuelo.

MEJOR PELÍCULA

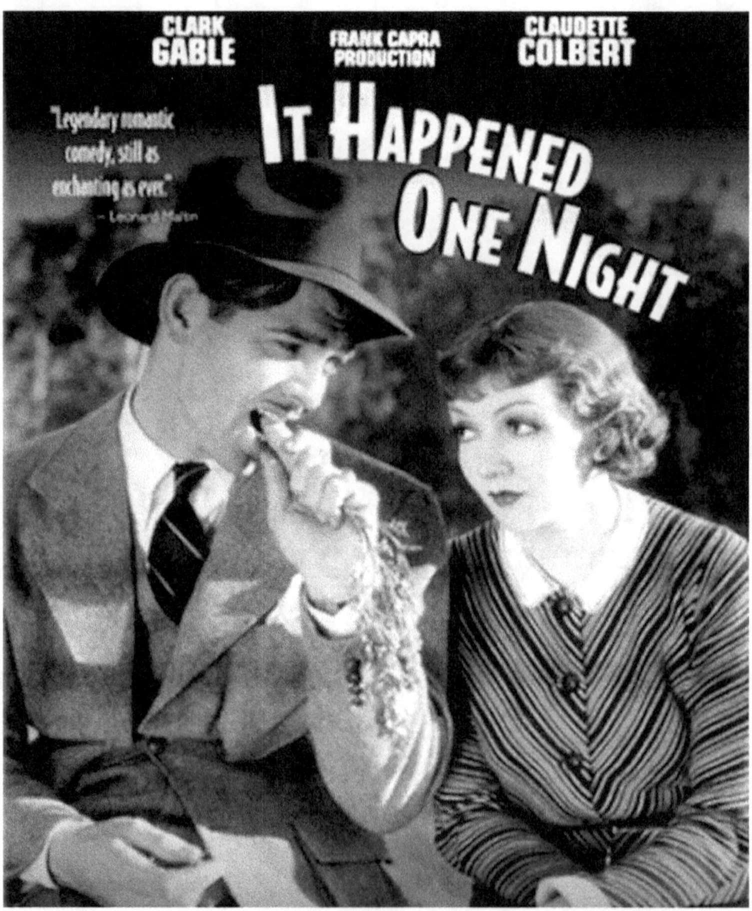

SUCEDIÓ UNA NOCHE (*It happened One night*)
Nominadas: *Cleopatra, Las vírgenes de Wimpole, La alegre divorciada, La generalita, Aquí viene la armada, La casa de Rothschild, Imitación a la vida, Una noche de amor, La legión blanca, Las cena de los acusados, Viva Villa.*

MEJOR ACTOR

CLARK GABLE Por: *Sucedió una noche*
Gable interpretó este filme por casualidad, pues fue cedido por la Columbia a la Metro como castigo a su negativa para aceptar todos los guiones que le llegaban. Ganador del único Oscar de su carrera, ha sido el actor con más carisma de toda la historia, y eso que al llegar a Hollywood los productores le consideraron un actor feo y fue relegado inicialmente como extra a papeles de actor duro. El apodo de "El Rey" se lo otorgó involuntariamente Spencer Tracy cuando vio la gran cantidad de fans que rodeaban a Gable. Según cuentan, el mismísimo Adolf Hitler era un admirador suyo y ordenó su captura cuando El Rey peleaba en Europa con el grado de comandante. Otra admiradora suya fue Marilyn Monroe, la cual vio realizado el sueño de trabajar junto a su ídolo en "Vidas Rebeldes". Su fama de mujeriego va unida a la actriz Loretta Young, de quien se dice es la madre de la actriz Judy Lewis.
Nominados: William Powell, Frank Morgan

MEJOR ACTRIZ

CLAUDETTE COLBERT Por: *Sucedió una noche*
Fue una triunfadora polémica, lo mismo que el filme, pero contra todo pronóstico supuso para la Columbia un gran éxito, consiguiendo colocarse desde entonces como una de las grandes compañías de cine.

Nominadas: Grace Moore, Norma Shearer

MEJOR DIRECTOR

FRANK CAPRA Por: *Sucedió una noche*

Nominados: W.S. Van Dyke, Victor Schertzinger

MEJOR GUIÓN ADAPTADO

ROBERT RISKIN Por: *Sucedió una noche*

MEJOR GUIÓN ORIGINAL

ARTHUR CAESAR Por: *El enemigo público nº1*

MEJOR FOTOGRAFÍA

VICTOR MILNER Por: *Cleopatra*

MEJOR SONIDO

PAUL NEAL Por: *Una noche de amor*

MEJOR CANCIÓN

CONTINENTAL de: *La alegre divorciada*

MEJOR BANDA SONORA

LOUIS SILVERS Por: *Una noche de amor*

MEJOR MONTAJE

CONRAD NERVING Por: *Eskimo*

MEJOR DECORACIÓN

CEDIC GIBBSON, FREDERIC HOPE Por: *La viuda alegre*

OSCAR ESPECIAL

SHIRLEY TEMPLE Por: Su brillante contribución al entretenimiento cinematográfico. Tenía entonces 5 años y era ya la actriz más taquillera del mundo. Abandonó el cine en 1949, pasando a la televisión y posteriormente ejerció como representante de la ONU por los Estados Unidos.

Año 1935

8rd Awards: 5 de marzo de 1936, 8:00 p.m.
Lugar: El Biltmore Bowl del Biltmore Hotel, Los Angeles (banquete)
Presentadores: Frank Capra y David Wark Griffith

Ese año se incluyó un premio para la mejor coreografía, galardón efímero que solamente duraría hasta 1937.

MEJOR PELÍCULA

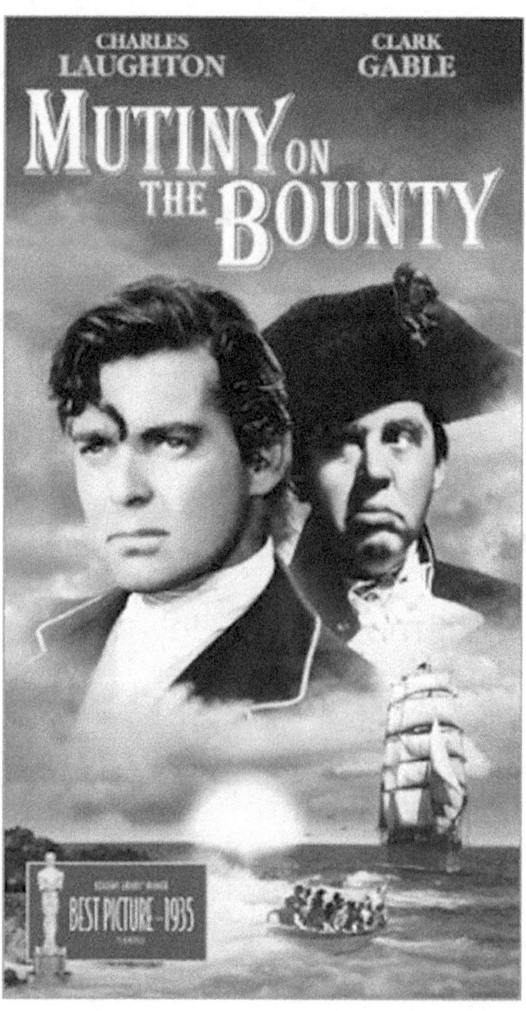

REBELIÓN A BORDO (*Mutiny on the Bounty*) Aunque consiguió el premio a la Mejor Película, la gran triunfadora fue *El delator*, con cuatro estatuillas.

Nominadas: *Melodías de Broadway 1936, Sueños de juventud, David Copperfield, El capitán Blood, Los miserables, Tres lanceros bengalíes, El delator, Sombrero de copa, Nobleza obliga, El sueño de una noche de verano, Marietta la traviesa.*

MEJOR ACTOR

VICTOR McLAGLEN Por: *El delator*

Nominados: Charles Laughton, Clark Gable, Franchot Tone

MEJOR ACTRIZ

BETTE DAVIS Por: *Dangerous* (Peligrosa)

Bette Davis, con su fuerte personalidad independiente y única, llegó a ser conocida como la poderosa estrella de ojos grandes. Realizó unas 100 películas por las que recibió 10 nominaciones al Oscar y ganó dos de ellos a la mejor actriz.

Firmó su primer contrato con la Universal Pictures en 1930, y en su primera película "Bad Sister" (1931), trabajó al lado de Humphrey Bogart. El poco éxito de las cinco películas siguientes descorazonaron a la joven actriz, la cual tuvo que ser persuadida para ser contratada por la Warner Bros. En 1932 realizó "La Oculta Providencia" que demostró ser la película de su descubrimiento.

Cuando tenía ya 80 años todavía no había decidido tirar la toalla y después de rodar junto a Bárbara Carrera "La bruja de mi madre", (película que por cierto no logró terminar por enfrentamiento con su director), comenzó un nuevo proyecto, aunque lo tuvo que abandonar a causa de un cáncer irreversible que padecía. Pero deseosa de morir con las botas puestas siguió asistiendo a cuantos acontecimientos la invitaban, en un momento en el cual el mundo cinematográfico parecía acordarse de ella y trataban de despedirla con honores.

Recibió el Premio de la Sociedad Cinematográfica Lincoln Center, el homenaje del Centro Kennedy de Washington y el Premio del Festival de San Sebastián en septiembre de 1989. Fue la última ocasión en que estuvo en contacto con

su público, falleciendo quince días después en un hospital de París.
Nominadas: Merle Oberon, Elizabeth Begner, Claudette Colbert, Katharine Hepburn, Miriam Hopkins

MEJOR DIRECTOR
JOHN FORD Por: *El delator*
Nominados: Henry Hathaway, Frank Lloyd

MEJOR GUIÓN ORIGINAL
DUDLEY NICHOLS Por: *El delator*
MEJOR FOTOGRAFÍA
HAL MOHR Por: *El sueño de una noche de verano*

MEJOR SONIDO
DOUGLAS SHEARER Por: *Naughty Marietta*
MEJOR CANCIÓN
LULLABY OF BROADWAY de: *Vampiresas 1935*
MEJOR BANDA SONORA
MAX STEINER Por: *El delator*

MEJOR MONTAJE
RALPH DAWSON Por: *El sueño de una noche de verano*
MEJOR DIRECCIÓN ARTÍSTICA
CEDRIC GIBBONS Por: *The Merry Widow*

OSCAR ESPECIAL
DAVID WARK GRIFFITH Por: su inapreciable iniciativa y enorme contribución al progreso del cine.
Hay quien considera que el cine perduró gracias a este artesano, quien era simultáneamente guionista, actor, director, productor, montador y compositor.

Recordado por el filme "Intolerancia" de 1916 (un fracaso económico insólito), fue uno de los fundadores de la United Artists, pero poco a poco fue abandonado por la industria del cine hasta que se despidió en 1931 con "The struggle".

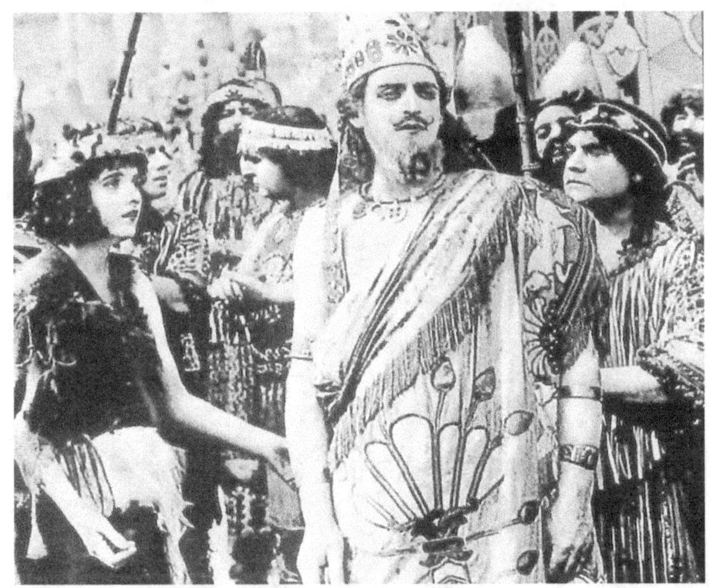

Intolerancia

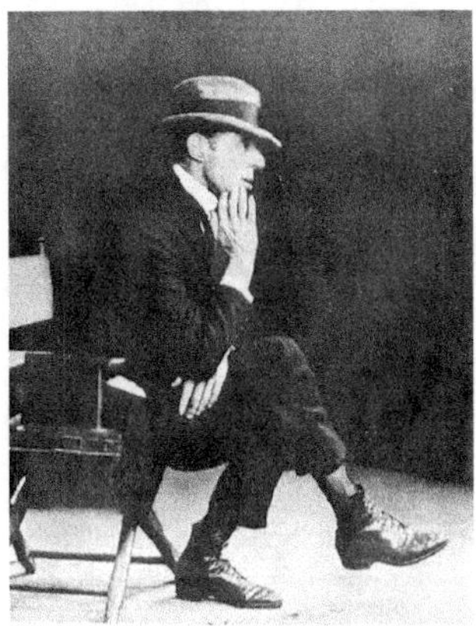

D. W. Griffith

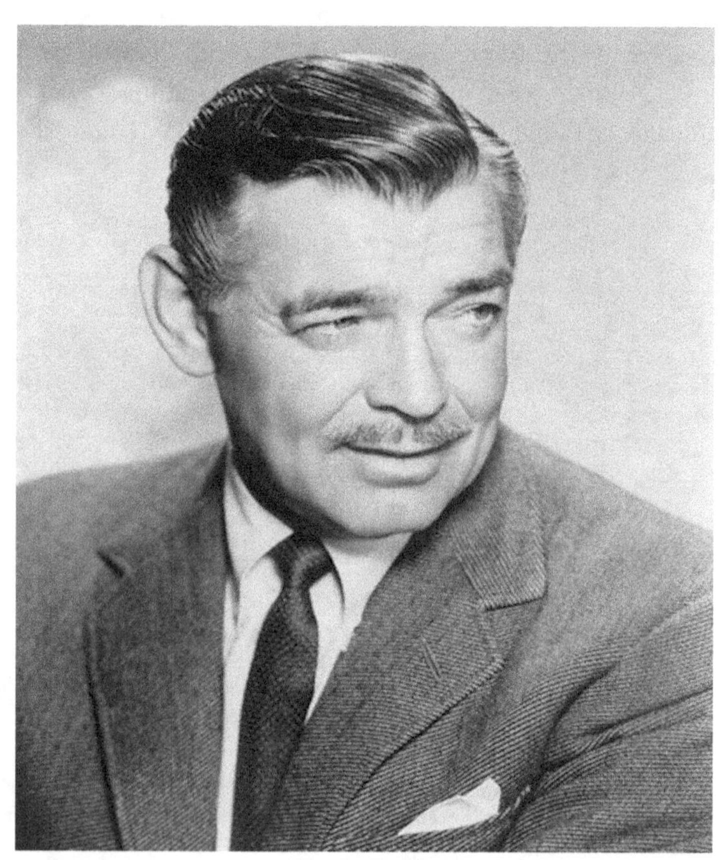

Clark Gable

AÑO 1936

9rd Awards: de marzo de 1937, 8:00 p.m.
Lugar: El Biltmore Bowl del Biltmore Hotel, Los Angeles (banquete)
Presentador: George Jessel

Fue la primera vez que se premiaron al Mejor Actor y Actriz secundarios, sustituyendo así a la antigua placa conmemorativa. La gran olvidada fue "Tiempos modernos", dejando bien claro la animadversión que Hollywood sentía por Chaplin. También fue objeto de ignorancia toda la labor de los Hermanos Marx, quienes en esta ocasión al menos vieron como era nominada "Un día en las carreras" a la mejor coreografía, categoría que desapareció definitivamente.

MEJOR PELÍCULA

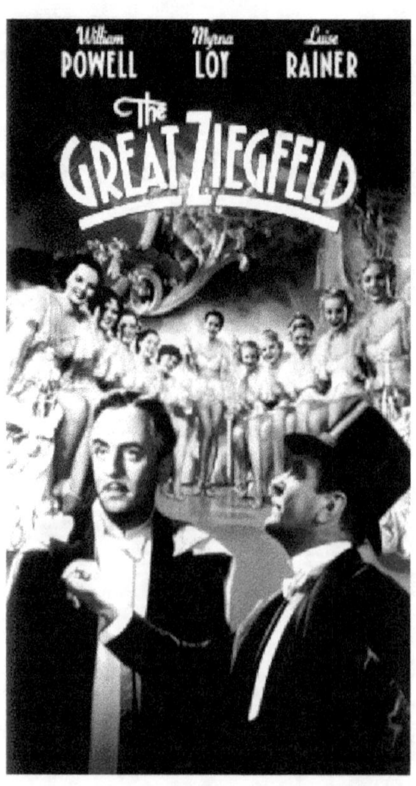

EL GRAN ZIEGFELD (*The Great Ziegfeld*)

Ganadora de tres Oscar, fue casi un tributo obligado al pujante cine musical. Con un metraje de casi tres horas, todavía hoy es un modelo del esplendor del musical norteamericano, además de constituir un homenaje a este empresario de Broadway, quien posteriormente sería recordado en "Ziegfled Follies" y Ziegfled girl".

Nominadas: *La tragedia de Louis Pasteur, El caballero Adverse, Desengaño, Romeo y Julieta, Una mujer difamada, El secreto de vivir, Historia de dos ciudades, Tres diablillos, San Francisco.*

MEJOR ACTOR
PAUL MUNI Por: *La tragedia de Louis Pasteur*
Nominados: Spencer Tracy, Gary Cooper, William Powell

MEJOR ACTOR SECUNDARIO
WALTER BRENNAN Por: *Rivales*
Nominados: Mischa Auer, Stuart Erwin, Basil Rathbone, Akim Tamiroff

MEJOR ACTRIZ
LUISE RAINER Por: *El Gran Ziegfeld*
Nominadas: Irene Dunne, Gladys George, Carole Lombard, Norma Shearer

MEJOR ACTRIZ SECUNDARIA
GALE SONDERGAARD Por: *El caballero Adverse*
Nominadas: Beulah Bondi, Maria Ouspenskaya, Alice Brady

MEJOR DIRECTOR
FRANK CAPRA Por: *El secreto de vivir*
Italiano de nacimiento, triunfó anteriormente con el filme "Sucedió una noche". Deseoso de efectuar sus propias películas fundó la productora "Liberty Films", aunque fracasó económicamente y su prestigio comenzó a declinar. Su último filme fue "Un gángster para un milagro" en 1961.
Nominados: Gregory La Cava, W.S. Van Dyke, Robert Z. Leonard, William Wyler

MEJOR GUIÓN ADAPTADO

PIERRE COLLINS, SHERIDAN GIBNEY Por: *La tragedia de Louis Pasteur*

MEJOR GUIÓN ORIGINAL

PIERRE COLLINS, SHERIDAN GIBNEY Por: *La tragedia de Louis Pasteur*

MEJOR FOTOGRAFÍA

GAETANO GADIO Por: *El caballero Adverse*

MEJOR SONIDO

DOUGLAS SHEARER Por: *San Francisco*

MEJOR CANCIÓN

THE WAY YOU LOOK TONIGHT de: *Swing Time*

MEJOR BANDA SONORA

LEO FORBSTEIN Por: *El caballero Adverse*

MEJOR MONTAJE

RALPH DAWSON Por: *El caballero Adverse*

MEJOR DIRECCIÓN ARTÍSTICA

RICHARD DAY Por: *Desengaño*

OSCAR ESPECIAL

THE MARCH OF TIME, W. HOWARD GREENE y HAROLD ROSSON, por revolucionar el noticiario y la fotografía en color.

MEJOR CORTO DE DIBUJOS ANIMADOS

COUNTRY COUSIN Por: Walt Disney

Año 1937

10rd Awards: 10 de marzo de 1938, 8:15 p.m. (programada para el 3 de marzo)
Lugar: El Biltmore Bowl del Biltmore Hotel, Los Angeles (banquete)
Presentadores: Bob Burns, Audrey Smith y W.C. Fields

El ventrílocuo Edgar Bergen fue uno de los pocos galardonados que recibió un Oscar con un diseño especial. Fue en 1938, cuando se le concedió un premio honorífico por su creación del muñeco cómico Charlie McCarthy. La estatuilla que le fue otorgada era de madera con la boca articulada, y eso hacía que se pudiera mover.

MEJOR PELÍCULA

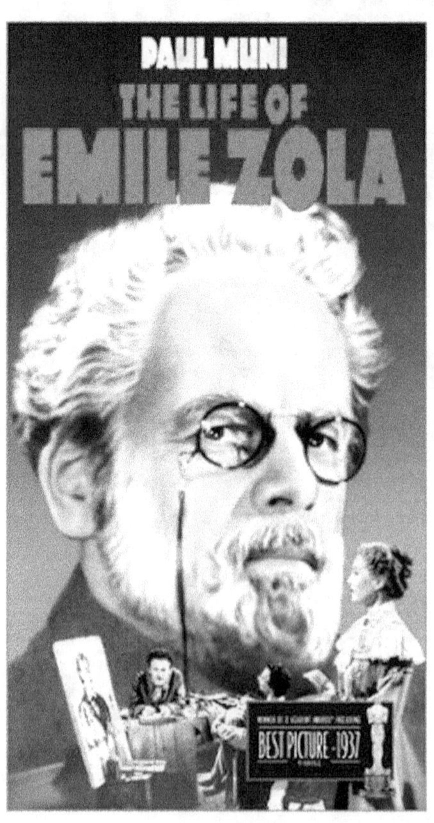

LA VIDA DE EMILE ZOLA (*The life of Emile Zola*)

La vida de este filósofo y escritor contemporáneo nacido en Francia, es recreada haciendo énfasis más en el denominado "caso Dreyfus", que en su trabajo como creador del Naturalismo. Dreyfus fue acusado de traición, aunque realmente era un caso claro de antisemitismo, lo que motivó a la esposa de Zola a defenderle.

Aunque nominada a diez Oscars, recibió solamente tres y ni siquiera fue estrenada en España. Su gran competidora era "Horizontes perdidos", una entrañable epopeya sobre el mundo idílico de Sangri-la.

Nominadas: *Capitanes intrépidos, La pícara puritana, Chicago, Ha nacido una estrella, Dead End, The Good Earth, Horizontes perdidos, Loca por la música, Damas del teatro.*

MEJOR ACTOR
SPENCER TRACY Por: *Capitanes intrépidos*
Nominados: Fredric March, Charles Boyer, Paul Muni, Robert Montgomery

MEJOR ACTOR SECUNDARIO
JOSEPH SCHILDKRAUT Por: *La vida de Emile Zola*
Nominados: Roland Young, Ralph Bellamy, Thomas Mitchell, H.B. Warner

MEJOR ACTRIZ
LUISE RAINER Por: *The Good Earth*
Nominadas: Irene Dunne, Barbara Stanwyck, Greta Garbo, Janet Gaynor

MEJOR ACTRIZ SECUNDARIA
ALICE BRADY Por: *Chicago*
Nominadas: Dame Gay, Andrea Leeds, Anne Shirley, Claire Trevor

MEJOR DIRECTOR
LEO McCAREY Por: *La pícara puritana*
Nominados: Williasm A. Wellman, William Dieterle, Sidney Franklin, Gregory La cava

MEJOR GUIÓN ADAPTADO
HEINZ HERALD, GEZA HERCZEG, NORMAN REILLY Por: *La vida de Emile Zola*

MEJOR GUIÓN ORIGINAL
WILLIAM A. WELLMAN Por: *Ha nacido una estrella*

MEJOR FOTOGRAFIA
KARL FREUND Por: *The Good Earth*

MEJOR SONIDO
THOMAS MOULTON Por: *Huracán sobre la isla*
MEJOR CANCIÓN
SWEET LEILANI de: *Waikiki Wedding*
MEJOR BANDA SONORA
CHARLES PREVIN Por: *Loca por la música*

MEJOR MONTAJE
GENE HAVLICK, GENE MILFORD Por: *Horizontes perdidos*
MEJOR DECORACIÓN
STEPHEN GOOSON Por: *Horizontes perdidos*

OSCAR EN MEMORIA DE IRVING J. THALBERG
DARRYL F. ZANUCK

OSCAR ESPECIAL
MACK SENNETT por su contribución a la comedia. Antes de que Charles Chaplin arrasara en el mundo con su personaje Charlot, Senner era ya un prestigiado director y productor de comedias de gran éxito, trabajando también como actor con gran acierto.
EDGAR BERGEN por su personaje Charlie McCarthy.
HOWARD GREENE por el color en *Ha nacido una estrella.*
MUSEO MODERNO DEL CINE

AÑO 1938

11rd Awards: 23 de febrero de 1939, 8:30 p.m.
Lugar: El Biltmore Bowl del Biltmore Hotel, Los Angeles (banquete)
Presentadores: Frank Capra, Cedric Hardwicke y Tyrone Power.

MEJOR PELÍCULA

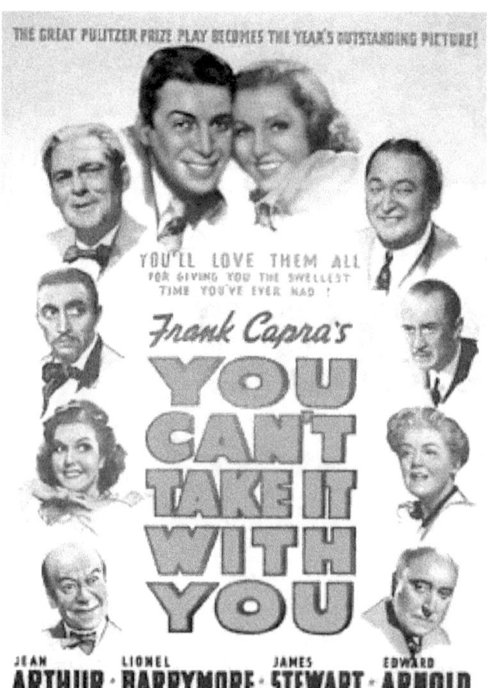

VIVE COMO QUIERAS (*You can't take it with you*)
Como una crítica al materialismo exacerbado de esos años, el filme nos refleja a una familia casi normal, aunque bastante disparatada y original. Ellos pretenden hacer lo que les place, aunque el amor complica sus propósitos. Basada en una obra de teatro que fue galardonada con el premio Pulitzer, fue bien adaptada al lenguaje cinematográfico gracias a Robert Riskin, dejándonos finalmente la moraleja de que hay que amar al prójimo.

Nominadas: *Forja de hombres, Robin de los bosques, La ciudadela, La gran ilusión, Jezabel, Piloto de pruebas, Pigmalión.*

MEJOR ACTOR

SPENCER TRACY Por: *Forja de hombres*

Otro nuevo Oscar para Tracy, ahora como el padre Flanagan, consiguiendo al final de su carrera hasta nueve nominaciones. Ha sido considerado como el mejor actor de la historia, al menos para Lawrence Olivier. Sin embargo, Joan Crawford, quizá para quitarle mérito, dijo que en su

caracterización de "Capitanes intrépidos" se parecía a Harpo Marx.
Su último filme fue "Adivina quién viene esta noche" junto a Katharine Hepburn, contando ya 67 años, una vida marcada por el alcohol y un carácter irascible. Ella fue su compañera sentimental (después de un corto romance con Loretta Young), pero nunca se casaron a causa de las creencias religiosas de él. Formaron una de las parejas más aplaudidas de Hollywood, aunque en su muerte Hepburn no quiso acudir al cementerio excusándose así: "Yo le he tenido toda la vida; ahora les toca a ustedes enterrarlo".
Nominados: Leslie Howard, Charles Boyer, James Cagney, Robert Donat.

MEJOR ACTOR SECUNDARIO
WALTER BRENNAN Por: *Kentucky*
Nominados: Basil Rathbone, John Garfield, Robert Morley, Gene Lockhart

MEJOR ACTRIZ
BETTE DAVIS Por: *Jezabel*
Nominadas: Margaret Sullavan, Fay Bainter, Wendy Hiller, Norma Shearer
MEJOR ACTRIZ SECUNDARIA
FRAY BAINTER Por: *Jezabel*
Nominadas: Billie Burke, Beulah Bondi, Spring Byington, Miliza Korjus

MEJOR DIRECTOR
FRANK CAPRA Por: *Vive como quieras*
Este emigrante nacido en Palermo (Italia), comenzó en 1897 a trabajar como guionista con Mack Senté, aunque en 1926 inicia su trayectoria en la dirección de largometrajes

con tres películas mudas. Poco después entra a trabajar en la Columbia Pictures, donde se convierte en un eficaz creador de divertidas comedias con finales felices y personajes casi perfectos, logrando gran reconocimiento mundial. Galardonado con un Oscar al mejor director, también efectuó diversos cortometrajes durante la Segunda Guerra Mundial, convirtiéndose así en un profesional avalado por el ejército. Entre sus obras más destacadas cabe mencionar: "Arsénico por compasión", "¡Qué bello es vivir!" o "Un gángster para un milagro". Murió en 1991.
Nominados: King Vidor, Michael Curtiz, Norman Taurog

MEJOR GUIÓN ADAPTADO
IAN DALRYMPLE y **W.P. LIPSCOMB** Por: *Pigmalión*
MEJOR GUIÓN ORIGINAL
GEORGE BERNARD SHAW Por: *Pigmalión*
Este reconocido escritor consideró en su momento un insulto que Hollywood le concediera un Oscar, pues no reconocía apenas mérito alguno al cine. Utópico y visionario -en realidad un hombre tímido- introspectivo y discretamente generoso, Shaw era la antítesis del romántico, en su papel de despiadado crítico irreverente con las instituciones.

MEJOR FOTOGRAFÍA
JOSEPH RUTTENBERG Por: *El Gran vals*

MEJOR SONIDO
THOMAS MOULTON Por: *El vaquero y la dama*
MEJOR CANCIÓN
THANKS FOR THE MEMORY de: *Big broadcast of 1938*

MEJOR BANDA SONORA

ALFRED NEWMAN Por: *Alexander's Ragtime Band.* Este gran compositor, director y arreglista, recogió ese día el primero de los ocho Oscars con los cuales sería premiado. Tuvo que competir con otro extraordinario músico, Irving Berlin, quien a pesar de ser nominado por tres películas ese mismo año, no consiguió el premio.

MEJOR MONTAJE

RALPH DAWSON Por: *Robin de los bosques*

MEJOR DIRECCIÓN ARTÍSTICA

CARL J. WEIL Por: *Robin de los bosques*

OSCAR HUMANITARIO

HAL B. WALLIS

OSCAR ESPECIAL

DEANNA DURBIN y MICKEY ROONEY por su personificación del espíritu de la juventud. Durban, en concreto, fue aplaudida por su especial contribución a la buena imagen de los jóvenes.

HARRY M. WARNER por su lucha a favor de las libertades del pueblo americano.

WALT DISNEY en reconocimiento a la innovación en los dibujos animados. Le dieron un Oscar con un diseño especial en 1939: una estatuilla de tamaño real y siete miniaturas. Simbolizaban su premio honorífico por *Blancanieves y los siete enanitos*, en reconocimiento a la innovación que esta película de animación supuso para la gran pantalla.

OSCAR EN MEMORIA DE IRVING J. THALBERG:

HAL B. WALLIS

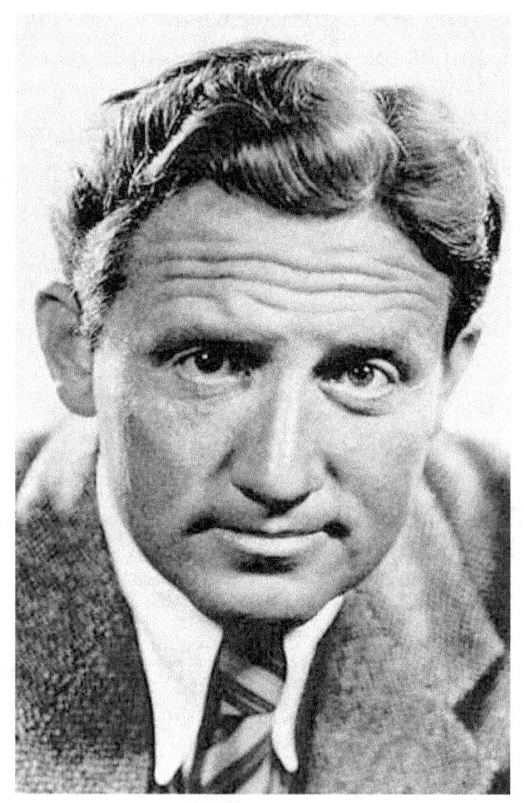

Spencer Tracy

AÑO 1939

12rd Awards: 29 de febrero de 1940, 8:30 p.m
Lugar: El Cocoanut Grove del Ambassador Hotel, Los Angeles (banquete)
Presentador: Bob Hope

MEJOR PELÍCULA

LO QUE EL VIENTO SE LLEVÓ (*Gone with the Wind*)

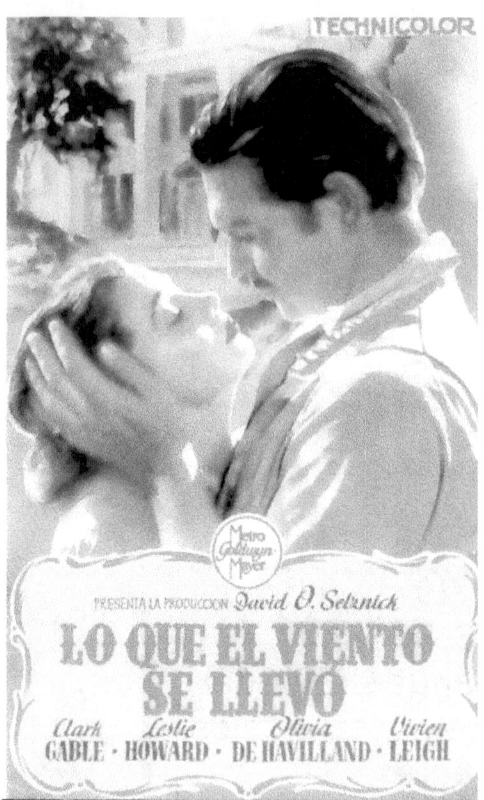

Nadie se llevó una sorpresa cuando se entregaron nada menos que 9 Oscars a este memorable filme, además de otro concedido al productor Selznick. Desde el popular casting, en la cual quedaron derrotadas actrices como Bette Davis, Katharine Hepburn, Lana Turner, Susan Hayward y Paulette Godard, hasta su sorprendente color, es con gran diferencia la película más vista de la historia del cine. En cuanto a ellos, Clark Gable triunfó sobre Errol Flynn, Gary Cooper y Fredric March.

Compitiendo con filmes tan exquisitos como "La diligencia" y "El mago de Oz"", dos obras maestras, la historia de Scarlett O´Hara y Rhett Butler, ambientada en tierras de Tara, cautivó por igual a espectadores y críticos. Con un presupuesto de 4 millones de dólares, e inicialmente dirigida por George Cukor, fue Victor Fleming quien le reemplazó durante los dos años de rodaje. Las desavenencias entre Vivien Leigh y Gable fueron de dominio público, especialmente en las

escenas de los besos pues el aliento de ella no parecía adecuado.
Algunos decorados fueron aprovechados del filme "King Kong".

Nominadas: *Caballero sin espada, Tú y yo, Ninotcka, Amarga victoria, La diligencia, El mago de Oz, Cumbres borrascosas, Adiós, Mr. Chips*

MEJOR ACTOR
ROBERT DONAT Por: *Adiós, Mr. Chips*
Nominados: Mickey Rooney, Clark Gable, James Stewart
MEJOR ACTOR SECUNDARIO
THOMAS MITCHELL Por: *La diligencia*
Resulta curioso que este actor de aspecto poco agraciado participara ese año en dos obras memorables: "La diligencia" y "Lo que el viento se llevó", en esta última como el padre de Escarlata. Después de su triunfo en "Horizontes perdidos", consiguió su único Oscar, aunque anteriormente había sido nominado. Destacado guionista, fue un secundario de reconocido prestigio, encarnando inclusive al popular teniente Colombo. Murió en 1962, pocos meses después de interpretar "Un gángster para un milagro".
Nominados: Claude Rains, Brian Aherne, Harry Carey

MEJOR ACTRIZ
VIVIEN LEIGH Por: *Lo que el viento se llevó*
Nominadas: Bette Davis, Greer Garson, Irene Dunne, Greta Garbo
MEJOR ACTRIZ SECUNDARIA
HATTIE McDANIEL Por: *Lo que el viento se llevó*
Nominadas: Olivia de Havilland, María Ouspenkaya, Edna May Oliver, Geraldine Fitzgerald

MEJOR DIRECTOR

VICTOR FLEMING Por: *Lo que el viento se llevó*

Nominados: Sam Wood, Frank Capra, John Ford, William Wyler

MEJOR GUIÓN ADAPTADO

SIDNEY HOWARD Por: *Lo que el viento se llevó*

MEJOR GUIÓN ORIGINAL

LEWIS R. FOSTER Por: *Caballero sin espada*

MEJOR FOTOGRAFÍA EN BLANCO Y NEGRO

GREGG TOLAND Por: *Cumbres borrascosas*

MEJOR FOTOGRAFÍA EN COLOR

ERNEST HALLER, RAY RENNABAN Por: *Lo que el viento se llevó*

MEJOR SONIDO

BERNARD B. BROWN Por: *Huracán*

MEJOR CANCIÓN

OVER THE RAINBOW de: *El mago de Oz*

Esta canción, de imborrable recuerdo, no fue aceptada inicialmente por los ejecutivos, pues la consideraron sensiblera y sin garra. El tiempo demostró que no era así, y supone ahora un icono, tanto para Judy Garland como para el propio filme.

MEJOR BANDA SONORA

RICHARD HAGEMAN, FRANK HARLIN, JOIHN LEIPOLD Por: *La diligencia*

MEJOR MONTAJE

HAL C. KERN, JAMES E. NEWCOM Por: *Lo que el viento se llevó*

MEJOR DIRECCIÓN ARTÍSTICA

LYLE WHEELER Por: *Lo que el viento se llevó*

MEJORES EFECTOS ESPECIALES
E.H. HANSEN Por: *Vinieron las lluvias*

OSCAR EN MEMORIA DE IRVING J. THALBERG
DAVID O. SELZNICK

OSCAR ESPECIAL
DOUGLAS FAIRBANKS como primer presidente de la Academia.
WILLIAM CAMERON MENZIES por su diseño en *Lo que el viento se llevó.*
JUDY GARLAND por su actuación como estrella juvenil, premio que le entregó su amigo Mickey Rooney.
Esa muchacha menuda, dotada de una gran voz, se llamaba en realidad Frances Ethel Gumm y había nacido en los Grandes Rápidos, Minnesota, en el seno de una familia dedicada al mundo de las variedades. Realizó su presentación como artista con sólo tres años de edad, en un acto para una comunidad religiosa, junto a dos hermanas mayores.
Consiguió su primer contrato para la MGM cuando acababa de cumplir los 13 años, e inmediatamente intervino en "Locuras de estudiantes" (1936), "Thoroughreds Don't Cry" (1937) y "Melodías de Broadway" (1938). Su gran triunfo fue, no obstante, con su papel como Dorothy en "El Mago de Oz" en 1939, película que constituyó un éxito mundial que aún perdura, lo mismo que la canción "Over the Rainbow". Veterana del cine a una edad en que la mayoría de las actrices figuran solamente como extras, consiguió recibir un Oscar a la mejor actriz juvenil del año cuando apenas contaba 17 años.
Casada con el director Vincente Minnelli, logró permanecer en el cine incluso en plena crisis emocional y tuvo una

hija que también alcanzaría gran fama, llamada Liza Minnelli. En 1954 retorna al cine con la película "Ha nacido una estrella", y realiza una de sus mejores interpretaciones dramáticas, quizá por las similitudes que tenía con su verdadera vida. La película, considerada una obra clásica, la ayudó a superar sus problemas depresivos, aunque vuelve a caer al poco tiempo en ellos y decidió abandonar su trabajo como actriz.

Fue encontrada muerta en el cuarto de baño de su apartamento de Londres la noche del 22 de junio de 1969 y el médico certificó "muerte accidental por sobredosis de barbitúricos". Su entierro multitudinario bloqueó totalmente la zona de Manhattan cercana al cementerio.

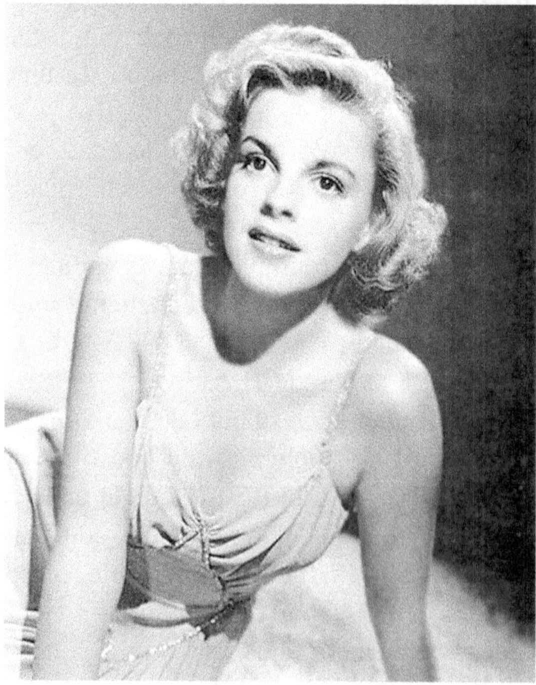

Judy Garland

AÑO 1940

13rd Awards: 27 de febrero de 1941, 8:45 p.m.
Lugar: El Biltmore Bowl del Biltmore Hotel, Los Angeles (banquete)
Presentadores: Walter Wanger, Alfred Lunt y Lynn Fontanne

MEJOR PELÍCULA

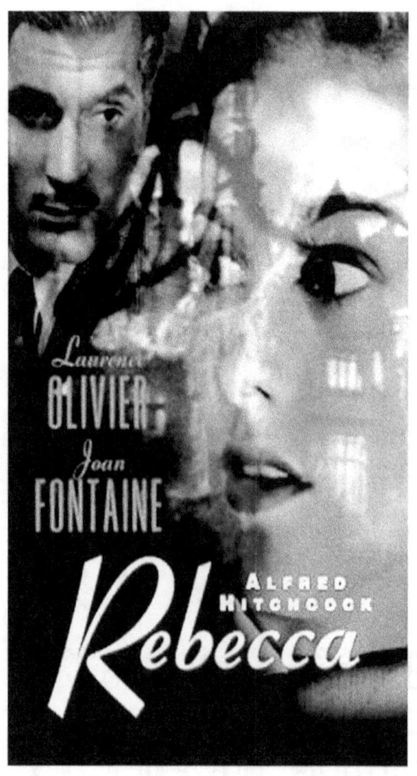

REBECA *(Rebecca)*
Este filme supuso el reconocimiento norteamericano a Alfred Hitchcock, además de una nominación como mejor director. Tuvo que competir nada menos que con "El Gran dictador" (cinco nominaciones), y "La loba" con siete.
Alfred Hitchcock nació en Londres en 1899 y falleció en Hollywood en 1980. Este británico hijo de un carnicero, comenzó a trabajar en la industria cinematográfica en 1920, primero como publicista para la Paramount y después como guionista y ayudante de dirección, hasta que se trasladó en 1925 a Alemania, en donde tuvo la oportunidad de trabajar como ayudante de dirección en los estudios UFA.
En su país de nacimiento rodó posteriormente su primer éxito "Blackmail", al que siguieron "El hombre que sabía demasiado" (1934) y "39 escalones" (1935) que motivaron el interés de David O. Selznick y con ello su llegada a Hollywood en 1940. Su primer filme en Estados Unidos fue "Rebeca", un éxito rotundo tanto de crítica como de

público, comenzando también sus breves apariciones que luego fueron motivo de interés por el público.
Sus argumentos centrados casi siempre en tramas policíacas o de espionaje, pusieron de moda la palabra francesa "suspense", un estado emocional a mitad de camino entre el pánico y el interés. Su idea era captar la atención del espectador con un señuelo, un fuerte o intrigante impacto, para así conducirle poco a poco a la verdadera trama del filme.
La influencia del psicoanálisis y de las teorías de Freud aparecen mostradas en películas como "Marnie la ladrona", donde una cleptómana traumática se redime por el amor, mientras que en "Yo confieso" será por motivos religiosos, y en "Los pájaros" se mostrará más simbólicamente.
No demasiado aclamado en sus principios, pero intensamente imitado y aplaudido posteriormente, el virtuosismo de Hitchcock se hace evidente en el manejo de la cámara, con gran inventiva y audacia, y en el montaje, extremadamente fragmentado y estudiado en ocasiones. Ahora algunos de sus recursos nos parecen pueriles y sus modestos efectos especiales muy rudimentarios, pero su maestría para contarnos una historia e impedir que nos levantásemos aburridos de la butaca del cine, no han tenido igual. Incluso ahora, cuando ya conocemos perfectamente el argumento y el final de todas sus películas, el interés sigue vigente, y no hay mejor muestra de la valía de un filme que cuando se puede visionar varias veces sin llegar al tedio.
Posiblemente áspero y despótico, e inclinado por las mujeres rubias de aspecto más o menos asexuado, sus películas mejoraron cuando pudo convertirse también en su propio productor, logrando desde los años 50 sus mejores filmes y con ellos el reconocimiento internacional.

Nominadas: *Las uvas de la ira, El cielo y tú, Enviado especial, El gran dictador, Espejismo de amor, La carta, Hombres intrépidos, Sinfonía de la vida, Historias de Filadelfia.*

MEJOR ACTOR

JAMES STEWART Por: *Historias de Filadelfia*

James Stewart no tuvo mucha suerte en los Oscars, pues sólo recibió una estatuilla al mejor actor por su papel en "Historias de Filadelfia" (1940), aunque estuvo nominado en otras cuatro ocasiones. Quizá como compensación, acabaron dándole posteriormente un Oscar honorífico "por sus 50 años de interpretaciones memorables".

A partir de su primera película "The murder man" (1935) adoptó su nombre artístico, interpretando en los cinco años siguientes 24 películas. Su participación en la Segunda Guerra Mundial y su buen carácter, le hicieron merecedor del cariño de toda una nación, deseosa de poder mostrar personas de referencia que reflejasen el carácter norteamericano medio.

En 1949 contrajo matrimonio por primera y única vez con Gloria Hatrick Malean, con la que tuvo cuatro hijos. En sus últimos años participó en diferentes producciones televisivas y murió en Nueva York en 1997, no sin antes dejarnos un grato recuerdo a todos los aficionados.

Nominados: Laurence Olivier, Charles Chaplin, Henry Fonda, Raymond Massey

MEJOR ACTOR SECUNDARIO

WALTER BRENNAN Por: *El forastero*

Nominados: Jack Oakie, Albert Bassermann, William Cargan, James Stephenson

MEJOR ACTRIZ

GINGER ROGERS Por: *Espejismo de amor.*

Virginia Katherine McMath nació el 16 de julio de 1911 en Independence, Missouri (EE.UU.) Sería Walter Wanger, el productor de la Paramount, quien primero le haría una oferta para el cine, siendo con esta compañía en donde rodó sus primeras películas.

Su ascenso al estrellato le vendría de la mano de Fred Astaire, con quien formó desde entonces una de las parejas más emblemáticas del cine musical norteamericano, por no decir la más importante.

Después de rodar para la RKO el filme "Professional Sweetheart" en 1933, se une ya definitivamente a Astaire para rodar la primera de las nueve películas que efectuaron juntos. Indudablemente fue él quien la hizo brillar, aunque no por ello debemos menospreciar su talento como bailarina y actriz. Los filmes que la hicieron famosa fueron "Volando hacia Río" (1933), "La alegre divorciada" (1934), "Roberta" (1935), "Sigamos la flota" (1936), "Ritmo loco" (1937) "Amanda" (1938), "Sombrero de copa" (1935), "En alas de la danza" (1936) y "La historia de Irene Castle" (1939).

Descontenta con el cine musical y una vez distanciada de Fred Astaire, se dedicó a realizar giras por los teatros durante los años 50 en espectáculos veraniegos y la televisión, consiguiendo brillar de nuevo con el musical "Hello, Dolly!", obra que interpretó durante un año y un medio, siguiendo con "Mame" (1969) una producción mostrada en Londres y que le permitió ser la actriz musical mejor pagada. A comienzos de 1975, Rogers recorrió durante cuatro años los escenarios norteamericanos con un grupo pequeño de bailarines en "El Show de Gingers Rogers," una nostálgica retrospectiva de su carrera. Murió el 25 de abril de

1995 de un coma diabético en su Rancho Mirage, California.
Nominadas: Martha Scott, Bette Davis, Joan Fontaine, Katharine Hepburn

MEJOR ACTRIZ SECUNDARIA
JANE DARWELL Por: *Las uvas de la ira*
Nominadas: Judith Anderson, Marjorie Rambeau, Ruth Hussey, Barbara O'Neil

MEJOR DIRECTOR
JOHN FORD Por: *Las uvas de la ira*
De nombre real Sean Aloysius O'Ferans, John Ford nació en 1894 en Cape-Elizabeth, aunque otros biógrafos le sitúan en Irlanda. Comenzó a trabajar en Hollywood en 1913 adoptando el pseudónimo de Jack Ford hasta 1923, fecha en que lo cambió por el definitivo John Ford. El primer género que cultivó fue el western y sus primeras películas importantes fueron "El caballo de hierro" (1924) y "Tres hombres malos" (1926), destacando por su plasticidad, temperamento dramático, su gran sentido de la observación y el característico tono épico.
Ha dirigido más de 60 películas y es de destacar el magnífico tándem que formaba con el actor John Wayne, al que dirigió en 20 largometrajes. Ganador de tres Oscars al mejor director por "Las uvas de la ira" de 1940, "Que verde era mi valle" de 1941 y "El hombre tranquilo" de 1952, también fue nominado dos veces más por "El delator" de 1935 y "La diligencia" de 1939. Murió a la edad de 79 años.

Nominados: Sam Wood, George Cukor, Alfred Hitchcock, William Wyler

MEJOR GUIÓN ADAPTADO
DONALD OGDEN STEWART Por: *Historias de Filadelfia*
MEJOR GUIÓN ORIGINAL
PRESTON STURGES Por: *El Gran McGinty*

MEJOR FOTOGRAFÍA EN BLANCO Y NEGRO
GEORGE BARNES Por: *Rebeca*
MEJOR FOTOGRAFÍA EN COLOR
GEROGE PERINAL Por: *El ladrón de Bagdad*

MEJOR SONIDO
DOUGLAS SHEARER Por: *Armonías de juventud*
MEJOR CANCIÓN
WHEN YOU WISH UPON A STAR de: *Pinocho*
MEJOR BANDA SONORA
ALFRED NEWMAN Por: *Tin Pan Alley*

MEJOR MONTAJE
ANNE BAUCHENS Por: *Policía montada del Canadá*
MEJOR DECORACIÓN
VINCENT CORDA Por: *El ladrón de Bagdad*

MEJORES EFECTOS ESPECIALES
LAWRENCE BUTLER, JACK WHITNEY Por: *El ladrón de Bagdad*

OSCAR ESPECIAL
NATHAN LEVINSON por la producción del adiestramiento militar

BOB HOPE por los servicios prestados a la industria del cine.

Leslie Towne, conocido artísticamente como Bob Hope, nació el día 29 de mayo de 1903 en Standiforth Court, Eltham, Inglaterra. Trabajador en numerosos oficios, hizo su primera aparición en los teatros de Broadway en 1927, alternando los escenarios con nightclubs y pequeños teatros donde demostró ser un cómico de grandes recursos, especialmente con el musical "Ballyhoo".

En la radio destacaría aún más, pues su verborrea se adaptaba perfectamente a este medio y logró cierto reconocimiento por el serial "The Big Broadcast" de 1938, en donde interpreta su célebre "Thanks for the Memory". Ese mismo año es contratado para el cine en el filme "Ondas musicales" de Frank Tuttle, siendo la primera de cerca de 60 películas, entre las cuales podemos destacar "Camino a Singapur" (1940), "Camino a Marruecos" (1941), "Camino a Río" (1947), unido a la exótica Dorothy Lamour y a Bing Crosby, y "El hijo de rostro pálido" (1952), así como "Dos frescos en órbita" (1962), esta última al lado de Jerry Lewis. En televisión ha aparecido a menudo como presentador de diversos programas, habiendo publicado su autobiografía en 1977 con el acertado título "Road to Hollywood". Murió en 2003 a los 100 años de edad.

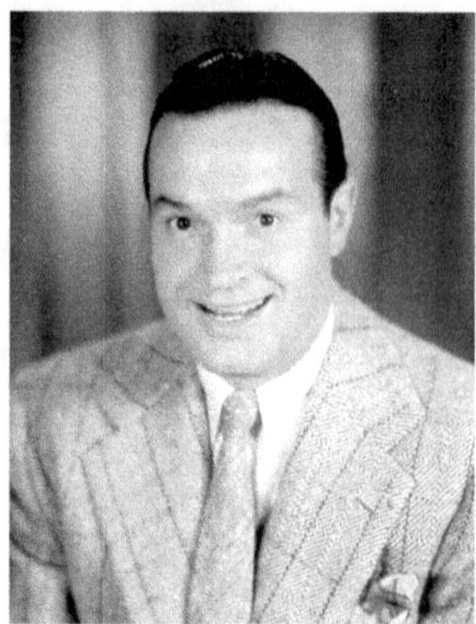

Bob Hope

AÑO 1941

14rd Awards: 26 de febrero de 1942, 7:45 p.m
Lugar: El Biltmore Bowl del Biltmore Hotel, Los Angeles
Presentador: Bob Hope

Todavía en la mente de los norteamericanos la masacre de Pearl Harbor -provocada hacía solamente dos meses-, el hecho ocasionó un fervor de patriotismo que involucró a los propios actores, pues tanto James Stewart como Gary Cooper (premiado con un Oscar precisamente por un filme bélico), lucieron sus uniformes militares.

La película "Ciudadano Kane", que posteriormente sería considerada como una de las mejores de la historia del cine, recibió nueve nominaciones, pero el único Oscar fue por el mejor guión original.

MEJOR PELÍCULA

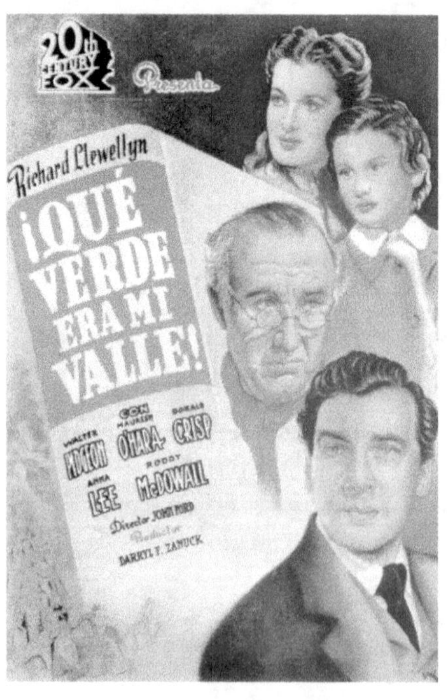

¡QUÉ VERDE ERA MI VALLE! (How Green Was My Valley)

Una muestra inequívoca del valor de John Ford, con esta conmovedora historia que realizó antes de servir en la marina.

El choque entre generaciones y la revuelta de los mineros se convierte en el eje argumental de este filme memorable.

Nominadas: *El sargento York, Sospecha, De corazón a corazón, Ciudadano Kane, El difunto protesta, Si no amaneciera, La loba, El Halcón maltés.*

MEJOR ACTOR
GARY COOPER Por: *El sargento York*
Nominados: Orson Welles, Cary Grant, Walter Houston, Robert Montgomery

MEJOR ACTOR SECUNDARIO
DONALD CRISP Por: *¡Qué verde era mi valle!*
Nominados: James Gleason, Charles Coburn, Walter Brennan, Sidney Greenstreet

MEJOR ACTRIZ
JOAN FONTAINE Por: *Sospecha*
Nominadas: Barbara Stanwyck, Bette Davis, Greer Garson, Olivia de Havilland

MEJOR ACTRIZ SECUNDARIA
MARY ASTOR Por: *La gran mentira*
Nominadas: Sara Allgood, Teresa Wright, Patricia College, Margaret Wycherly

MEJOR DIRECTOR
JOHN FORD Por: *¡Qué verde era mi valle!*
Nominados: Orson Welles, Alexander Hall, William Wyler, Howard Hawks

MEJOR GUIÓN ADAPTADO
SIDNEY BUCHMAN, SETON I. MILLER Por: *El difunto protesta*

MEJOR GUIÓN ORIGINAL
HERMAN MANKIEWICZ y ORSON WELLES Por: *Ciudadano Kane*

A Orson Welles se le considera uno de los grandes maestros del cine. Director, guionista, actor, productor y locutor de radio, logró saltar a la fama por su recreación radiofónica de la novela de H. G. Wells "La guerra de los mundos", con la cual aterrorizó a miles de oyentes.
Tocaba todas las facetas, pero en ninguna de ellas recibió el reconocimiento que se merecía. Sólo le concedieron un Oscar compartido por el guión de "Ciudadano Kane" (1941.) De hecho, fue el único premio que se llevó esta película, que partía con nueve nominaciones. Eso sí, Welles tuvo su correspondiente Oscar honorífico 30 años después. Otras obras memorables fueron: *El cuarto mandamiento, Otelo, Sed de mal y Campanas a medianoche.*

MEJOR FOTOGRAFÍA EN BLANCO Y NEGRO
ARTHUR MILLER Por: *¡Qué verde era mi valle!*
MEJOR FOTOGRAFÍA EN COLOR
ERNEST PALAMER, RAY RENNAHAN Por: *Sangre y arena*

MEJOR SONIDO
JACK WHITNER Por: *Lady Hamilton*
MEJOR CANCIÓN
LA ÚLTIMA VEZ QUE VI PARIS de: *Lady Be Good*
MEJOR BANDA SONORA
BERNARD HERRMANN Por: *El hombre que vendió su alma*

MEJOR MONTAJE
WILLIAM HOLMES Por: *El sargento York*

MEJORES DECORADOS
CEDRIC GIBBON Por: *De corazón a corazón*

MEJORES EFECTOS ESPECIALES
GORDON JENNINGS, LOUIS MSESENKOP Por: *Vuelo de águilas*

OSCAR EN MEMORIA DE IRVING THALBERG
WALT DISNEY

OSCAR ESPECIAL
LEOPOLD STOKOWSKY por la visualización musical en *Fantasía.*
REY SCOTT por el documental *Kukan*
WALT DISNEY, R.C.A. WILLIAM GARITY, JOHN HAWKINS, por el sonido en *Fantasía*

El mérito de *Fantasía* de Walt Disney fue reconocido inmediatamente que se estrenó, pero el filme supuso un serio fracaso en taquilla y una desilusión de Disney, quien pretendía hacer varias historias similares para dar a conocer la música clásica a los niños. Sin embargo, la película es tediosa en varios pasajes y resulta imposible encontrar un público adecuado para ella. Este clásico ha tenido su continuación con *Fantasía 2000,* igualmente de poco éxito comercial.

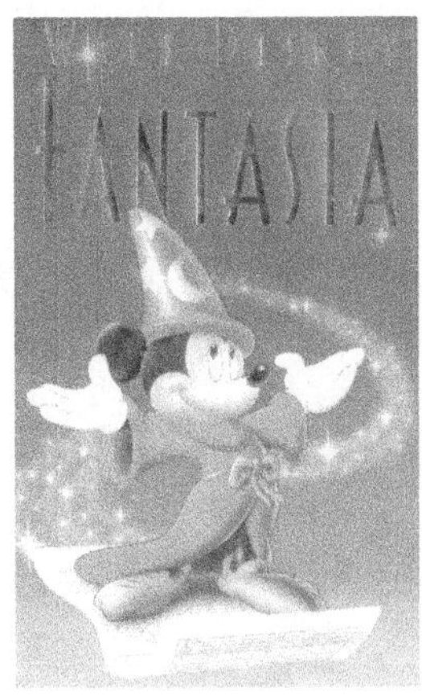

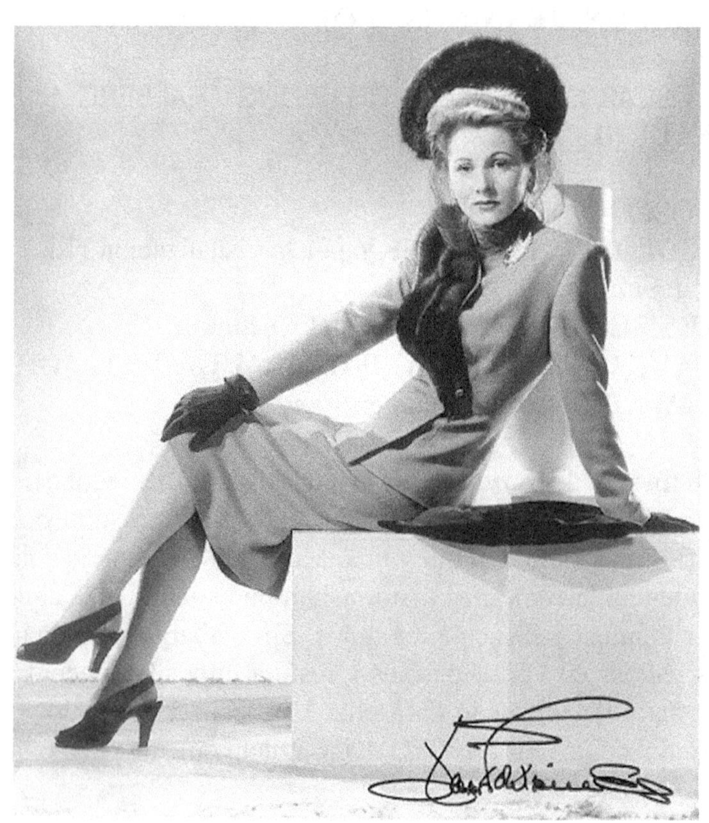

Joan Fontaine

Año 1942

15rd Awards: 4 de marzo de 1943, 8:30 p.m.
Lugar: El Cocoanut Grove del Ambassador Hotel, Los Angeles (banquete)
Presentador: Bob Hope

Con la Segunda Guerra Mundial involucrando ya a todo el mundo occidental, los premios se dejan de nuevo influir y muchas de las películas galardonadas tienen ambiente bélico y destellos de patriotismo. Además, el propio Bob Hope lee mensajes patrióticos enviados por Roosevelt, mientras que la esposa del presidente chino Chiang-Kai-Schek finaliza con el himno nacional que es coreado por todos los asistentes. Finalmente, se hace una larga pausa para vender bonos de guerra.

El compositor Irving Berlin (quien confesó en una ocasión que no sabía leer partituras) presentó el premio a la mejor canción que, precisamente, recayó en él mismo, diciendo burlonamente que conocía muy bien al galardonado.

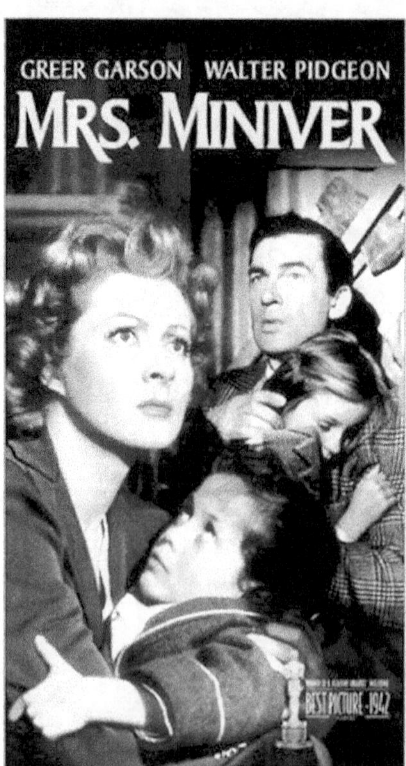

MEJOR PELÍCULA

LA SEÑORA MINIVER (*Mrs. Miniver*)

Se trata de una de las películas más populares de los años 40, en donde nos narran la vida de una familia durante la ocupación alemana, mezclando adecuadamente humor y drama.

Nominadas: *Yanqui dandy, Los invasores, El asunto del día, Kings Row, El cuarto mandamiento, Niebla en el pasado, Wake island.*

MEJOR ACTOR
JAMES CAGNEY Por: *Yanqui dandy*
Nominados: Ronald Corman, Walter Pidgeon, Monty Wooley, Gary Cooper

MEJOR ACTOR SECUNDARIO
VAN HEFLIN Por: *Senda prohibida*
Nominados: Walter Huston, William Bendix, Frank Morgan, Henry Travers

MEJOR ACTRIZ
GREER GARSON Por: *La señora Miniver*
Nominadas: Katharine Hepburn, Bette Davis, Rosalind Russell, Teresa Wright
MEJOR ACTRIZ SECUNDARIA
TERESA WRIGHT Por: *La señora Miniver*
Nominadas: Susan Peters, Gladys Cooper, Agnes Moorehead, May Whitty

MEJOR DIRECTOR
WILLIAM WYLER Por: *La señora Miniver*
Nominados: Sam Wood, Michael Curtiz, John Farrow, Mervyn Le Roy

MEJOR GUIÓN ADAPTADO
GEORGE FROESCHEL, JAMES HILTON Por: *La señora Miniver*
MEJOR GUIÓN ORIGINAL
MICHAEL KANIN, RING LARDNER JR. Por: *La mujer del año*

MEJOR FOTOGRAFÍA EN BLANCO Y NEGRO
JOSEPH RUTTENBERG Por: *La señora Miniver*

MEJOR FOTOGRAFÍA EN COLOR
LEON SHAMROY Por: *El cisne negro*

MEJOR SONIDO
NATHAN LEVINSON Por: *Yanqui dandy*
MEJOR CANCIÓN
WHITE CHRISTMAS de: *Holiday Inn*
MEJOR BANDA SONORA
MAX STEINER Por: *La extraña pasajera*

MEJOR MONTAJE
DANILE MANDELL Por: *El orgullo del club de los Dandys*

MEJOR DECORACION
RICHARD DAY, JOSEPH WRIGHT, THOMAS LITTLE por: *My Gal Sal*

MEJORES EFECTOS ESPECIALES
FARCIOT EDOUART, GORDON JENNINGS, WILLIAM PEREIRA Por: *Piratas del mar Caribe*

OSCAR EN MEMORIA DE IRVING THALBERG
SIDNEY FRANKLIN por su larga trayectoria cinematográfica como escritor, productor y director.

OSCAR ESPECIAL
METRO GOLDWYN MAYER por representar adecuadamente el estilo de vida americano.
CHARLES BOYER por su trabajo en la creación de la Fundación Francesa del Cine.
NOEL COWARD por su última película.

AÑO 1943

16rd Awards: 2 de marzo de 1944, 8:00 p.m.
Lugar: Grauman's Chinese Theatre, Hollywood
Presentador: Jack Benny

Por fin la entrega de los Oscars tuvo un ambiente adecuado, y el escenario del Teatro Chino Grauman hizo olvidar un poco el fragor de las batallas que seguían sucediéndose en Europa. No obstante, la guerra siguió presente en filmes tan importantes como "Casablanca" y "Por quién doblan las campanas", así como en los documentales premiados.

MEJOR PELÍCULA

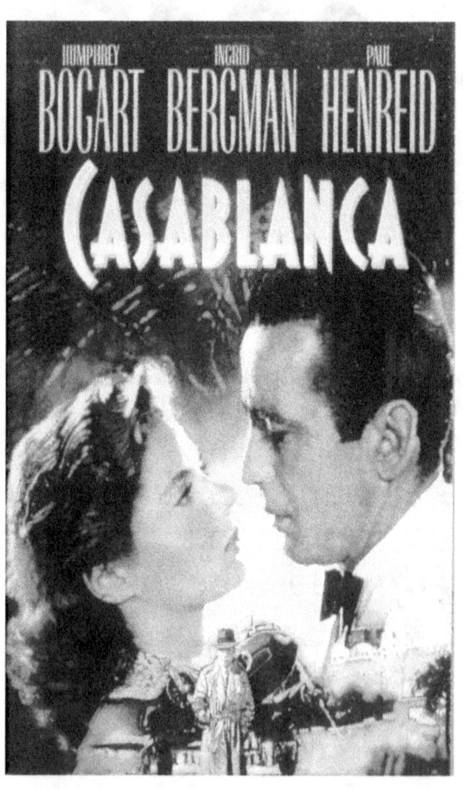

CASABLANCA (*Casablanca*)

Perteneciente ya a las películas de imborrable recuerdo, y de la cual los aficionados han extraído la frase "...siempre nos quedará París", nos muestra una historia de amor, traición y compañerismo, ambientada en la Segunda Guerra Mundial, cuando el poderío alemán llegaba incluso hasta tierras de África.

Es difícil encontrar una película que resista mejor el paso del tiempo y que consiga ser aclamada por las nuevas generaciones. Obviamente en la historia del cine hay películas más importantes, más profundas, así como otras de gran perfección artística, originales o de fuerte mensaje social; pero siempre que un grupo de críticos se reúnen para encontrar las mejores películas de la historia del cine allí está "Casablanca". Se trata de una película que ha conseguido cambiar el modo de hacer cine. Ha sobrevivido a la pasión por Bogart, consiguiendo mantenerle en la mente de los nuevos aficionados, y no existe cinéfilo que se precie que no la tenga en formato DVD como si fuera su más preciado tesoro.

La dirección de Michael Curtiz en "Casablanca" es notable para tratarse de un filme de bajo costo, y consigue crear secuencias que nadie podría realizar con tan poco presupuesto, y lo hace de manera sencilla. Según Howard Hawks, hay tres grandes escenas en "Casablanca" y ninguna mala.

Humphrey Bogart incidió y perfeccionó su estampa de héroe duro, imperturbable por fuera y tierno por dentro, mientras que Ingrid Bergman, que había desembarcado en Estados Unidos tres años antes procedente de Suecia, se consagró como una estrella de Hollywood.

El resultado es que este film, destinado a ser un producto de serie B para la Warner, se convirtió en un éxito inmediato gracias a una afortunada conjunción de elementos: excelente guión (reformado reiteradamente sobre la marcha), notables actuaciones y un tema musical (As time goes by "El tiempo pasará") de enorme atractivo.

Fue premiada con un Oscar a la mejor película; Oscar al mejor director (Michael Curtiz) y otro al mejor guión (Julius J. Epstein, Philip G. Epstein, Howard Koch), además de cuatro nominaciones.

Nominadas: *Sangre, sudor y lágrimas, Por quién doblan las campanas, La canción de Bernadette, El diablo dijo no, La comedia humana, El amor llamó dos veces, Madame Curie.*

MEJOR ACTOR

PAUL LUKAS Por: *Watch on the Rhine*

Nominados: Gary Cooper, Humphrey Bogart, Mickey Rooney, Walter Pidgeon

MEJOR ACTOR SECUNDARIO

CHARLES COBURN Por: *El amor llamó dos veces*

Nominados: Claude Rains, Charles Bickford, Carroll Naish, Akim Tamiroff

MEJOR ACTRIZ

JENNIFER JONES Por: *La canción de Bernadette*

Nominadas: Ingrid Bergman, Jean Arthur, Joan Fontaine, Greer Garson

MEJOR ACTRIZ SECUNDARIA

KATINA PAXINOU Por: *Por quién doblan las campanas*

Nominadas: Gladys Cooper, Lucille Watson, Paulette Goddard, Anne Revere

MEJOR DIRECTOR

MICHAEL CURTIZ Por: *Casablanca*

Nominados: George Stevens, Clarence Brown, Henry King, Ernest Lubitsch

MEJOR GUIÓN ADAPTADO

JULIUS J. EPSTEIN, PHILIP G. EPSTEIN, HOWARD KOCH Por: *Casablanca*

MEJOR GUIÓN ORIGINAL
WILLIAM SAROYAN Por: *La comedia humana*

MEJOR FOTOGRAFÍA EN BLANCO Y NEGRO
ARTHUR MILLER Por: *La canción de Bernadette*
MEJOR FOTOGRAFÍA EN COLOR
HAL MOHR, W. HOWARD DARLING, THOMAS LITTLE Por: *El fantasma de la ópera*

MEJOR SONIDO
STEPHEN DUNN Por: *This Land is Mine*
MEJOR CANCIÓN
YOU'LL NEVER KNOW de: *Hello, frisco, hello*
MEJOR BANDA SONORA
ALFRED NEWMAN Por: *La canción de Bernadette*

MEJOR MONTAJE
GEORGE AMY Por: *Fuerza Aérea*
MEJOR DECORACIÓN
ALEXANDER GOLITZEN, JOHN GOODMAN, RUSSELL A. GAUSMAN, IRA S. WEBB Por: *El fantasma de la ópera*

MEJORES EFECTOS ESPECIALES
FRED SERSEN, ROGER HEMAN Por: *Tiburones de acero*

OSCAR EN MEMORIA DE IRVING THALBERG
HAL B. WALLIS

OSCAR ESPECIAL
GEORGE PAL por sus innovaciones en los efectos especiales con maquetas y muñecos.

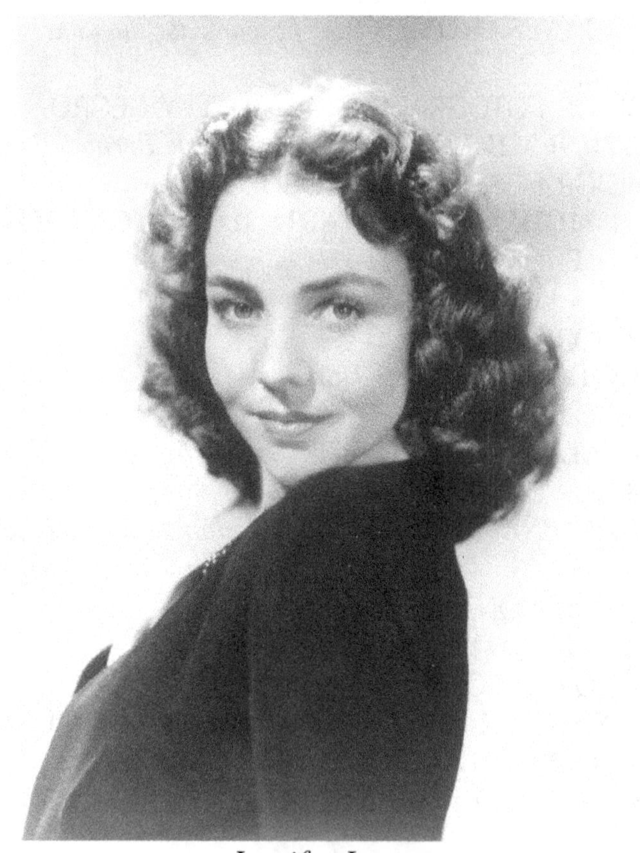

Jennifer Jones

Año 1944

17rd Awards: 15 de marzo de 1945, 8:00 p.m.
Lugar: Grauman's Chinese Theatre, Hollywood
Presentadores: John Cromwell y Bob Hope

Asistidos los presentadores por Danny Kaye y las Hermanas Andrews (populares cantantes), fue la primera vez que la ceremonia se retransmitía íntegra por radio.

MEJOR PELÍCULA

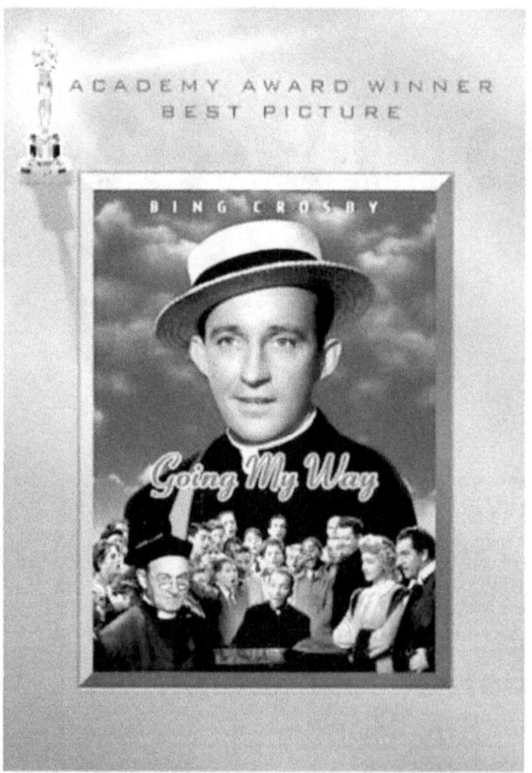

SIGUIENDO MI CAMINO *(Going My Way)*
Las discrepancias entre dos generaciones de curas, adornadas con las canciones de Crosby, constituyeron un éxito de público y crítica.

Nominadas: *Luz que agoniza, Desde que te fuiste, Perdición, Wilson*

MEJOR ACTOR
BING CROSBY Por: *Siguiendo mi camino*
Este cantante melódico, que era capaz de entusiasmar simplemente acompañado de una guitarra, y que poseía un registro de voz inigualable, sorprendió a todos los especta-

dores cuando demostró que también podía ser un excelente actor.
Su canción icono "Navidades blancas", fue un éxito mundial durante muchos años, consiguiendo vender nada menos que 25 millones de copias. Este éxito casi lo repitió posteriormente cuando cantó junto a Grace Kelly el tema "True love" en el filme "Alta sociedad".

Nominados: Cary Grant, Charles Boyer, Barry Fitzgerald, Alexander Lnox

MEJOR ACTOR SECUNDARIO
BARRY FITZGERALD Por: *Siguiendo mi camino*
Nominados: Clifton Webb, Hume Cronyn, Claude Rains, Monty Seed

MEJOR ACTRIZ
INGRID BERGMAN Por: *Luz que agoniza*
Nominadas: Claudette Colbert, Barbara Stanwyck, Bette Davis, Greer Garson

MEJOR ACTRIZ SECUNDARIA
ETHEL BARRYMORE Por: *Un corazón en peligro*
Nominadas: Angela Lansbury, Jennifer Jones, Agnes Moorehead, Aline MacMahon

MEJOR DIRECTOR
LEO McCAREY Por: *Siguiendo mi camino*
Nominados: Henry King, Alfred Hitchcock, Otto Preminger, Billy Wilder

MEJOR GUIÓN ADAPTADO
FRANK BUTLER, FRANK CAVETT Por: *Siguiendo mi camino*

MEJOR GUIÓN ORIGINAL
LAMAR TROTTI Por: *Trotti*

MEJOR FOTOGRAFÍA EN BLANCO Y NEGRO
JOSEPH LASHELLE Por: *Laura*
MEJOR FOTOGRAFÍA EN COLOR
LEON SHAMROY Por: *Wilson*

MEJOR SONIDO
E.H. HANSEN Por: *Wilson*
MEJOR CANCIÓN
SWINGING ON A STAR de: *Siguiendo mi camino*
MEJOR BANDA SONORA
MAX STEINER Por: *Desde que te fuiste*

MEJOR MONTAJE
BARBARA MCLEAN Por: *Wilson*
MEJOR DIRECCIÓN ARTÍSTICA
WIARD IHNEN, THOMAS LITTLE Por: *Wilson*

MEJORES EFECTOS ESPECIALES
ARNOLD GILLESPIE, DONALD JAHRAUS, WARREN NEWCOME, DOUGLAS SHEARER Por: *Treinta segundos sobre Tokyo*

OSCAR EN MEMORIA DE IRVING THALBERG
DARRYL F. ZANUCK

OSCAR ESPECIAL
BOB HOPE por sus muchos servicios a la Academia
MARGARET O'BRIEN por su trabajo como estrella infantil.

AÑO 1945

18th Awards: 7 de marzo de 1946, 8:00 p.m.
Lugar: Grauman's Chinese Theatre, Hollywood
Presentadores: Bob Hope, James Stewart

Ya tenemos la ceremonia con el esplendor que la caracterizaría, con su alfombra roja bordeada de cientos de fans esperando largas horas para ver a sus ídolos, y un espectáculo en el interior digno de Hollywood.

MEJOR PELÍCULA

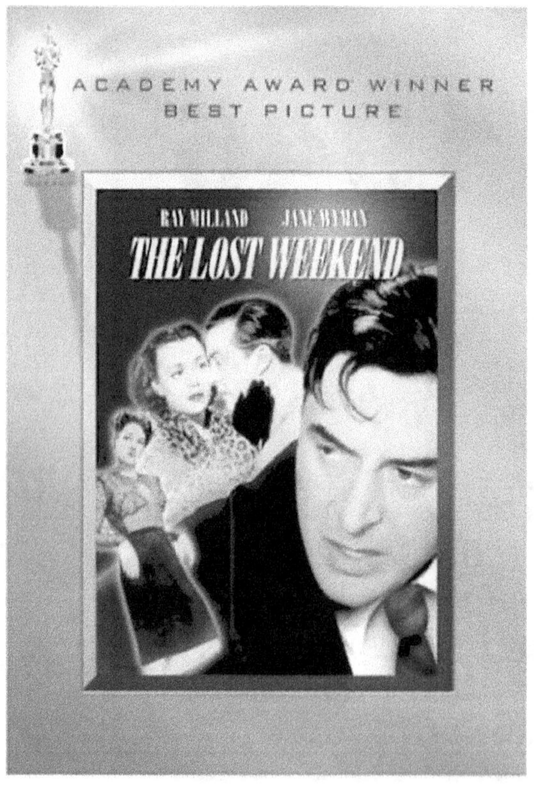

DÍAS SIN HUELLA
(The Lost Weekend)
Ganadora de 4 Oscars, la cuarta película de Billy Wilder narra la vida del escritor Don Brinam, quien está inmerso en el alcoholismo a causa de sus repetidos fracasos profesionales. Con la cámara al hombro, Wilder salió a las calles de Nueva York, en donde nos mostró largas y mudas secuencias centradas en el protagonista. Su estreno fue un fracaso comercial, hasta que el Oscar la sacó del tedio.

Nominadas: *Las campanas de Santa María, Levando anclas, Alma en suplicio, Recuerda*

MEJOR ACTOR

RAY MILLAND Por: *Días sin huella*

Nominados: Gregory Peck, Bing Crosby, Gene Kelly, Cornel Wilde

MEJOR ACTOR SECUNDARIO

JAMES DUNN Por: *Lazos humanos*

Nominados: Robert Mitchum, Michael Chekhov, John Dall, J. Carrol Naish

MEJOR ACTRIZ

JOAN CRAWFORD Por: *Alma en suplicio*

Esta actriz no pudo asistir para recoger su premio, pues se encontraba en la cama aquejada de fuerte gripe, aunque horas después llegaban a su domicilio numerosos amigos, entre ellos el director Michael Curtiz, quien le entregó en persona el Oscar.

Nominadas: Gene Tierney, Ingrid Bergman, Greer Garson, Jennifer Jones

MEJOR ACTRIZ SECUNDARIA

ANNA REVERTE Por: *National Velvet*

Nominadas: Angela Lansbury, Eve Arden, Ann Blyth, Joan Lorring

MEJOR DIRECTOR

BILLY WILDER Por: *Días sin huella*

Nominados: Clarence Brown, Jean Renoir, Alfred Hitchcock, Leo McCarey

MEJOR GUIÓN ADAPTADO

CHARLES BRECKETT, BILLY WILDER Por: *Días sin huella*

MEJOR GUIÓN ORIGINAL

RICHARD SCHWEIZER Por: *María Luisa*

MEJOR FOTOGRAFÍA EN BLANCO Y NEGRO

WIARD IHNEN, A. ROLAND FIELDS Por: *Sangre sobre el sol*

MEJOR FOTOGRAFÍA EN COLOR

LEON SHAMROY Por: *Que el cielo la juzgue*

MEJOR SONIDO

STEPHEN DUNN Por: *Las campanas de Santa María*

MEJOR CANCIÓN

IT MIGHT AS WELL BE SPRING de: *State Fair*

MEJOR BANDA SONORA

MIKLOS ROZSA Por: *Recuerda*

MEJOR MONTAJE

ROBERT J. KERN Por: *National Velvet*

MEJOR DECORACIÓN

HANS DREIR, ERNEST FEGTLE, SAM COMER Por: *Frenchman's Creek*

MEJORES EFECTOS ESPECIALES

JOHN FULTON, A.W. JOHNS Por: *Un hombre fenómeno*

Nos encontramos con unos efectos especiales sorpresivos, pues nos dan dos Danny Kaye por el precio de uno, con tanta habilidad que aún hoy nos causan asombro.

OSCAR ESPECIAL

WALTER WANGER por los servicios prestados como presidente de la Academia

PEGGY ANN como la actriz infantil más popular

DEPARTAMENTO DE SONIDO DE R. PICTURES

THE HOUSE I LIVE IN cortometraje de M. Le Roy

AÑO 1946

19th Awards: 13 de marzo de 1947, 8:45 p.m.
Lugar:Shrine Civic Auditorium, Los Angeles
Presentador: Jack Benny

El nuevo auditorio albergó por vez primera al público dispuesto a pagar la gran suma de la entrada.

MEJOR PELÍCULA

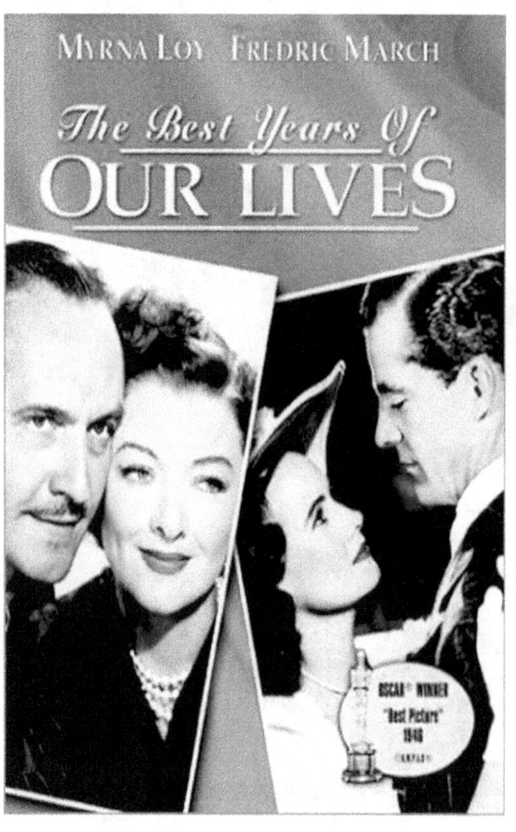

LOS MEJORES AÑOS DE NUESTRA VIDA ***(The Best Years of Our Lives)***

Ganadora de 8 Oscars (uno de ellos especial), esta historia bélica nos habla de tres excombatientes de la Segunda Guerra Mundial y sus problemas para adaptarse a la vida social. El filme constituyó un éxito comercial que le permitió recaudar más de 10 millones de dólares.

Nominadas: *¡Qué bello es vivir!, Enrique V, El filo de la navaja, El despertar*

MEJOR ACTOR

FREDRIC MARCH Por: *Los mejores años de nuestra vida*

Nominados: Gregory Peck, Laurence Olivier, James Stewart

MEJOR ACTOR SECUNDARIO

HAROLD RUSSELL Por: *Los mejores años de nuestra vida*

Nominados: Charles Coburn, Clifton Webb, Claude Rains, William Demarest

MEJOR ACTRIZ

OLIVIA DE HAVILLAND Por: *La vida íntima de Julia Norris*

Nominadas: Rosalind Russell, Celia Johnson, Jennifer Jones, Jane Wyman

MEJOR ACTRIZ SECUNDARIA

ANNE BAXTER Por: *El filo de la navaja*

Nominadas: Lillian Gish, Ethel Barrymore, Flora Robson, Gale Sondergaard

MEJOR DIRECTOR

WILLIAM WYLER Por: *Los mejores años de nuestra vida*

Nominados: David, Lean, Clarence Brown, Frank Capra, Robert Siodmak

MEJOR GUIÓN ADAPTADO

ROBERT E. SHERWOOD Por: L*os mejores años de nuestra vida*

MEJOR GUIÓN ORIGINAL

MURIEL BOX, SYDNEY BOX Por: *El séptimo velo*

MEJOR FOTOGRAFÍA EN BLANCO Y NEGRO

ARTHUR MILLER Por: *Ana y el Rey de Siam*

MEJOR FOTOGRAFÍA EN COLOR

CHARLES ROSHER Por: *El despertar*

MEJOR SONIDO
JOHN LIVADARY Por: *La historia de Jolson*

MEJOR CANCIÓN
ON THE ATCHISON TOPEKA AND SANTA FE de: *The Harvey Girls*

MEJOR BANDA SONORA
MORRIS STOLOFF Por: *La historia de Jolson*

MEJOR MONTAJE
DANIELL MANDELL Por: *Los mejores años de nuestra vida*

MEJOR DECORACION
CEDRIC GIBBONS, PAUL GROESSE, EDWIN B. WILLIS Por: *El despertar*

MEJORES EFECTOS ESPECIALES
THOMAS HOWARD Por: *Un espíritu burlón*

OSCAR EN MEMORIA DE IRVING THALBERG
SAMUEL GOLDWYN
Nacido como Schmuel Gelbfisz en Varsovia, Polonia, en 1879, adoptó inicialmente el nombre de Samuel Goldfish cuando emigró a Escocia y de allí a Nueva York en 1898. Años después, en 1913, Goldfish y su cuñado, el productor Jesse L. Lasky, crearon la Jesse Lasky Feature Photoplay Company, siendo su primer filme "Squaw Man" (1914), dirigido por Cecil B. DeMille. Pronto formó sociedad con Edgar Selwyn para crear la Goldwyn Pictures Corp., nombre derivado de la primera sílaba de Goldfish y el final de Selwyn, adoptando finalmente el nombre propio de Samuel Goldwyn.
La compañía original se unió con los estudios Metro y el productor Louis B. Mayer en los años 20 para formar la

Metro Goldwyn Mayer, aunque poco después Samuel Goldwyn la abandonó y siguió ejerciendo de forma independiente.

OSCAR ESPECIAL

HAROLD RUSSELL por su mensaje de amor y esperanza en el filme "Los mejores años de nuestra vida"
LAURENCE OLIVIER por su trabajo en *Enrique V* como actor, productor y director.
CLAUDE JARMAN JR. por ser el actor infantil más popular ese año.

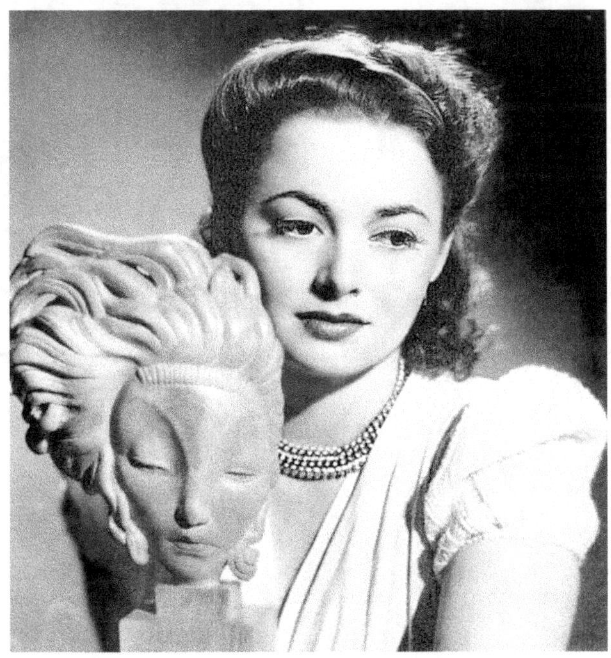

Olivia de Havilland

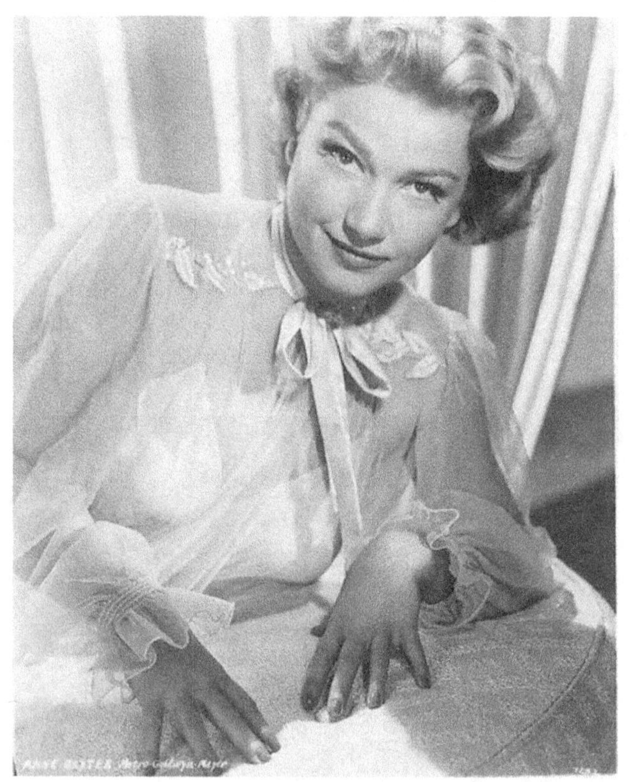

Anne Baxter

AÑO 1947

20th Awards: 20 de marzo de 1948, 8:15 p.m.
Lugar: Shrine Civic Auditorium, Los Angeles
Presentadores: Dick Powell, Agness Moorehead

MEJOR PELÍCULA

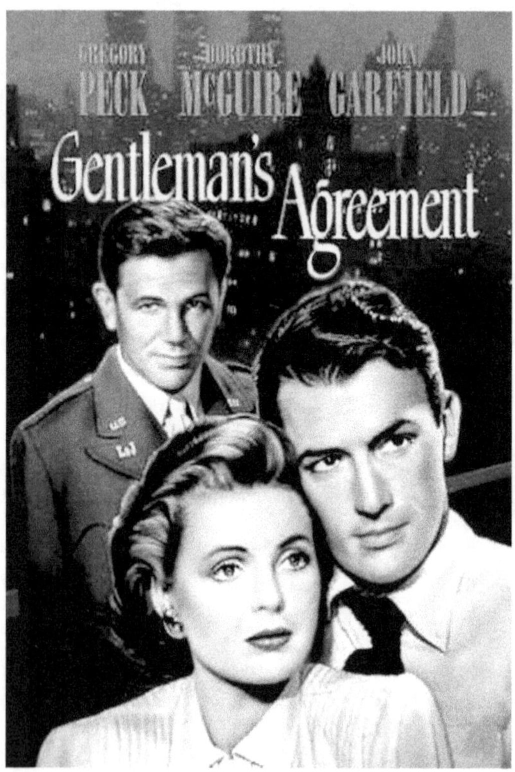

LA BARRRA INVISIBLE (*Gentlemen's Agreement*)
Esta historia, sobre un periodista que se hace pasar por judío, no consiguió posteriormente el aplauso de los críticos.

Nominadas: *Encrucijada de odios, De ilusión también se vive, Cadenas rotas*

MEJOR ACTOR
RONALD COLMAN Por: *Doble vida*
Nominados: Gregory Peck, William Powell, John Garfield, Michael Redgrave

MEJOR ACTOR SECUNDARIO
EDMUND GWENN Por: *De ilusión también se vive*
Nominados: Thomas Gómez, Charles Bickford, Robert Ryan, Richard Widmark

MEJOR ACTRIZ
LORETTA YOUNG Por: *Un destino de mujer*
Nominadas: Joan Crawford, Susan Hayward, Dorothy McGuire, Rosalind Russell

MEJOR ACTRIZ SECUNDARIA
CELESTE HOLM Por: *La barrera invisible*
Nominadas: Gloria Grahame, Ethel Barrymore, Marjorie Main, Anne Revere

MEJOR DIRECTOR
ELIA KAZAN Por: *La barrera invisible*
Nominados: Henry Koster, David Lean, George Cukor, Edward Dmytryk

MEJOR GUIÓN ADAPTADO
GEORGE SEATON Por: *De ilusión también se vive*
MEJOR GUIÓN ORIGINAL
SIDNEY SHELDON Por: *El solterón y la menor*

MEJOR FOTOGRAFÍA EN COLOR
JACK CARDIFF Por: *Black Narcissus*
MEJOR FOTOGRAFÍA EN BLANCO Y NEGRO
GUY GREEN Por: *Cadenas rotas*

MEJOR SONIDO
SAMUEL GOLDWYN Por: *La mujer del obispo*
MEJOR CANCIÓN
ZIP A DEE DOO DAH de: *Canción del sur*

MEJOR BANDA SONORA EN FILME MUSICAL
ALFRED NEWMAN Por: *Siempre en tus brazos*

MEJOR MONTAJE
FRANCIS LYON, ROBERT PARRISCH Por: *Cuerpo y alma*

MEJORES EFECTOS ESPECIALES
ARNOLD GILLESPIE, WARREN NEWCOMBE, DOUGLAS SHEARER Por: *La calle del delfín verde*

OSCAR ESPECIAL
JAMES BASKETT por su caracterización como Tío Remus, el amigo de los niños en *Canción del sur.*
VITTORIO DE SICA por su película *El limpiabotas*, en donde mostró la vida de un país marcado por la guerra y la necesidad de triunfar por encima de la adversidad.
CORONEL WILLIAM SELIG, ALBERT SMITH, THOMAS ARMAT, GEORGE SPOOR por formar parte del grupo de pioneros que contribuyeron a expandir el cine.

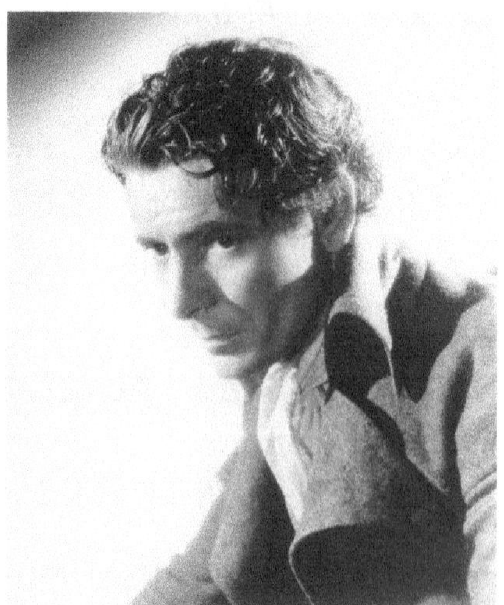

Ronald Corman

AÑO 1948

21st Awards: 24 de marzo de 1949, 8:00 p.m.
Lugar: Academy Award Theater, Hollywood
Presentador: Robert Mongomery

Las grandes compañías cinematográficas fueron acusadas de convertir la ceremonia en un espectáculo de masas vulgar, motivo por el cual la entrega se hizo en el propio teatro de la Academia, el cual solamente podía albergar a 950 personas. El presidente dimitió por ello.

MEJOR PELÍCULA

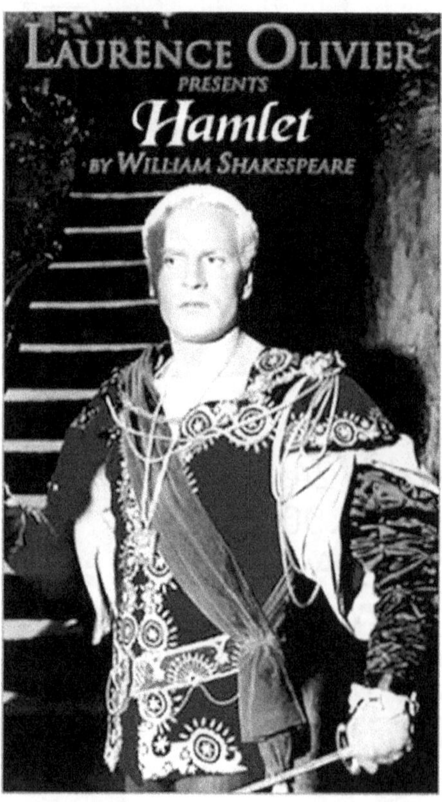

HAMLET (*Hamlet*) Aunque el éxito comercial no acompañó a este filme, la decisión de filmar adecuadamente una obra teatral es meritoria. Hay cortas intervenciones de Peter Cushing y Christopher Lee. Fue la primera vez que un filme británico conseguía un Oscar.

Nominadas: *El tesoro de Sierra Madre, Nido de víboras, Belinda, Las zapatillas rojas*

MEJOR ACTOR

LAURENCE OLIVIER Por: *Hamlet*

Nominados: Clifton Webb, Lew Ayres, Montgomery Clift, Dan Dailey

MEJOR ACTOR SECUNDARIO

WALTER HUSTON Por: *El tesoro de sierra madre*

Nominados: Cecil Kellaway, Charles Bickford, José Ferrer, Oscar Homolka

MEJOR ACTRIZ

JANE WYMAN Por: *Belinda*

La actriz agradeció el Oscar por "mantener la boca cerrada" en el filme.

Nominadas: Olivia de Havilland, Ingrid Bergman, Irene Dunne, Barbara Stanwyck

MEJOR ACTRIZ SECUNDARIA

CLAIRE TREVOR Por: *Cayo largo*

Nominadas: Agnes Moorehead, Barbara Bel Geddes, Ellen Corby, Jean Simmons

MEJOR DIRECTOR

JOHN HUSTON Por: *El tesoro de Sierra Madre*

Nacido el 5 de agosto de 1906 en Nevada, Huston estuvo sirviendo en su juventud a las órdenes de Pancho Villa. De regreso a Estados Unidos fue militar, boxeador, periodista, dramaturgo, novelista, pintor, jinete, jugador, torero, cronista judicial, guionista e incluso actuó en muchas de sus películas.

Comenzó su carrera como director de manera esplendorosa dirigiendo la película *El halcón maltés* (1941), aunque posteriormente se enroló en la aviación debido a la guerra, realizando allí tres documentales. Enemigo acérrimo del comité de asuntos "antiamericanos", con posterioridad rodó *La Reina de África*, uno de los mayores éxitos de su carrera. Poco después de rodar *Moulin Rouge*, donde contaba la vida de Tolouse Lautrec y hacía un hábil uso del

color, John Huston se fue a Irlanda donde viviría durante veinte años, aunque durante los 80 vivió en una inaccesible isla mexicana. En 1983 dirigió a Angelica Huston y Jack Nicholson en la película *El honor de los Prizzi.*
Ganó un Oscar en la categoría de mejor director por *El tesoro de sierra madre* (1948), y estuvo nominado en la misma categoría cuatro veces más por las películas: *La jungla de asfalto* (1950), *La reina de África* (1951), *Moulin Rouge* (1952) y *El honor de los Prizzi* (1985).
La última joya que nos dejó fue la película *Dublineses* (The Dead), interpretada por Anjelica Huston y con guión de su hijo Tony, en la que John Huston a las puertas de la muerte dirige desde una silla de ruedas y con la ayuda de una mascarilla de oxígeno.

Nominados: Fred Zinnemann, Anatole Litvak, Jean Nebulesco, Laurence Olivier

MEJOR GUIÓN ADAPTADO
RICHARD SCHWEIZER, DAVID WECHSLER Por: *Los ángeles perdidos*
MEJOR GUIÓN ORIGINAL
JOHN HUSTON Por: *El tesoro de Sierra Madre*

MEJOR FOTOGRAFÍA EN BLANCO Y NEGRO
WILLIAM DANIELS Por: *La ciudad desnuda*
MEJOR FOTOGRAFÍA EN COLOR
JOSEPH VALENTINE, WINTON HOCH, WILLIAM V. SKALL Por: *Juana de Arco*

MEJOR SONIDO
THOMAS T. MOULTON Por: *Nido de víboras*

MEJOR CANCIÓN
BUTTONS AND BOWS de: *Rostro pálido*
MEJOR BANDA SONORA EN FILME MUSICAL
JOHNNY GRENN, ROGER EDENS Por: *Desfile de pascua*

MEJOR MONTAJE
PAUL WEATHERWAX Por: *La ciudad desnuda*
MEJOR VESTUARIO EN COLOR
DOROTHY JEAKINS, KARINSKA Por: *Juana de Arco*
MEJOR VESTUARIO EN BLANCO Y NEGRO
ROGER FURSE Por: Hamlet

MEJORES EFECTOS ESPECIALES
PAUL EAGLER, McMILLAN JOHNSON, RUSSELL SHEARMAN Por: *Jennie*

OSCAR EN MEMORIA DE IRVING THALBERG
JERRY WALD
Este célebre productor de Hollywood, muerto en 1962, recibió un mensaje en el cual le pedían diez mil dólares a cambio de no revelar quién era la chica del calendario Sueños dorados. Ahora sabemos que era Marilyn Monroe.
OSCAR ESPECIAL
MONSIEUR VINCENT como la mejor película extranjera mostrada en los Estados Unidos
IVAN JANDL a la mejor actuación juvenil
SID GRAUMAN por liberar las normas para la exhibición de las películas
ADOLPH ZUKOR considerado el padre del cine americano
WALTER WANGER por su contribución a mantener la moral entre los espectadores en *Juana de Arco.*

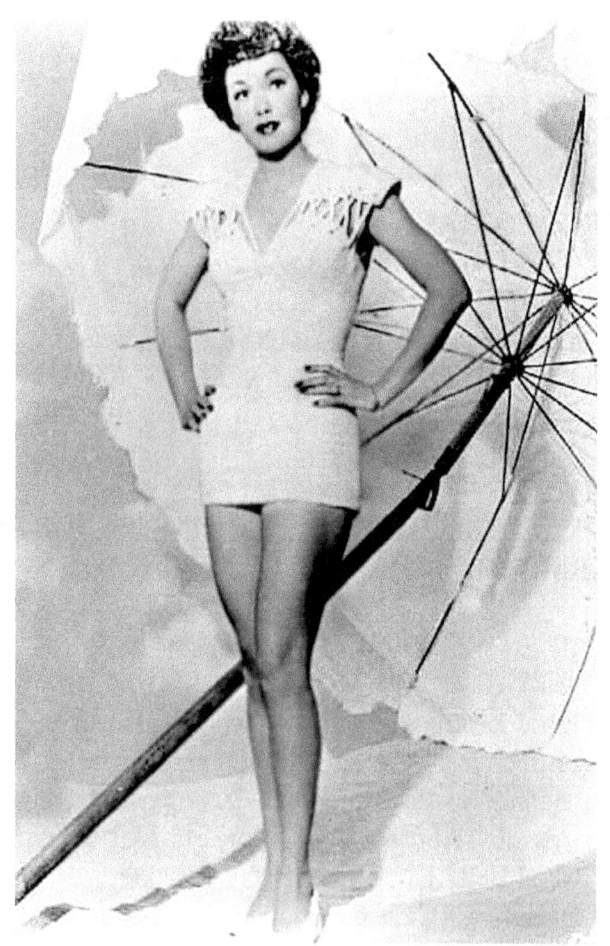

Jane Wyman

Año 1949

22nd Awards: 23 de marzo de 1950, 8:00 p.m.
Lugar: RKO Pantages Theatre, Hollywood
Presentador: Paul Douglas

La televisión era ya un serio competidor del cine y hubo que elegir un nuevo escenario capaz de albergar hasta 3.000 personas que le proporcionase mayor esplendor.

MEJOR PELÍCULA

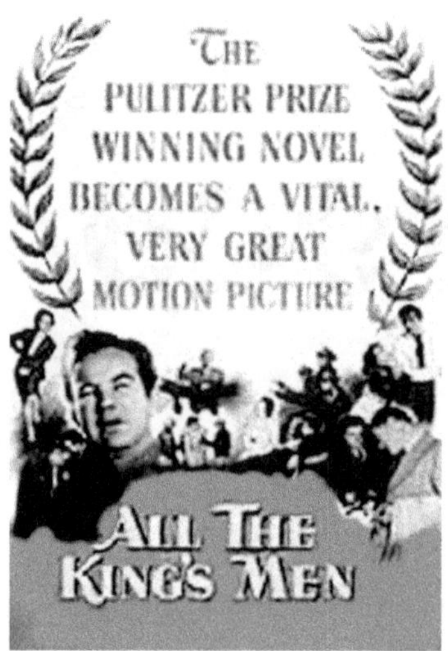

EL POLÍTICO (*All the King's Men*)
Un buen reparto para una obra que nos describe correctamente las insidias del mundo de la política.

Nominadas: *Carta a tres esposas, Fuego en la nieve, Almas en la hoguera, La heredera*

MEJOR PELÍCULA EXTRANJERA

LADRÓN DE BICICLETAS
El cine europeo consigue hacerse notar en Hollywood con este filme de 1948, rodado con actores no profesionales, lanzando al estrellato a su director Vittorio De Sica, igualmente un reconocido actor. Con ella se consagró el Neorrealismo italiano, aunque hay que reconocer que nada estuvo improvisado, por lo que esta clasificación no es totalmente acertada.

Basada en una novela de Luigi Bartolini, nos describe el drama social de la posguerra italiana, argumento en el cual participaron nada menos que ocho guionistas, aunque muchas escenas fueron tomadas de la realidad.

MEJOR ACTOR
BRODERICK CRAWFORD Por: *El político*
Nominados: John Wayne, Kirk Douglas, Richard Todd, Gregory Peck

MEJOR ACTOR SECUNDARIO
DEAN JAGGER Por: *Almas en la hoguera*
Nominados: Arthur Kennedy, Ralph Richardson, John Ireland, James Whitmore

MEJOR ACTRIZ
OLIVIA DE HAVILLAND Por: *La heredera*
Nominadas: Susan Hayward, Jeanne Crain, Loretta Young, Deborah Kerr
MEJOR ACTRIZ SECUNDARIA
MERCEDES McCAMBRIGE Por: *El político*
Nominadas: Elsa Lancaster, Ethel Barrymore, Celeste Holm, Ethel Waters

MEJOR DIRECTOR
JOSEPH L. MANKIEWICZ Por: *Carta a tres esposas*
Nominados: William Wyler, Carol Reed, Robert Rossen, William A. Wellamn

MEJOR GUIÓN ADAPTADO
ROBERT PIROSH Por: *Fuego en la nieve*
MEJOR GUIÓN
JOSEPH L. MANKIEWICZ Por: *Carta a tres esposas*

MEJOR FOTOGRAFÍA EN BLANCO Y NEGRO
PAUL C. VOGEL Por: *Fuego en la nieve*
MEJOR FOTOGRAFÍA EN COLOR
WINSTON HOCH Por: *La legión invencible*

MEJOR SONIDO

THOMAS T. MOULTON Por: *Almas en la hoguera*

MEJOR CANCIÓN

BABY IT'S COLD OUTSIDE de: *La hija de Neptuno*

MEJOR BANDA SONORA EN FILME MUSICAL

ROGER EDENS, LENNIE HAYTON Por: *Un día en Nueva York*

Este extraordinario filme musical, que aunque no consiguió el Oscar a la mejor película, ha entrado ya en la historia del cine, entre otras razones -además de la banda sonora- por ser la primera vez que las cámaras rodaban un musical al aire libre, en medio de las calles de Nueva York.

MEJOR MONTAJE

HARRY GERSTAD Por: *El ídolo de barro*

MEJOR VESTUARIO EN COLOR

LEAH RHODES, TRAVILLA Por: *El burlador de Sevilla*

MEJOR VESTUARIO EN BLANCO Y NEGRO

EDITH HEAD, GILE STEELE Por: *La heredera*

MEJORES EFECTOS ESPECIALES

WILLIS O'BRIEN Por: *El gran gorila*

A O´Brien le debemos el gran progreso que tuvieron los efectos especiales hasta la irrupción de la tecnología digital. Con pocos medios, muchas transparencias y maquetas, y muchísimo ingenio, logró hacernos creer que ese gran gorila estuvo ciertamente correteando por la selva. El filme estuvo coproducido por John Ford.

OSCAR ESPECIAL

FRED ASTAIRE por su contribución al cine musical y su gran talento. El premio se lo entregó Gingers Rogers.

La fama de Astaire, de padres austriacos, y auténtico nombre Frederick Austerlitz, no fue meteórica, pues sabemos que con sólo siete años ya bailaba con su hermana como pareja. A los dieciocho años actúan por primera vez en Broadway con interpretaciones llenas de humor, separándose en 1932 de su dúo artístico, momento en que Fred Astaire comienza a bailar en solitario. Tuvo que esperar otros ocho años más antes de entrar en el cine de la mano de la Metro Goldwyn Mayer, y eso que quienes le vieron en el casting opinaban que era demasiado feo para hacer de galán, aunque tenía "ciertas habilidades" para el baile.
Con Gingers Rogers formaría una de las parejas artísticas más sólidas de la escena mientras colaboró con la RKO, aunque también triunfaría junto a Judy Garland, Vera-Ellen, Leslie Caron y Rita Hayworth. De entre sus películas hay que destacar "Sombrero de copa", "Ritmo loco", "Amanda", "Papa piernas largas", "La bella de Nueva York" y "Una cara con ángel", además de los dramas "El coloso en llamas" y "La hora final".

BOBBY DRISCOLL mejor actor juvenil
CECIL B. DE MILLE pionero del cine espectacular
JEAN HERSHOLT por su gran servicio a la industria del cine

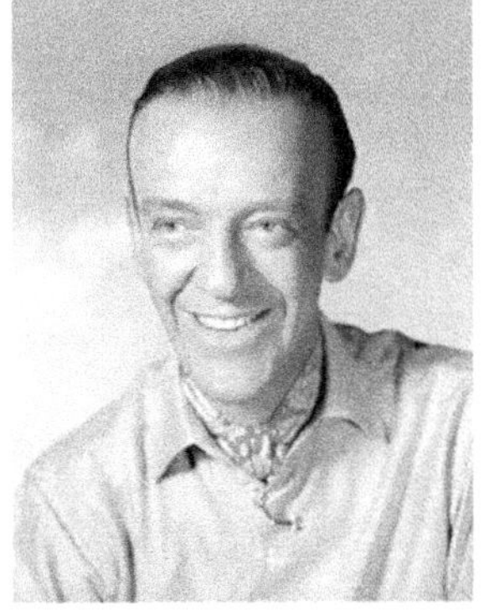

Fred Astaire

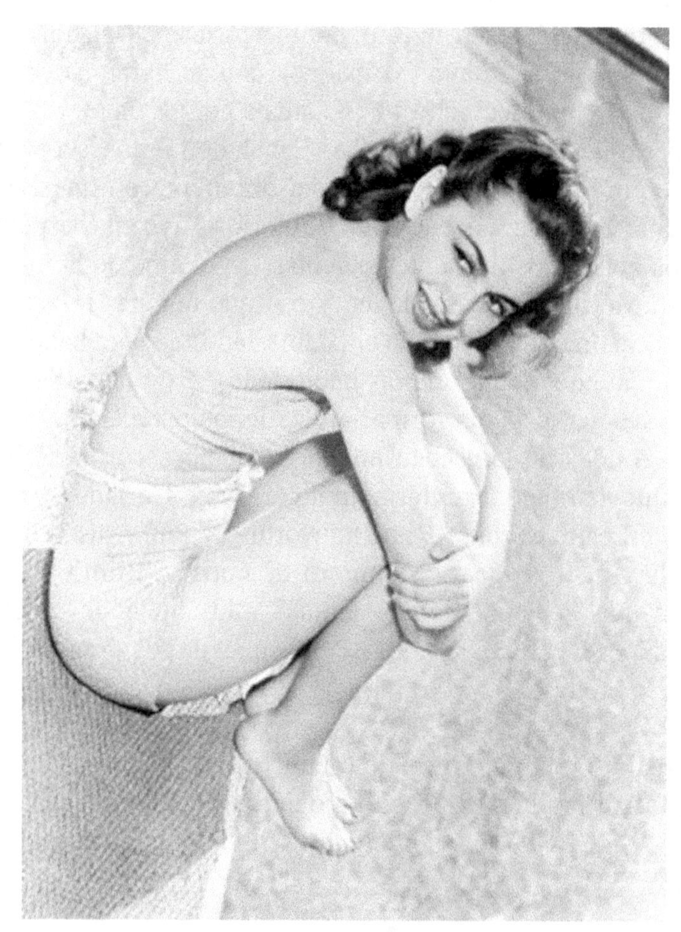

Olivia de Havilland

Año 1950

23rd Awards: 23 de marzo de 1951, 8:00 p.m.
Lugar: RKO Pantages Theatre, Hollywood
Presentador: Fred Astaire

MEJOR PELÍCULA

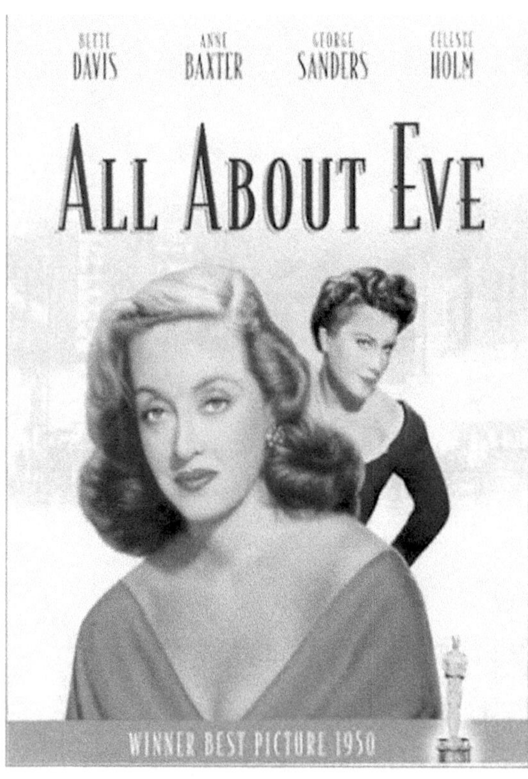

EVA AL DESNUDO
(All About Eve)

Partiendo de un relato corto de Mary Orr, "La sabiduría de Eva", publicado en la revista Cosmopolitan, se realizó un guión cinematográfico obra del mismo director del filme.

Para interpretarlo se pensó en Marlene Dietrich como Margo, Jeanne Crain como Eva y José Ferrer como Addison, ninguno de los cuales llegó a trabajar en la película. También pensaron en Claudette Colbert y en Gertrude Lawrence, pero un accidente de la Colbert obligó a buscar rápidamente a una actriz similar. Bette Davis no era la más adecuada, según ellos, pero estaba disponible y ya no había tiempo para esperas. También se incluyó a última hora a Marilyn Monroe, gracias a la insistencia de Johnny Hyde, un influyente agente artístico a quien todos le debían favores. Y el favor se les atragantó con Marilyn y su torpeza para no ser capaz de repetir una sencilla conversación con George Sanders. Más de veinticinco tomas seguidas solucionaron por fin su falta de memoria.

Durante el rodaje se enamoraron Bette Davis y Gary Merrill, por lo que los besos que se dan en la pantalla son auténticos, tanto que se casaron poco tiempo después.
La película supuso para Bette Davis su relanzamiento cinematográfico, en un momento en el cual los productores, una vez más, insistían en que estaba ya acabada. Opinión esta que siguieron manteniendo hasta el día de su muerte. Pero Hollywood no estaba tan ciego y premiaron al filme con catorce nominaciones al oscar de la Academia, concediéndole seis: mejor dirección, mejor película, mejor vestuario, mejor sonido, mejor actor secundario y mejor guión. También hubo un premio especial para Zanuck como productor.
Cuando la película fue exhibida en el Festival de Cannes de 1951, Bette Davis obtuvo el premio a la mejor actriz.

Nominadas: Las minas del Rey Salomón, Nacida ayer, El padre de la novia, El crepúsculo de los dioses

MEJOR PELÍCULA EXTRANJERA
DEMASIADO TARDE de: René Clement

MEJOR ACTOR
JOSE FERRER Por: *Cyrano de Bergerac*
Nominados: Spencer Tracy, Louis Calhern, William Holden, James Stewart

MEJOR ACTOR SECUNDARIO
GEORGE SANDERS Por: *Eva al desnudo*
Nominados: Edmund Gween, Jeff Chandler, Sam Jaffe

MEJOR ACTRIZ
JUDY HOLLIDAY Por: *Nacida ayer*

Nominadas: Bette Davis, Anne Baxter, Gloria Swanson, Eleanor Parker

MEJOR ACTRIZ SECUNDARIA
JOSEPHINE HULL Por: *El invisible Harvey*
Nominadas: Thelma Ritter, Hope Emerson, Celeste Holm, Nancy Olson

MEJOR DIRECTOR
JOSEPH MANKIEWICZ Por: *Eva al desnudo*
Nominados: Billy Wilder, George Cukor, Carol Reed, John Huston

MEJOR GUIÓN ADAPTADO
CHARLES BRACKETT, BILLY WILDER, D.M. MARSHMAN JR. Por: *El crepúsculo de los dioses*
MEJOR GUIÓN ORIGINAL
JOSEPH L. MANKIEWICZ Por: *Eva al desnudo*

MEJOR FOTOGRAFÍA EN BLANCO Y NEGRO
ROBERT KRASKER Por: *El tercer hombre*
MEJOR FOTOGRAFÍA EN COLOR
ROBERT SURTEES Por: *Las minas del Rey Salomón*

MEJOR SONIDO
THOMAS T. MOULTON Por: *Eva al desnudo*
MEJOR CANCIÓN
MONA LISA de: *Capitán Carey*
MEJOR BANDA SONORA
ADOLPH DEUTSCH Por: *La reina del oeste*

MEJOR MONTAJE
RALPH WINTERS Por: *Las minas del Rey Salomón*

MEJOR VESTUARIO

EDITH HEAD Por: *Sansón y Dalila*

MEJOR VESTUARIO EN BLANCO Y NEGRO

EDITH HEAD Por: *Eva al desnudo*

MEJORES EFECTOS ESPECIALES

GEORGE PAL Por: *Con destino a la Luna*

OSCAR EN MEMORIA DE IRVING THALBERG

DARRYL F. ZANUCK

Este productor americano, nacido en 1902, antiguo soldado, escritor y guionista, creó la Twentieth Century Fox en asociación con Joseph Schenck, lanzando el Cinemascope y el color De Luxe para mitigar la presión de la televisión. Decepcionado abandona los estudios en 1956, aunque retorna en 1962 para tomar las riendas del accidentado rodaje de "Cleopatra" y evitar la bancarrota de los estudios.

OSCAR ESPECIAL

GEORGE MURPHY por su larga labor en el cine

LOUIS B. MAYER por su larga trayectoria en el cine

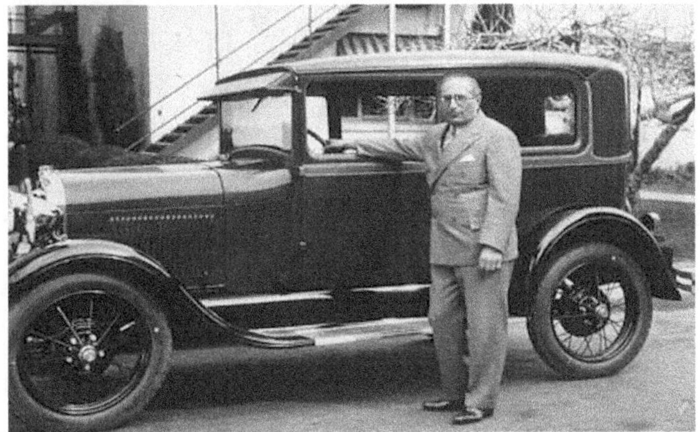

Louis B. Mayer

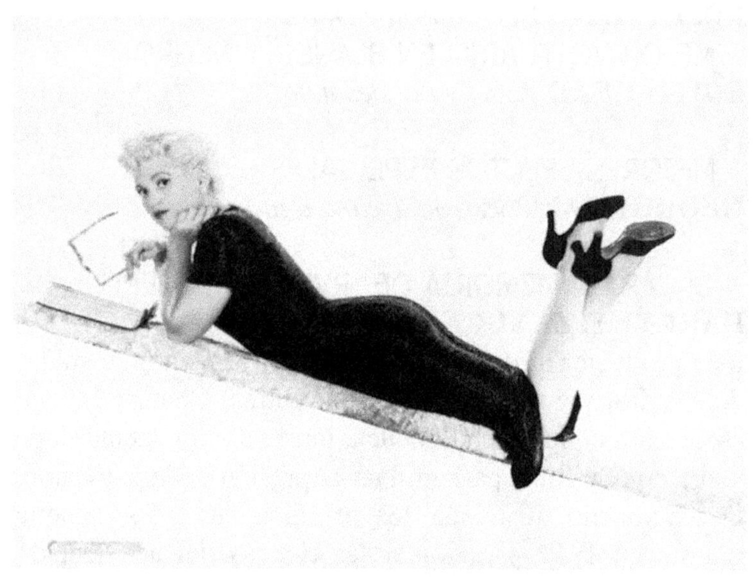

Judy Holliday

Año 1951

24th Awards: 20 de marzo de 1952, 8:00 p.m.
Lugar: RKO Pantages Theatre, Hollywood
Presentador: Danny Kaye

MEJOR PELÍCULA

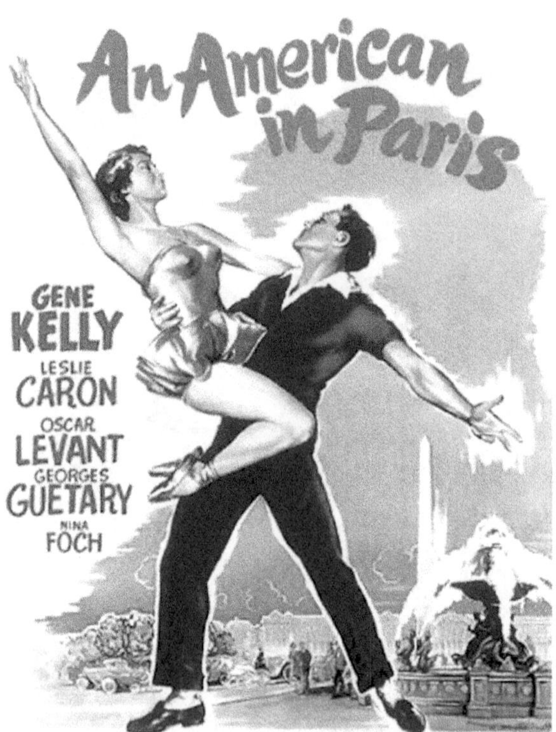

UN AMERICANO EN PARÍS (*An American in Paris*)
Como si de un cuadro del impresionismo francés se tratara, los guionistas de este filme trataron de reflejar la Francia de sus sueños mediante una historia de amor y delicados bailes clásicos y modernos. Por eso "Un Americano en París" no solamente es una obra de luz y movimiento, sino una pintura plasmada en el cine. Según los críticos de entonces, nunca antes Hollywood había tenido tanta clase, estilo y elegancia en una película musical.
Sin embargo, al guionista Alan Lerner le faltó originalidad, compensada por las aportaciones carismáticas de Kelly y la personalidad de Leslie Caron. Afortunadamente, la narrativa es interrumpida frecuentemente para mostrarnos las secuencias de baile y con ello nos sentimos plenamente satisfechos.
La música de George y las letras de Ira Gershwin, cuyo catálogo completo de canciones fueron adquiridos por el productor Arthur Freed, nos aportan buenas canciones

como "Conseguí Ritmo", cantado y bailado por Kelly a un grupo de niños franceses, y "Tra La La"', interpretado al piano por Levant y bailado por Kelly en un ático de París. Menos exitoso era el pequeño homenaje a los valses vieneses titulado "Por Strauss", realizado por Kelly, Guetary y Levant, y la secuencia del sueño de Levant en la que él se imagina como director, solista y cada miembro de la orquesta en el tercer movimiento del Concierto de Gershwin en Fa.

Leslie Caron haciendo su debut como pareja estaba encantadora aunque inexpresiva, contribuyendo al éxito global de "Un americano en París", mientras que el director Vincente Minnelli nos aportó su infalible y sofisticado sentido visual.

Fue premiada con un Oscar a la mejor película, al mejor guión, historia y adaptación (Alan Jay Lerner), a la dirección artística y decoración (Cedric Gibbons, Preston Ames, Edwin B. Willis y Keogh Gleason), a la mejor fotografía en color (Alfred Gilks, John Alton), al mejor vestuario (Orry-Kelly, Walter Plunkett, Irene Sharaff) y a la mejor música escrita para el cine (Johnny Green, Saul Chaplin).

Nominadas: *Quo Vadis*

MEJOR PELÍCULA EXTRANJERA

RASHOMON de: Akira Kurosawa

MEJOR ACTOR

HUMPHREY BOGART Por: *La reina de África*

Nominados: Arthur Kennedy, Marlon Brando, Montgomery Clift, Fredric March

MEJOR ACTOR SECUNDARIO
KARL MALDEN Por: *Un tranvía llamado deseo*
Nominados: Peter Ustinov, Leo Genn, Gig Young, Kevin McCarthy

MEJOR ACTRIZ
VIVIEN LEIGH Por: *Un tranvía llamado deseo*
Nominadas: Shelley Winters, Katharine Hepburn, Eleanor Parker, Jane Wyman

MEJOR ACTRIZ SECUNDARIA
KIM HUNTER Por: *Un tranvía llamado deseo*
Nominadas: Lee Grant, Thelma Ritter, Joan Blondell, Mildred Dunnock

MEJOR DIRECTOR
GEORGE STEVENS Por: *Un lugar en el sol*
Nominados: William Wyler, John Huston, Elia Kazan, Vincent Minnelli

MEJOR GUIÓN ADAPTADO
MICHAEL WILSON, HARRY BROWN Por: *Un lugar en el sol*
MEJOR GUIÓN ORIGINAL
ALAN JAY LERNER Por: *Un americano en París*

MEJOR FOTOGRAFÍA EN BLANCO Y NEGRO
WILLIAM C. MELLOR Por: *Un lugar en el sol*
MEJOR FOTOGRAFÍA EN COLOR
ALFRED GILKS, JOHN ALTON Por: *Un americano en París*

MEJOR SONIDO
DOUGLAS SHEARER Por: *El Gran Caruso*
MEJOR CANCIÓN
IN THE COOL, COOL, COOL OF THE EVENING de: *Aquí viene el novio*
MEJOR BANDA SONORA
JOHNNY GREEN, SAUL CHAPLIN Por: *Un americano en París*

MEJOR MONTAJE
WILLIAM HORNBECK Por: *Un lugar en el sol*

MEJOR VESTUARIO
ORRY-KELLY, WALTER PLUNKETT, IRENE SHARAFF Por: *Un americano en París*
MEJOR VESTUARIO EN BLANCO Y NEGRO
EDITH HEAD Por: *Un lugar en el sol*

MEJORES EFECTOS ESPECIALES
GORDON JENNINGS, HARRY BARDOLLAR Por: *Cuando los mundos chocan*

OSCAR EN MEMORIA DE IRVING THALBERG
ARTHUR FREED

OSCAR ESPECIAL
GENE KELLY por su versatilidad como actor, director y bailarín, y específicamente por sus inteligentes logros en el arte de la coreografía en el cine.
Tiempo tardó Hollywood en acordarse de Kelly, a quien debemos algunas de las mejores películas musicales de la época dorada. Bastan como ejemplo "Un día en Nueva York", "Cantando bajo la lluvia" y "Un americano en

París", para darnos cuenta que nos encontramos, no solamente ante uno de los mejores bailarines de la historia del cine, sino ante un extraordinario técnico. Su tesón para que el cine musical no decayera a partir de los años 50, le llevó por caminos complejos y hasta intentó buscar en Europa nuevos productores. Sin embargo, el declive era ya un hecho y sus últimos intentos no estuvieron coronados por el éxito en taquilla. Películas como "Guía para el hombre casado" (1967) o "El club social de Cheyenne" (1970), pasaron totalmente desapercibidas.

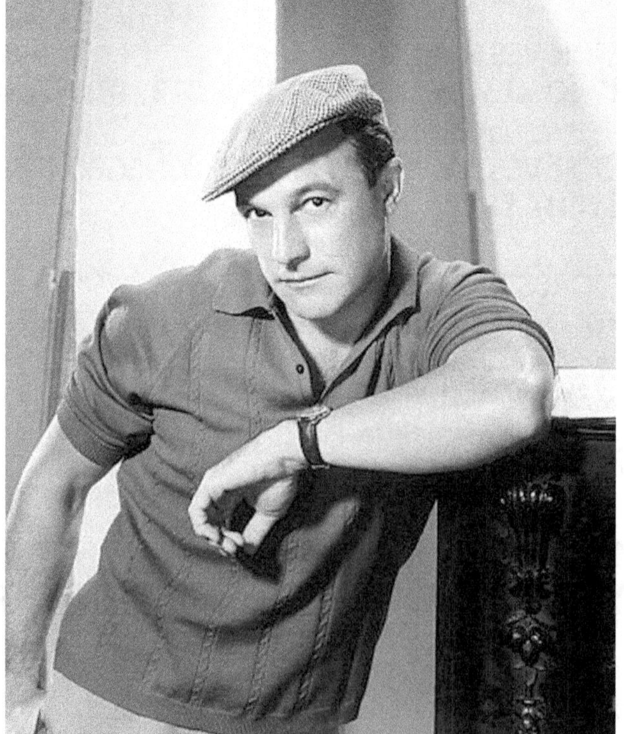

Gene Kelly

Año 1952

25th Awards: 19 de marzo de 1953, 7:30 p.m.
Lugar: RKO Pantages Theatre, Hollywood
Presentador: Bob Hope

Las cámaras de televisión entraron por vez primera para transmitir el espectáculo, así como lo hicieron en el teatro Internacional de Nueva York, con el fin de demostrar que podía ser un medio idóneo para relanzar el cine. Desde ese día, el gran enemigo se convirtió en su mejor aliado, pues otorgaba publicidad gratuita a los filmes y sus protagonistas.

MEJOR PELÍCULA

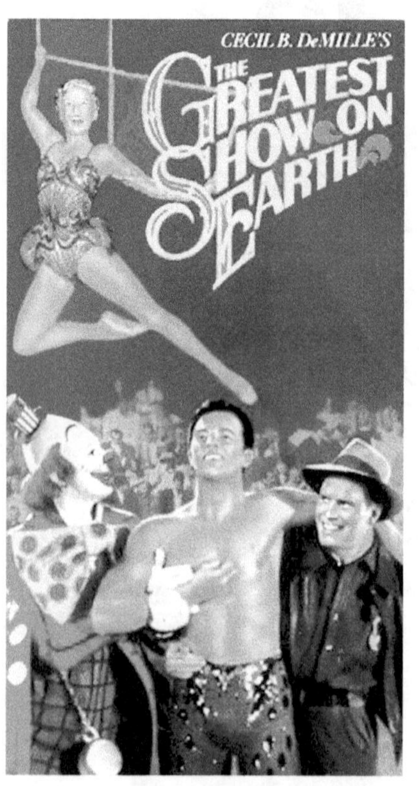

EL MAYOR ESPECTÁCULO DEL MUNDO (*The Greatest Show on Herat*)

Ambientada en el mundo del circo, y contando con actores que poseían habilidades circenses, De Mille consiguió con este filme el único Oscar de su carrera a la mejor película, aunque la Academia le compensó también con el Premio Especial Irving G. Thalberg.

La historia alcanza su momento más espectacular con el descarrilamiento del tren en el que viajan todos los protagonistas.

A destacar el papel de James Stewart, oculto bajo la máscara de payaso.

Nominadas: *Ivanhoe, Solo ante el peligro, Moulin Rouge, El hombre tranquilo*

MEJOR PELÍCULA EXTRANJERA

JUEGOS PROHIBIDOS Por: René Clément

MEJOR ACTOR

GARY COOPER Por: *Solo ante el peligro*

Frank James Cooper nació el 7 de mayo de 1901 en la localidad de Helena, estado de Montana. En los comienzos de los años 20 Cooper se trasladó a California, donde consiguió realizar una serie de intervenciones en el cine como extra, generalmente en el western. Su primer papel de relativa importancia le llegó con el título *The Winning of Barbara Worth* (1926), de Henry King, consiguiendo que la Paramount le firmara un contrato con el fin de intentar lanzarlo al estrellato como galán. Las películas más interesantes que interpretó durante esta etapa de cine mudo fueron: *It* (1927), *Alas y El virginiano* (1929).

De entre la filmografía de sus primeros años cabe destacar: *Marruecos* (1930), *Las calles de la ciudad* (1931), *Adiós a las armas* (1932), *Si yo tuviera un millón* (1932); *Una mujer para dos* (1933), *Sueño de amor eterno* (1935), *Tres lanceros bengalíes* (1935), *Deseo* (1936), E*l secreto de vivir* (1936), *El general murió al amanecer* (1936), *Buffalo Bill* (1936), *Almas en el mar* (1937) y *Beau Geste* (1939). Sin embargo, sería su trabajo en *Solo ante el peligro* (1952) el que le convertiría en estrella para la posteridad, así como *Sargento York*, *Por quién doblan las campanas*, *El manantial* y *La Gran Prueba* (1956).

Murió cuando acababa de cumplir los 60 años, sin que pudiera acudir a recoger un Oscar honorífico a causa de su delicado estado de salud.

Nominados: Kirk Douglas, Marlon Brando, José Ferrer, Alec Guinness

MEJOR ACTOR SECUNDARIO
ANTHONY QUINN Por: *¡Viva Zapata!*
Nominados: Jack Palace, Richard Burton, Arthur Hunnicutt, Victor McLaglen

MEJOR ACTRIZ
SHIRLEY BOOTH Por: *Regresa, pequeña Sheba*
Nominadas: Susan Hayward, Joan Crawford, Bette Davis, Julie Harris

MEJOR ACTRIZ SECUNDARIA
GLORIA GRAHAME Por: *Cautivos del mal*
Nominadas: Colette Matchand, Jean Hagen, Terry Moore, Thelma Ritter

MEJOR DIRECTOR
JOHN FORD Por: *El hombre tranquilo*
Nominados: Fred Zinnemann, Joseph L. Mankiewicz, John Huston, Cecil B. De Mille

MEJOR GUIÓN ADAPTADO
CHARLES SCHNNES Por: *Cautivos del mal*
MEJOR GUIÓN ORIGINAL
T.E.B. CLARKE Por: *Oro en barras*

MEJOR FOTOGRAFÍA EN BLANCO Y NEGRO
ROBERT SURTEES Por: *Cautivos del mal*
MEJOR FOTOGRAFÍA EN COLOR
WINTON C. HOCH, ARCHIE STOUT Por: *El hombre tranquilo*

MEJOR SONIDO
LONDON FILM Por: *La barrera del sonido*

MEJOR CANCIÓN
HIGH NOON de: *Solo ante el peligro*
MEJOR BANDA SONORA
ALFRED NEWMAN Por: *Una canción con mi corazón*

MEJOR MONTAJE
ELMO WILLIAM, HARRY GERSTAD Por: *Solo ante el peligro*

MEJOR VESTUARIO
MARCEL VERTES Por: *Moulin Rouge*
MEJOR VESTUARIO EN BLANCO Y NEGRO
HELEN ROSE Por: *Cautivos del mal*

MEJORES EFECTOS ESPECIALES
MGM Por: *La aventura del Plymouth*

OSCAR HUMANITARIO
CECIL B. DE MILLE

OSCAR ESPECIAL
GEORGE ALFRED MITCHELL por su investigación en las cámaras de cine que llevan su nombre.
JOSEPH M. SCHENCK por su larga labor en la industria del cine.
MERIAN COOPER por sus innovaciones en la industria del cine.
HAROLD LLOYD por ser excelente cómico y ciudadano. Su último trabajo fue "El mundo de la comedia de Harold Lloyd", con el quiso recordar a las nuevas generaciones su personaje de "Él".
BOB HOPE Por su contribución a la risa, su devoción al cine y su devoción para América.

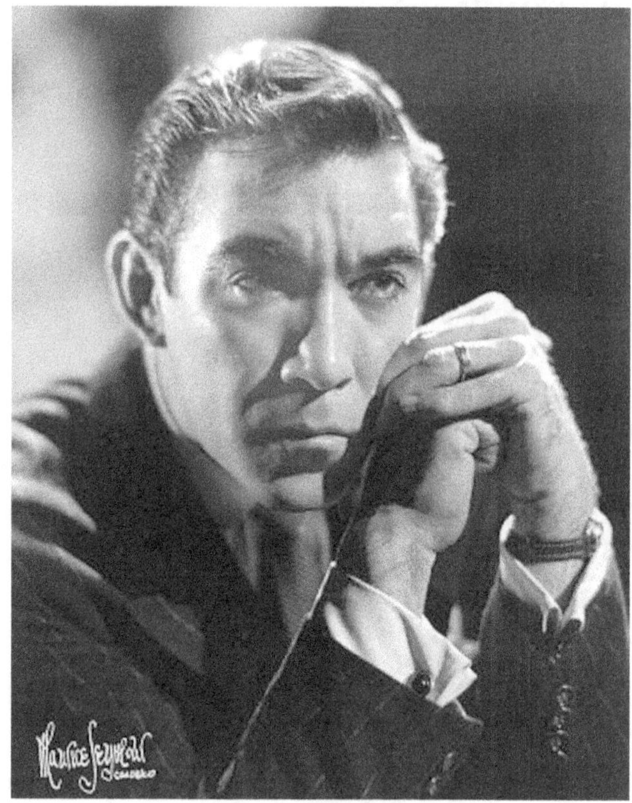

Anthoy Quinn

Año 1953

26th Awards: 25 de marzo de 1954, 8:00 p.m.
Lugar: RKO Pantages Theatre, Hollywood
Presentadores: Donald O'Connor, Fredric March

Nuevamente la ceremonia se transmite desde dos escenarios diferentes, Hollywood y Nueva York, siendo vista a través de la televisión por 43 millones de teleespectadores.

MEJOR PELÍCULA

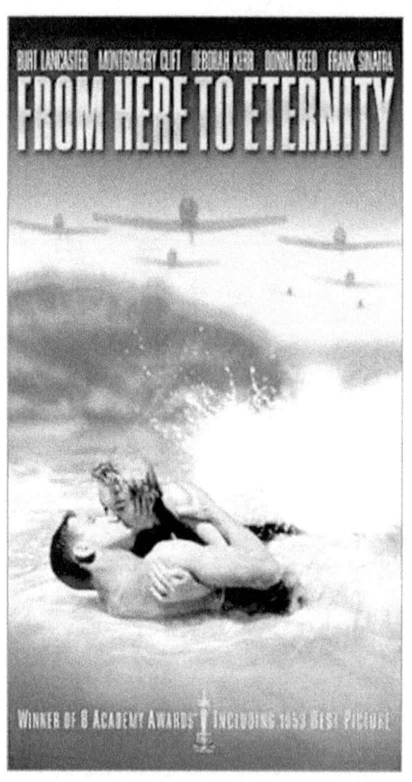

DE AQUÍ A LA ETERNIDAD (*From Here to Eternity*)

La gran novela de James Jones es llevada al cine de forma inolvidable, mostrándonos el alistamiento de los soldados en la Segunda Guerra Mundial, sus mujeres, y su destino. "De aquí a la Eternidad" era una idea difícil de transplantar a la pantalla, ya que en la novela había escenas sexuales no adecuadas a la época y lenguajes desagradables. Sin embargo, Fred Zinnemann produjo una película perfecta.

El Ejército no estaba de acuerdo con el trato que le iban a dar sobre la vida en los cuarteles, especialmente en lo referente al personaje de Ober. Una vez salvados estos inconvenientes, el equipo se trasladó a Hawai y contando con dos millones de dólares de presupuesto se consiguió rodar en solamente 41 días. En su estreno logró recaudar 19 millones (y eso que estaba rodada en blanco y negro) y la crítica se volcó en halagos. Posteriormente conseguiría recaudar 80 millones de dólares.

El contrato de Clift costó 150.000 dólares, aunque logró una nominación al oscar como mejor actor. Pero esa nominación no fue suficiente y Clift entró en una fase depresiva de la cual nunca se recuperó. Para compensarle, Zinnemann le regaló una trompeta de oro en miniatura, como si fuera un Oscar.

Nominadas: *Vacaciones en Roma, Julio Cesar, La túnica sagrada, Raíces profundas*

MEJOR ACTOR

WILLIAM HOLDEN Por: *Traidor en el infierno*

Holden apenas pudo esbozar un somero "gracias" al recibir el premio, pues los anuncios cortaron su intervención.

Nominados: Burt Lancaster, Montgomery Clift, Marlon Brando, Richard Burton

MEJOR ACTOR SECUNDARIO

FRANK SINATRA Por: *De aquí a la eternidad*

No le fue fácil a Sinatra conseguir este papel, pues hacía tiempo que parecía olvidado por el público y los productores, tanto como cantante o como actor. A punto de entrar en la bancarrota, su por entonces esposa Ava Gardner presionó a los productores para que le dieran este papel secundario a cambio de aceptar ella nuevos trabajos. En esa época todo el mundo pensaba que Sinatra había conseguido el papel por lástima, pero la sorpresa fue mayúscula cuando logró el Oscar el Mejor Actor secundario, revitalizando simultáneamente su carrera como cantante.

"De Aquí a la Eternidad" supuso para Sinatra el auténtico impulso a su carrera, en especial porque coincidió con la hemorragia en sus cuerdas bucales y sus desavenencias con Ava Gardner, además de una deuda en impuestos que

le reclamaban por valor de 100.000 dólares. Sinatra solamente cobró 8.000 dólares por su interpretación.
Después le vimos en *Pal Joey, Can-Can, Cuatro tíos de Texas* y *El Detective*, revitalizando simultáneamente su carrera como cantante con su actuación en el Madison Square Garden.

Nominados: Jack Palace, Eddie Albert, Brando De Wilde, Robert Strauss

MEJOR ACTRIZ

AUDREY HEPBURN Por: *Vacaciones en Roma*
Nacida el 4 de mayo de 1929 en Bruselas (Bélgica) con el nombre de Edda van Heemstra Hepburn-Ruston, esta anterior bailarina y modelo debutó en el cine en 1948, recordándose de esa época solamente un pequeño diálogo con Alec Guinness en *Oro en Barras*, en 1951.
En 1952, y tras rechazar el trabajo Jean Simmons, es requerida para el papel de la princesita de *Vacaciones en Roma*, filme que la convirtió en una estrella. Casada en 1954 con el actor Mel Ferrer y divorciada en 1968, su vida sentimental y social le llevó a permanecer alejada del cine desde 1967 hasta 1976, año en el que Richard Lester la reclamó para hacer su peculiar versión de Robin Hood en *Robin y Marian*. Su popularidad había descendido notoriamente, pero ello no la impidió interpretar *Todos rieron* (1981), aunque desde 1988 se convirtió en embajadora de la UNICEF y como tal recorrió África y América en tareas de solidaridad. Premonitoriamente su carrera acabó con un papel de ángel en *Always*, de Steven Spielberg.
En 1958 logra el premio a la mejor actriz en el Festival de San Sebastián y el Bafta Británico en esta misma categoría por *Historia de una monja*. Este último galardón, lo volvió

a conseguir en 1963 por *Charada.*
En 1952, logró el Oscar destinado a la mejor actriz por su interpretación en la película *Vacaciones en Roma*, siendo nominada en cuatro ocasiones más: en 1954 por *Sabrina*, en 1959 por *Historia de una monja*, en 1961 por *Desayuno con diamantes*, y en 1967 por *Sola en la oscuridad.* Ahora bien, en 1993 la Academia de Artes y Ciencias Cinematográficas de Hollywood le concede el Oscar Humanitario Jean Hersholt por su labor como embajadora permanente de la Unicef. No lo pudo recoger, al fallecer con anterioridad a la entrega de estos premios, haciéndolo su hijo Sean.
Murió de cáncer de colon el 20 de enero de 1993, en Tolochenaz (Suiza).

Nominadas: Ava Gardner, Leslie Caron, Deborah Kerr, Maggie McNamara

MEJOR ACTRIZ SECUNDARIA
DONNA REED Por: *De aquí a la eternidad*
Nominadas: Geraldine Page, Grace Kelly, Thelma Ritter, Marjorie Rambeau

MEJOR DIRECTOR
FRED ZINNEMANN Por: *De aquí a la eternidad*
Nominados: William Wyler, George Stevens, Charles Walters, Billy Wilder

MEJOR GUIÓN ADAPTADO
DANIEL TARADASH Por: *De aquí a la eternidad*
MEJOR GUIÓN ORIGINAL
CHARLES BRACKET, WATER REISCH, RICHARD BREEN Por: *El hundimiento del Titanic*

MEJOR FOTOGRAFÍA EN BLANCO Y NEGRO
BURNETT GUFFEY Por: *De aquí a la eternidad*
MEJOR FOTOGRAFÍA EN COLOR
LOYAL GRIGGS Por: *Raíces profundas*

MEJOR SONIDO
JOHN P. LIVADARY Por: *De aquí a la eternidad*
MEJOR CANCIÓN
SECRET LOVE de: *Doris Day en el oeste*
MEJOR BANDA SONORA
ALFRED NEWMAN Por: *Call Me Madam*

MEJOR MONTAJE
WILLIAM LYON Por: *De aquí a la eternidad*

MEJOR VESTUARIO
CHARLES LEMAIRE, EMILE SANTIAGO Por: *La túnica sagrada*
MEJOR VESTUARIO EN BLANCO Y NEGRO
EDITH HEAD Por: *Vacaciones en Roma*

MEJORES EFECTOS ESPECIALES
PARAMOUNT Por: *La guerra de los mundos*
Este memorable filme, que ha conseguido soportar orgullosamente el paso de los años, dedicó el 70% de su presupuesto a la elaboración de los efectos especiales, mientras que los actores eran prácticamente unos desconocidos. El diseño original de las naves marcianas, que consistía en un disco con un gancho en forma de burbuja en la parte superior, fue desechado y se consideró un nuevo diseño inspirado en el pez manta con un tamaño de un metro de diámetro y un peso de trece kilos cada una. El marciano estaba construido de cartón piedra y tubos de goma, respon-

diendo a un diseño de Charles Gemora, quien lo interpretó de rodillas. En los años 70, y aprovechando el éxito de "Star Wars", Jeff Wayne compuso una partitura musical inspirada en la película para la reposición del film, reemplazando la banda sonora original de Leith Stevens. Posteriormente, el filme tuvo un remake obra de Steven Spielberg, en el cual aparecían los dos intérpretes principales de esta primera versión.

OSCAR HONORARIO
GEORGE STEVENS

OSCAR ESPECIAL
PETE SMITH por sus buenos chistes en la serie "Especialidades de Pete Smith".
20TH CENTURY FOX en reconocimiento a su proceso revolucionario conocido como Cinemascope.
JOSEPH I. BREEN por dignificar el Código de la Producción Cinematográfica.
BELL&HOWELL COMPANY por abrir caminos básicos en el progreso de la Industria del Cine.

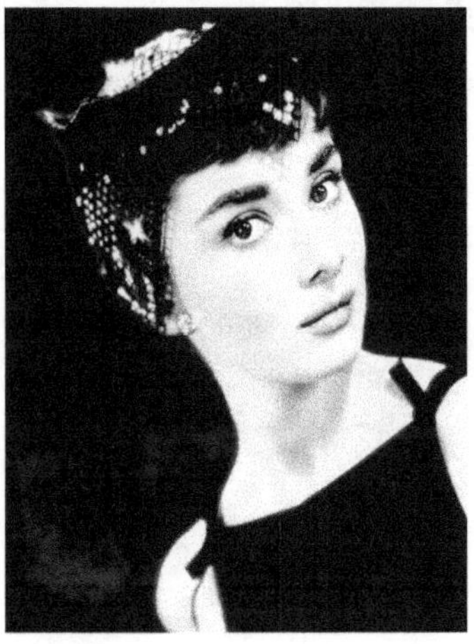

Audrey Hepburn

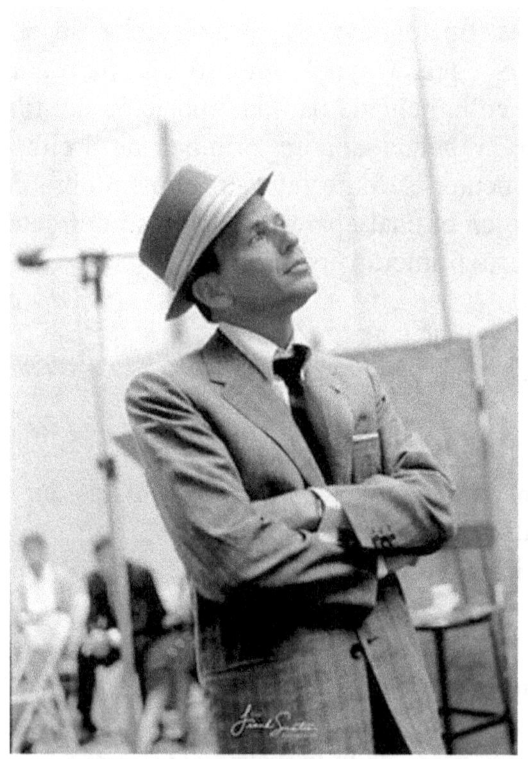

Frank Sinatra

Año 1954

27th Awards: 30 de marzo de 1955, 7:30 p.m.
Lugar: RKO Pantages Theatre, Hollywood
Presentadores: Bob Hope, Thelma Ritter

MEJOR PELÍCULA

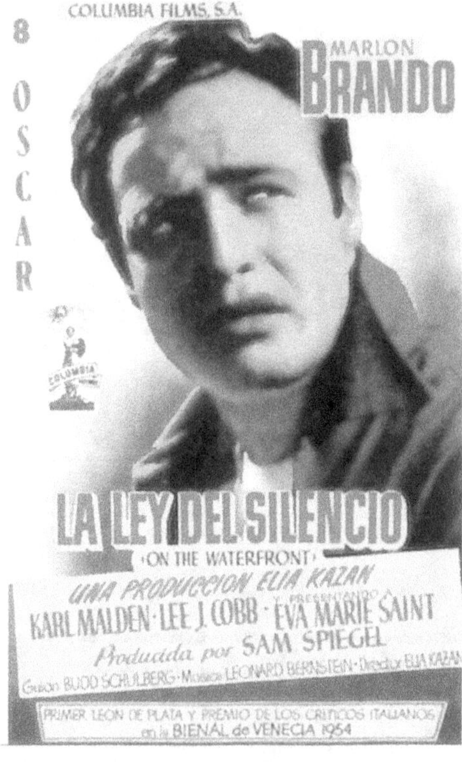

LA LEY DEL SILENCIO (*On the Waterfront*)

La vida y trabajo de los estibadores de los muelles de Nueva York, es recreada magistralmente por Kazan, quizá como una justificación a su participación en la caza de brujas.

Nominadas: *Creemos en el amor, El motín del Caine, La angustia de vivir, Siete novias para siete hermanos*

MEJOR PELÍCULA EXTRANJERA

LA PUERTA DEL INFIERNO

MEJOR ACTOR

MARLON BRANDO Por: *La ley del silencio*

Marlon Brando nació el 3 de abril de 1924 en Omaha, Nebraska, siendo enviado en 1940 a la escuela militar "Academia Militar Shattuck" en Fairbult, Minnessotta, de

la cual es eventualmente expulsado por insubordinación.
En 1943 llega a Nueva York y se enrola en un curso de arte dramático en la "Nueva Escuela para Investigación Social", debutando un año después, como Jesús, en la obra de Gerhart Hauptmann titulada "Hannele". En 1947, Elia Kazan lo sugiere para el papel de Stanley Kowalski en la obra de Tennesse Williams *Un Tranvía llamado deseo* y así, entre 1950 y 1955, Marlon actúa en históricas y memorables películas como: *Hombres* (1950); *Un tranvía llamado deseo* (1951); *Viva zapata* (1952); *¡Salvaje!* (1953), y *Ellos y Ellas* (1954).
En 1955, Marlon recibe el primer Oscar por su papel de Terry Malloy, en *La ley del silencio* y en la primavera de ese mismo año funda su propia compañía productora, llamándola "Producciones Pennebaker", por el apellido de soltera de su madre.
En 1961 hace su debut como director en *El rostro impenetrable*, y ese mismo año, durante la filmación de *Rebelión a bordo*, en Taití, descubre la isla Teti´aroa, la cual compra en 1966.
Durante la década de los 70 resurgiría con una poderosa actuación en roles memorables, entre ellos *Superman* y *El padrino*, por el cual gana su segundo Oscar. También fueron significativas *Queimada* (su favorita); *La noche del día siguiente*, y *El último tango en París,* haciendo en 1979 una breve aparición como el Mayor Kurtz, en *Apocalipsis Now.* En 1990, luego de otra larga ausencia, Marlon regresa con *El novato*, *Don Juan de Marco*, en 2001 *The score*, junto a Robert DeNiro, y en 2003 abandonó *Cuenta final.* Murió en 2004. Su voz figura en un vídeo juego.

Nominados: Humphrey Bogart, Bing Crosby, James Mason, Dan O'Herlihy

MEJOR ACTOR SECUNDARIO
EDMOND O'BRIEN Por: *La condesa descalza*
Nominados: Lee J. Cobb, Karl Malden, Rod Steiger, Tom Tully

MEJOR ACTRIZ
GRACE KELLY Por: *La angustia de vivir*
Nominadas: Dorothy Dandridge, Judy Garland, Audrey Hepburn, Jane Wyman

MEJOR ACTRIZ SECUNDARIA
EVA MARIE SAINT Por: *La ley del silencio*
Nominadas: Nina Foch, Jan Sterling, Katy Jurado, Claire Trevor

MEJOR DIRECTOR
ELIA KAZAN Por: *La ley del silencio*
Elias Kazanjoglou nació en Constantinopla el 7 de septiembre de 1909, aunque sus padres emigraron a Nueva York a los pocos meses de su nacimiento. Elia Kazan accede en 1932 al Group Theatre como actor y asistente de director de escena, interpretando a héroes proletarios de Clifford Odets, impulsando obras sociales, distribuyendo propaganda y afiliándose brevemente al partido comunista. Durante años combinó su trabajo en el teatro con las películas, destacando *Un tranvía llamado deseo* (1947), *La muerte de un viajante* (1949) y *La gata sobre el tejado de cinc* (1955).
Contratado por la Fox, lleva a cabo el rodaje de su primer título *Lazos humanos* (A Tree Grows In Brooklyn, 1945) y en la misma línea *El justiciero* (Boomerang, 1947), *La barrera invisible* (Gentleman´s agreement) y *Pinky* (1949). Después lograría una de sus mejores obras con *Un tranvía*

llamado deseo (A streetcar named desire), de Tennessee Williams, que protagonizó Marlon Brando.
En 1952 estalla el escándalo de la famosa Caza de brujas, hecho que resulta fundamental en la vida y trayectoria de Elia Kazan. El cineasta testifica ante la Comisión de Actividades Antiamericanas, llegando a revelar los nombres de algunos comunistas y haciendo juramento de fidelidad patriótica. Ese mismo año, Kazan dirige *¡Viva Zapata!,* y en 1954 *La ley del silencio* (On the waterfront), donde nuevamente intervino Marlon Brando. Después llegaron *Al este del Edén* (East of Eden), *Baby Doll* (1956) y *A face in the crowd* (Un rostro en la multitud, 1957), *Río salvaje* (Wild river, 1960), *Esplendor en la hierba* (Splendor in the grass, 1961), *América, América* (1963), y *El compromiso* (The arrangement, 1969), basada en una novela propia.
Después de rodar *Los visitantes* (1972), con guión de su hijo Chris, Kazan anunció que se retiraba también de la creación fílmica, pero volvió con *El último magnate* (1976) y en 1998 en una cinta documental titulada *Liv Till Varje Paris.* Murió en 2003.

Nominados: Alfred Hitchcock, George Seaton, William Wellman, Billy Wilder

MEJOR GUIÓN ADAPTADO

GEORGE SEATON Por: *La angustia de vivir*

MEJOR GUIÓN ORIGINAL

BUDD SCHULBERG Por: *La ley del silencio*

MEJOR FOTOGRAFÍA EN BLANCO Y NEGRO

BORIS KAUFFMAN Por: *La ley del silencio*

MEJOR FOTOGRAFÍA EN COLOR
MILTON KRASNER Por: *Creemos en el amor*

MEJOR SONIDO
LESLIE I. CAREY Por: *Música y lágrimas*

MEJOR CANCIÓN
TRES MONEDAS EN LA FUENTE de: *Creemos en el amor*

MEJOR BANDA SONORA
SAUL CHAPLIN, ADOLPH DEUTSCH Por: *Siete novias para siete hermanos*

MEJOR MONTAJE
GENE MILFORD Por: *La ley del silencio*

MEJOR VESTUARIO
SENZO WADA Por: *La puerta del infierno*

MEJOR VESTUARIO EN BLANCO Y NEGRO
EDITH HEAD Por: *Sabrina*

MEJORES EFECTOS ESPECIALES
RALPH HAMMERAS Por: *20.000 leguas de viaje submarino*

OSCAR ESPECIAL
BAUSCH &LOMB OPTICAL COMPANY Por su contribución en el progreso del cine.

KEMP R. NIVER Por la restauración de la Biblioteca del Cine.

JON WHITELEY, VINCENT WINTER Por su actuación juvenil en Los "Pequeños secuestradores".

GRETA GARBO Por sus inolvidables actuaciones en pantalla. El premio lo recogió Nancy Kelly, pues la diva llevaba 13 años retirada y no quiso acudir.

Greta Lovisa Gustafsson nació en Estocolmo (Suecia) en 1902 y murió en Nueva York en 1990. Ha sido una de las actrices más carismáticas del cine antiguo, y la que mejor ha conservado su aureola de diva hasta el fin de sus días. Cuando la Metro Goldwyn Mayer la llamó para que se fuera a Hollywood, no fue por méritos propios, sino como una imposición de Stiller, lo que ocasionó un gran rechazo y escepticismo por parte de los productores. Sumamente delgada, no muy agraciada y eternamente débil, su fragilidad pronto cautivó a las mujeres, especialmente porque se rumoreaba su lesbianismo.
Actriz romántica, que con su soledad y su desprecio de las convenciones mundanas lograba encandilar a los hombres, fue apodada como la divina Greta. Cuando llegó el sonoro, la Metro se sobrecogió ante la idea de que su acento alejase de los estudios a su más preciada intérprete, pero la Garbo superó la prueba, aunque se retiró del cine en 1941, en plena fama, negándose a afrontar el riesgo de una decadencia que a la larga sería inevitable. Entre sus mejores filmes están: "El torrente", "Anna Christie", "Cristina de Suecia", "Ana Karenina", "La dama de las camelias", y "Ninotchka".

DANNY KAYE por su talento aplicado a la industria del cine y las personas.
Este jovial actor, de cara risueña y agradable, supo encontrar un público adicto a sus sencillas pantomimas, hasta que un día decidió retirarse del espectáculo para dedicarse al humanitario trabajo como embajador de la UNICEF. Como actor le vimos en "El asombro de Brooklyn", "Un hombre fenómeno", "Navidades blancas" y "Un gramo de locura", demostrando que poseía una gran versatilidad, incluso como aceptable bailarín.

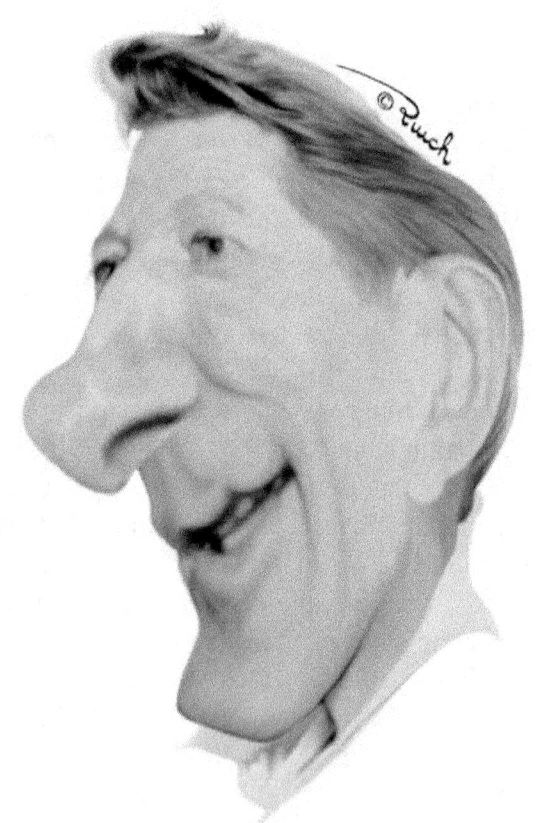

Danny Kaye

AÑO 1955

28th Awards: 21 de marzo de 1956, 7:30 p.m.
Lugar: RKO Pantages Theatre, Hollywood
Presentadores: Jerry Lewis y Claudette Colbert

La nueva princesa de Mónaco, anteriormente Grace Kelly, apareció en público por última vez durante la ceremonia.

MEJOR PELÍCULA

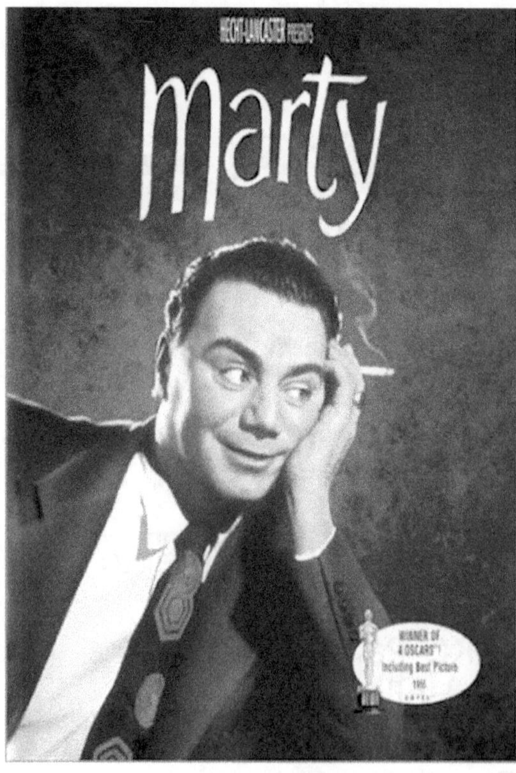

MARTY (***Marty***)
Los amores entre un brusco y sencillo carnicero, y una refinada maestra, son mostrados con indudable acierto. Anteriormente había sido una producción para la televisión.

Nominadas: *Picnic, La colina del adiós, Escala en Hawai, La rosa tatuada*

MEJOR PELÍCULA EXTRANJERA

SAMURAI Por: Hiroshi Inagaki

MEJOR ACTOR

ERNEST BORGNINE Por: *Marty*

Nominados: Frank Sinatra, James Cagney, Jean Dean, Spencer Tracy

MEJOR ACTOR SECUNDARIO

JACK LEMMON Por: *Escala en Hawai*

Nominados: Sal Mineo, Arthur Kennedy, Peggy Lee, Joe Mantell

MEJOR ACTRIZ

ANNA MAGNANI Por: *La rosa tatuada*

La actriz italiana no estaba presente en la entrega, pues creía que la ganadora sería Susan Hayward. Se encontraba durmiendo en su domicilio de Roma cuando la llamaron por teléfono para darle la noticia.

Nominadas: Katharine Hepburn, Susan Hayward, Jennifer Jones, Eleanor Parker

MEJOR ACTRIZ SECUNDARIA

JO VAN FLEET Por: *Al este del Edén*

Nominadas: Natalie Wood, Betsy Blair, Peggy Lee, Marisa Pavan

MEJOR DIRECTOR

DELBERT MANN Por: *Marty*

Nominados: Joshua Logan, Elia Kazan, David Lean, John Sturges

MEJOR GUIÓN ADAPTADO

PADDY CHAYEFSKY Por: *Marty*

MEJOR GUIÓN ORIGINAL

WILLIAM LUDWING, SONYA LEVIEN Por: *Melodía interrumpida*

MEJOR FOTOGRAFÍA EN BLANCO Y NEGRO
JAMES WONG HOWE Por: *La rosa tatuada*

MEJOR FOTOGRAFÍA EN COLOR
WILLIAM FLANNERY, JOE MOELZINER Por: *Picnic*

MEJOR SONIDO
FRED HYNES Por: *Oklahoma*

MEJOR CANCIÓN
El AMOR ES ALGO MARAVILLOSO de: *La colina del adiós*

MEJOR BANDA SONORA
ROBERT RUSSELL BENNETT, JAY BLACKTON, ADOLPH DEUTCH Por: *Oklahoma*

MEJOR MONTAJE
CHARLES NELSON, WILLIAM LYON Por: *Picnic*

MEJOR VESTUARIO
CHARLES LEMAIRE Por: *La colina del adiós*

MEJOR VESTUARIO EN BLANCO Y NEGRO
HELEN ROSE Por: *Mañana lloraré*

MEJORES EFECTOS ESPECIALES
JOHN FULTON Por: *Los puentes de Toko-Ri*

AÑO 1956

29th Awards: 27 de marzo de 1957, 7:30 p.m.
Lugar: RKO Pantages Theatre, Hollywood
Presentador: Jerry Lewis

Hubo cierto revuelo ese día porque tanto el ganador al mejor argumento, como el nominado al mejor guión, utilizaban seudónimos por estar incluidos en la lista negra del senador McCarthy.

MEJOR PELÍCULA

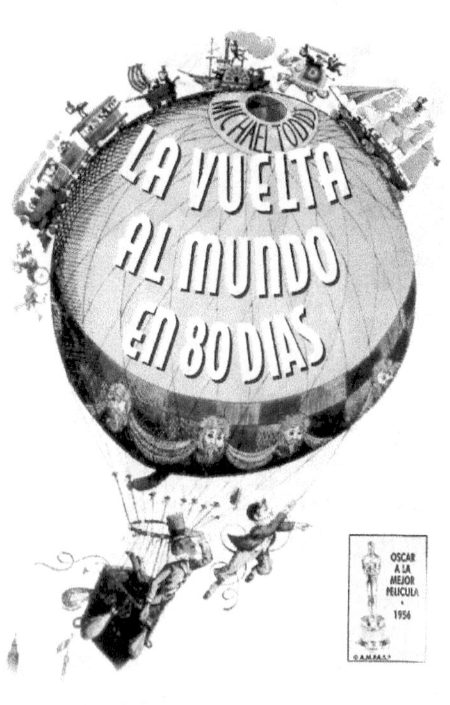

LA VUELTA AL MUNDO EN 80 DÍAS (*Around the world in 80 days*)

Esta película fue un reconocimiento a la inmensa labor de su director Michael Todd, más que a la calidad artística. Empeñado en dar una respuesta decisiva a la televisión, imaginó un espectáculo que sería imposible de superar. Cuarenta y siete estrellas famosas apoyaron su idea.

Estaba casado con Elizabeth Taylor y murió en un accidente de avión sin poder saborear su éxito.

Nominadas: *El rey y yo, La gran prueba, Gigante, Los diez mandamientos*

MEJOR PELÍCULA EXTRANJERA

LA STRADA

Una pareja de cómicos ambulantes, formada por Zampanó y Gelsomina, discrepan sobre el modo de cautivar al público en la Italia de los años 50.

Con una estupenda interpretación de Giulietta Masina y un no menos efectivo Anthony Quinn, el filme sirvió igualmente para catapultar al éxito al director Federico Fellini.

MEJOR ACTOR

YUL BRYNNER Por: *El rey y yo*

Anteriormente al filme, Yul Brynner había encarnado el mismo personaje docenas de veces en el teatro, por lo que no tuvo problemas en realizar una magistral interpretación. **Nominados**: Kirk Douglas, James Dean, Laurence Olivier, Rock Hudson

MEJOR ACTOR SECUNDARIO

ANTHONY QUINN Por: *El loco del pelo rojo*

Nominados: Mickey Rooney, Don Murray, Anthony Perkins, Robert Stack

MEJOR ACTRIZ

INGRID BERGMAN Por: *Anastasia*

Nacida en Estocolmo (Suecia), realizó su primer filme importante con *Intermezzo* (1936), una película que llamó la atención del productor David O. Selznick, quien poco después le propuso venir a América para hacer un remake. Bergman rodó posteriormente películas como *Los cuatro hijos de Adán* (1941), *Alma en la sombra* (1941) y *El extraño caso del Dr. Jekyll* (1941), enlazando con su gran película: *Casablanca* (1942), a las órdenes de Michael Curtiz y junto a Humphrey Bogart. Los años siguientes formaría pareja con Gary Cooper y Charles Boyer en *Por quién doblan las campanas* (1943) y *Luz que agoniza* (1944), consiguiendo un Oscar por esta última. Después vinieron *Recuerda* (1945) y *Encadenados* (1946) a las órdenes de Alfred Hitchcock, así como *Atormentada*

(1949). Ese mismo año Ingrid se casó con el famoso director italiano Roberto Rosellini, con el que tuvo 3 hijos y para el que trabajaría en sus próximas obras: *Stromboli* (1950) y *Te querré siempre* (1953) entre otras. Este evento la mantuvo alejada de Hollywood prácticamente durante 7 años, e hizo su regreso con *Anastasia* (1956), con la cual ganó su segundo Oscar, consiguiendo el tercero por su papel secundario en *Asesinato en el Orient Express* (1974). A finales de los años 70, cuando su salud declinaba, intervino en *Una mujer llamada Golda* (1982), en la que daba vida a la primera ministra israelí Golda Meir, falleciendo el 29 de agosto de 1982.
Nominadas: Nancy Kelly, Carrol Baker, Katharine Hepburn, Deborah Kerr

MEJOR ACTRIZ SECUNDARIA
DOROTHY MALONE Por: *Escrito sobre el viento*
Nominadas: Mercedes McCambridge, Patty McCormack, Mildred Dunnock, Eileen Heckart

MEJOR DIRECTOR
GEORGE STEVENS Por: *Gigante*
Nominados: King Vidor, Michael Anderson, Walter Lang, William Wyler

MEJOR GUIÓN ADAPTADO
JAMES POS, JOHN FARROW, S. J. PERELMAN Por: *La vuelta al mundo en 80 días*
MEJOR GUIÓN ORIGINAL
ALBERT LAMORISSE Por: *El globo rojo*

MEJOR FOTOGRAFÍA EN BLANCO Y NEGRO
JOSEPH RUTTENBERG Por: *Marcado por el odio*

MEJOR FOTOGRAFÍA EN COLOR
LIONEL LINDON Por: *La vuelta al mundo en 80 días*

MEJOR SONIDO
CARL FAULKNER Por: *El rey y yo*

MEJOR CANCIÓN
QUÉ SERÁ, SERÁ de: *El hombre que sabía demasiado*
MEJOR BANDA SONORA
VICTOR YOUNG Por: *La vuelta al mundo en 80 días*

MEJOR VESTUARIO EN COLOR
IRENE SHARAFF Por: *El rey y yo*
MEJOR VESTUARIO EN BLANCO Y NEGRO
JEAN LOUIS Por: *Un Cadillac de oro macizo*

MEJORES EFECTOS ESPECIALES
JOHN FULTON Por: *Los diez mandamientos*

OSCAR HUMANITARIO JEAN HERSHOLT
Y. FRANK FREEMAN

OSCAR ESPECIAL
EDDIE CANTOR por sus buenos servicios a la industria del cine. Tuvo que admitir no haber pertenecido al Partido Comunista, ni haberse negado a testificar ante el Comité del Congreso.
OSCAR EN MEMORIA DE IRVING THALBERG
BUDDY ADLER. A este productor de Hollywood le debemos filmes como "Salomé" "De aquí a la eternidad" y "Bus stop".

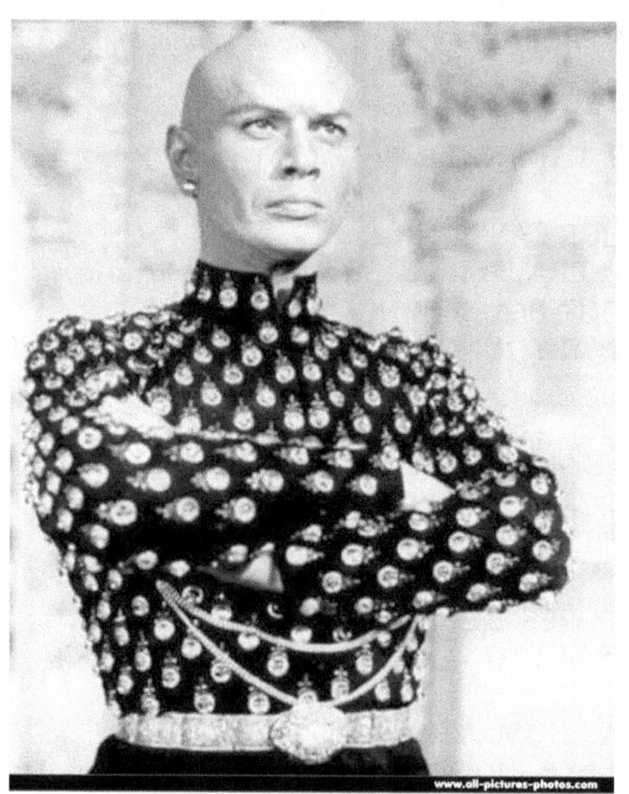

Yul Brynner

Año 1957

30th Awards: 26 de marzo de 1958
Lugar: RKO Pantages Theatre, Hollywood
Presentadores: Bob Hope, Jack Lemmon, David Niven, Rosalind Russell, James Stewart y el pato Donald (en un filme)

Especialmente alegre fue el dúo musical de Rock Hudson y Mae West, así como el formado por Burt Lancaster y Kirk Douglas. Los ganadores fueron votados por todos los miembros de la academia.

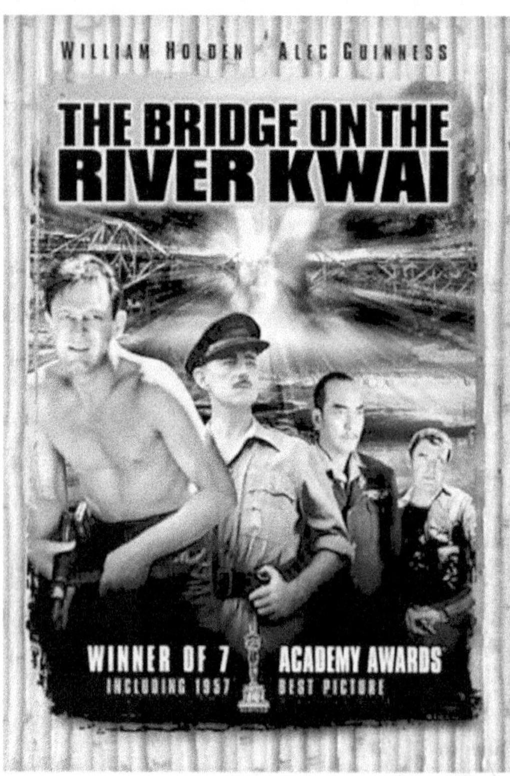

MEJOR PELÍCULA

EL PUENTE SOBRE EL RÍO KWAI (***The Bridge on the River Kwai***)

Quitando el protagonismo a los actores, el puente nos lleva a una epopeya en donde el orgullo inglés queda bien patente. Esta historia de los prisioneros de guerra fue un éxito comercial en todo el mundo, lo mismo que la novela, traducida a veintiún idiomas.

Nominadas: *Sayonara, Vidas borrascosas, Doce hombres sin piedad, Testigo de cargo*

MEJOR PELÍCULA EXTRANJERA

LAS NOCHES DE CABIRIA Por: Federico Fellini

MEJOR ACTOR

ALEC GUINNESS Por: *El puente sobre el río Kwai*

Nominados: Anthony Quinn, Marlon Brando, Anthony Franciosa, Charles Laughton

MEJOR ACTOR SECUNDARIO

RED BUTTONS Por: *Sayonara*

Nominados: Vittorio de Sica, Russ Tamblyn, Sessue Hayakawa, Arthur Kennedy

MEJOR ACTRIZ

JOANNE WOODWARD Por: *Las tres caras de Eva*

La actriz comentó en el momento de recoger el premio que el vestido que llevaba se lo había hecho ella, pues no confiaba en absoluto en ganar el Oscar.

Nominadas: Elizabeth Taylor, Deborah Kerr, Anna Magnani, Lana Turner

MEJOR ACTRIZ SECUNDARIA

MIYOSHI UMEKI Por: *Sayonara*

Nominadas: Carolyn Jones, Hope Lange, Elsa Lanchester, Diane Varsi

MEJOR DIRECTOR

DAVID LEAN Por: *El puente sobre el río Kwai*

Nominados: Billy Wilder, Joshua Logan, Mark Robson, Sidney Lumet

MEJOR GUIÓN ADAPTADO

PIERRE BOULLE Por: *El puente sobre el río Kwai*

MEJOR GUIÓN ORIGINAL

GEORGE WELLES Por: *Mi desconfiada esposa*

MEJOR FOTOGRAFÍA

JACK HILDYARD Por: *El puente sobre el río Kwai*

MEJOR SONIDO

GEORGE R. GROVES Por: *Sayonara*

MEJOR CANCIÓN
ALL THE WAY de: *La máscara del dolor*

MEJOR BANDA SONORA
MALCOLM ARNOLD Por: *El puente sobre el río Kwai*

MEJOR MONTAJE
PETER TAYLOR Por: *El puente sobre el río Kwai*

MEJOR VESTUARIO
ORRY-KELLY Por: *Las Girls*

MEJORES EFECTOS ESPECIALES
WALTER ROSSI Por: *Duelo en el Atlántico*

OSCAR HUMANITARIO JEAN HERSHOLT
SAMUEL GOLDWYN

OSCAR ESPECIAL
CHARLES BRACKETT Por sus excelentes servicios a la Academia
B. B. KAHANE Por sus distinguidos servicios a la industria del cine
GILBERT M. ANDERSON Por ser un pionero en el desarrollo de la industria del cine
SOCIEDAD DE CINE E INGENIEROS DE TV Por su contribución al desarrollo del cine.

AÑO 1958

31st Awards: 6 de abril de 1959, 7:30 p.m.
Lugar: RKO Pantages Theatre, Hollywood
Presentadores: Bob Hope, Jerry Lewis, David Niven, Sir Lawrence Olivier, Tony Randall, Mort Sahl
General Chairman, Valentine Davies

MEJOR PELÍCULA

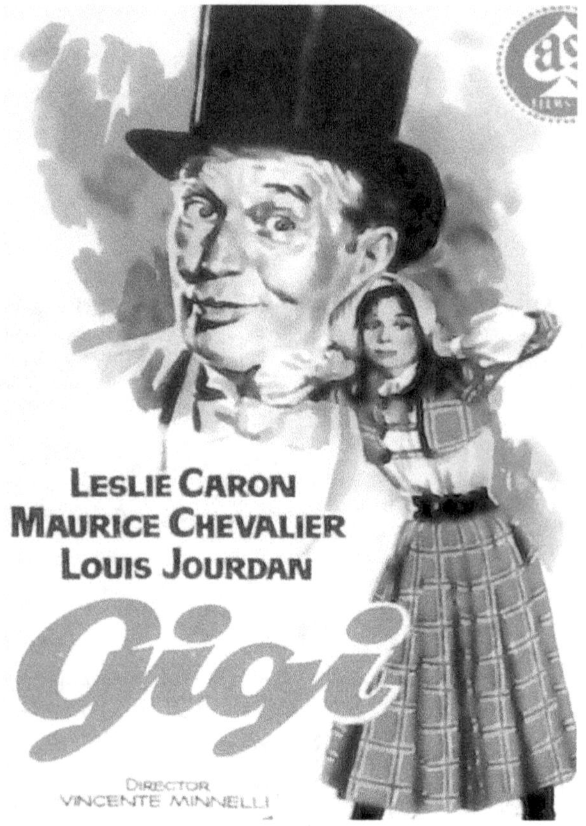

GIGI (*Gigi*)

Ambientada en el París de 1900, cuando la glamour se concentraba en cabarets como Maxim's, y basada en la novela de Colette (donde, por cierto, no existe el personaje de Honoré Lachaille encarnado por Maurice Chevalier), nos recrean la adolescencia de Gigí, una huérfana cuya inocencia está a punto de romperse. Rodada obviamente en París -lo que supuso un gasto desorbitado para los estudios-, nos deleitan con un musical que mereció ganar nada menos que 9 Oscars, aunque ahora el paso del tiempo le ha perjudicado a causa de su sensiblería.

Nominadas: *La gata sobre el tejado de zinc, Tía y mamá, Fugitivos, Mesas separadas*

MEJOR PELÍCULA EXTRANJERA
MI TÍO Por: Jacques Tati
Este director y actor, convertido en un mimo genial, alcanzó un éxito meteórico con este filme que, sin embargo, no logró consolidar posteriormente.
Nominadas: *La venganza, Chocolate para dos, Rufufú*

MEJOR ACTOR
DAVID NIVEN Por: *Mesas separadas*
Nominados: Paul Newman, Tony Curtis, Sidney Poitier, Spencer Tracy

MEJOR ACTOR SECUNDARIO
BURL IVES Por: *Horizontes de grandeza*
Nominados: Arthur Kennedy, Theodore Bikel, Lee J. Cobb, Gig Young

MEJOR ACTRIZ
SUSAN HAYWARD Por: *¡Quiero vivir!*
Nominadas: Rosalind Russell, Deborah Kerr, Shirley MacLaine, Elizabeth Taylor

MEJOR ACTRIZ SECUNDARIA
WENDY HILLER Por: *Mesas separadas*
"No me interesa la gloria -dijo- pero espero que este premio al menos signifique un aumento en mi cuenta corriente".

Nominadas: Cara Williams, Peggy Cass, Martha Hyer, Maureen Stapleton

MEJOR DIRECTOR

VINCENT MINNELLI Por: *Gigi*

Esposo de Judy Garland y padre de Liza Minnelli, con este filme aportó novedades en el musical muy importantes, entre ellas la incorporación de las canciones al argumento, y no como un adorno.

Nominados: Mark Robson, Richard Brooks, Stanley Kramer, Robert Wise

MEJOR GUIÓN ADAPTADO

ALN JAY LERNER Por: *Gigi*

MEJOR GUIÓN ORIGINAL

NATHAN E. DOUGLAS, HAROLD JACOB SMITH Por: *Fugitivos*

MEJOR FOTOGRAFÍA EN BLANCO Y NEGRO

SAM LEAVITT Por: *Fugitivos*

MEJOR FOTOGRAFÍA EN COLOR

JOSEPH RUTTENBERG Por: *Gigi*

MEJOR SONIDO

FRED HYNES Por: *South Pacific*

MEJOR CANCIÓN

GIGÍ de: *Gigí*

MEJOR BANDA SONORA EN FILME MUSICAL

ANDRE PREVIN Por: *Gigi*

MEJOR MONTAJE

ADRIENNE FAZAN Por: *Gigi*

MEJOR VESTUARIO
CECIL BEATON Por: *Gigi*

MEJORES EFECTOS ESPECIALES
TOM HOWARD Por: *El pequeño gigante*

OSCAR EN MEMORIA DE IRVING THALBERG
JACK L. WARNER
A Jack L. Warner le debemos la producción de "My Fair lady", así como la fundación de la productora Warner Bros., junto a sus hermanos Harry y Albert, continuando en solitario desde 1958 a 1969.

OSCAR ESPECIAL
MAURICE CHEVALIER Por su contribución al cine durante cincuenta años.

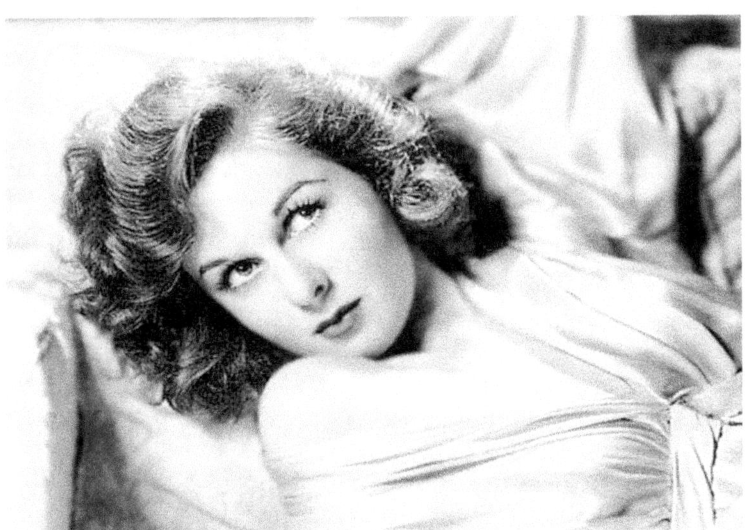

Susan Hayward

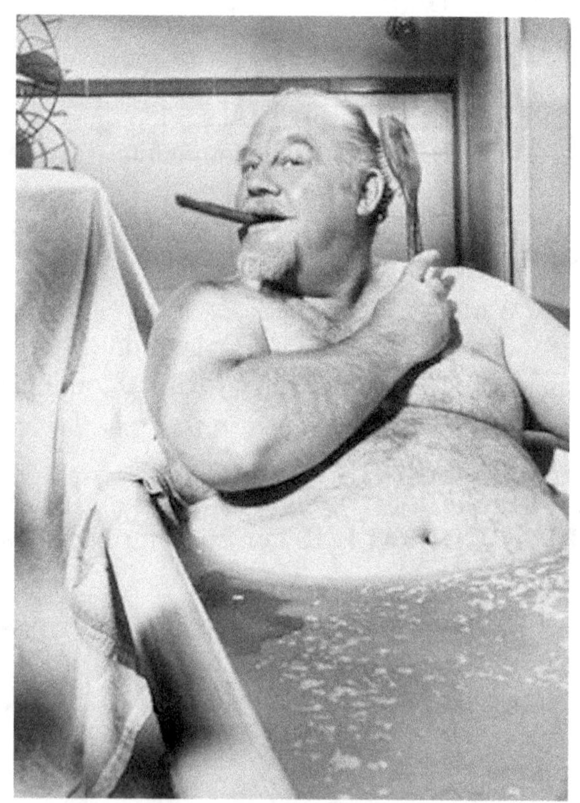

Burl Ives

AÑO 1959

32nd Awards: 4 de abril de 1960, 7:30 p.m.
Lugar: RKO Pantages Theatre, Hollywood
Presentador: Bob Hope

MEJOR PELÍCULA

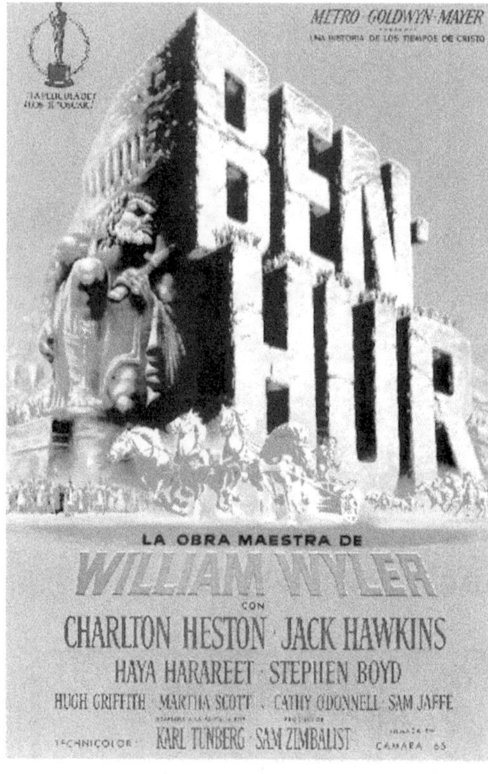

BEN-HUR
(Ben-Hur)
La memorable secuencia de la carrera de cuadrigas, ha sido una referencia obligada para multitud de filmes. Esos once minutos en la pantalla requirieron 2 meses de trabajo, 42 cámaras y quince mil extras.

Nominadas: *El diario de Anna Frank, Anatomía de un asesinato, Historia de una monja, Un lugar en la cumbre*

MEJOR PELÍCULA EXTRANJERA

ORFEO NEGRO Por: Marcel Camus
Nominadas: *El puente, La gran guerra*

MEJOR ACTOR

CHARLTON HESTON Por: *Ben-Hur*
Nominados: Paul Muni, Laurence Harvey, Jack Lemmon, James Stewart

MEJOR ACTOR SECUNDARIO

HUGH GRIFFITH Por: *Ben-Hur*

Nominados: Robert Vaughn, Arthur O'Connell, George C. Scott, Ed Wynn

MEJOR ACTRIZ

SIMONE SIGNORET Por: *Un lugar en la cumbre*

Nominadas: Elizabeth Taylor, Doris Day, Audrey Hepburn, Katharine Hepburn

MEJOR ACTRIZ SECUNDARIA

SHELLEY WINTERS Por: *El diario de Anna Frank*

Nominadas: Thelma Ritter, Hermione Baddeley, Juanita Moore, Susan Kohner

MEJOR DIRECTOR

WILLIAM WYLER Por: *Ben-Hur*

Wyler nació en Mulhouse, Alemania, en el año 1902, y sus primeros años los dedicó a trabajar como violinista. Los apuros económicos fueron intensos en esa época, hasta que Carl Lámele, director de la Universal, facilitó su entrada en el mundo del cine hacia 1922. Comenzó a destacar en los años treinta, trabajando para Samuel Goldwyn, y juntos realizaron hasta ocho títulos claves en la filmografía del cineasta. De este periodo cabe destacar: *Esos Tres* (1936); *Calle sin salida* (1937); *Jezabel* (1938); *Cumbres Borrascosas* (1939); *El Forastero* (1940); *La Loba* (1941); *La Señora Miniver* (1942); y *Los mejores años de nuestra vida* (1946).

Wyler tocó todos los géneros, consiguiendo trabajos de renombre en todos ellos, especialmente por filmes como *Una chica angelical* (1935); *Vacaciones en Roma* (1953), *Como robar un millón y...* (1966). También hay que desta-

car títulos como *El forastero* (1940), *Horizontes de grandeza* (1958), *La casa de la discordia* (1932), *Calle sin salida* (1937), *Brigada 21* (1951), *Horas desesperadas* (1955), y *El coleccionista* (1965). Destacan en su filmografía una serie de buenas películas trabajando para la Metro Goldwyn Mayer, de entre las que están Desengaño (1936), *Carrie* (1952), y *Funny Girl* (1968).
Ganador de tres premios Oscar al Mejor Director por La señora *Miniver* (1942), *Los mejores años de nuestra vida* (1946) y *Ben-Hur* (1959), fue nominado por *Desengaño* (1936), *Cumbres Borrascosas* (1939), *La Carta* (1940), *La Loba* (1941), *La Heredera* (1949), *Brigada 21* (1951), *Vacaciones en Roma* (1953), *La Gran Prueba* (1956) y por *El coleccionista* (1965). La obra maestra de William Wyler es, sin lugar a dudas, *Los mejores años de nuestra vida* (1946), aunque para el público fue *Ben-Hur* (1959), ganadora de once Oscars.
William Wyler falleció en Los Ángeles (California) el 27 de julio de 1981, once años después de su último trabajo, *No se compra el silencio* (The Liberation of L.B. Jones).

Nominados: George Stevens, Jack Clayton, Fred Zinnemann, Billy Wilder

MEJOR GUIÓN ADAPTADO
NEIL PATERSON Por: *Un lugar en la cumbre*

MEJOR GUIÓN ORIGINAL
RUSSELL ROUSE, CLARENCE GREENE, STANLEY SHAPIRO Por: *Confidencias a medianoche*

MEJOR FOTOGRAFÍA EN BLANCO Y NEGRO
WILLIAM C. MELLOR Por: *El diario de Anna Frank*

MEJOR FOTOGRAFÍA EN COLOR
ROBERT L. SURTEES Por. *Ben-hur*

MEJOR DECORACIÓN EN COLOR
WILLIAM A. HORNING, EDWARD CARFAGNO, HUGH HUNT Por: *Ben-hur*

MEJOR SONIDO
FRANKLIN E. MILTON Por: *Ben-Hur*
MEJOR CANCIÓN
ALTA ESPERA de: *Millonario de ilusiones*
MEJOR BANDA SONORA EN FILME MUSICAL
ANDRE PREVIN, KEN DARBY Por: *Porgy y Bess*
MEJOR BANDA SONORA EN FILME DRAMÁTICO
MIKLOS ROZSA Por: *Ben-Hur*
Este compositor, premiado con 3 Oscars y un César, nacido en Hungría, murió en 1995 dejando un legado imborrable y amplio en la historia del cine.

MEJOR MONTAJE
RALPH E. WINTERS, JOHN D. DUNNING Por: *Ben-Hur*
MEJOR VESTUARIO
ELIZABETH HAFFENDEN Por: *Ben-Hur*
MEJOR VESTUARIO EN BLANCO Y NEGRO
ORRY-KELLY Por: *Con faldas y a lo loco*

MEJORES EFECTOS ESPECIALES
ARNOLD GILLESPIE, ROBERT MACDONALD, MILO LORY Por: *Ben-Hur*

OSCAR HUMANITARIO JEAN HERSHOLT
BOB HOPE

OSCAR ESPECIAL

LEE DE FOREST Por sus innovaciones en el sonido cinematográfico.

OSCAR HONORÍFICO

BUSTER KEATON Por sus talentos que aportaron comedias inmortales en la pantalla.

Este hijo de cómicos y habitual de la escena desde que tenía un año de edad, nació en 1895, siendo contratado por la Paramount en 1920, comenzando entonces una meteórica carrera. Una vez fundada su propia productora, la Buster Keaton Comedies, Buster tomó la dirección y rodó 19 cortos en dos años. Desdichadamente, la Metro compró el contrato y obligó al actor a perder su independencia, además de someterlo a una férrea disciplina que mermaron las posibilidades de demostrar su talento, quebrándose de este modo una carrera de éxitos. Su película icono fue "El maquinista de la general" (1926), aunque las nuevas generaciones le suelen recordar por "Golfus de Roma" (1966) o bajo el sobrenombre de "Pamplinas". Anteriormente, Charles Chaplin le proporcionó un lugar de privilegio en "Candilejas" (1952)

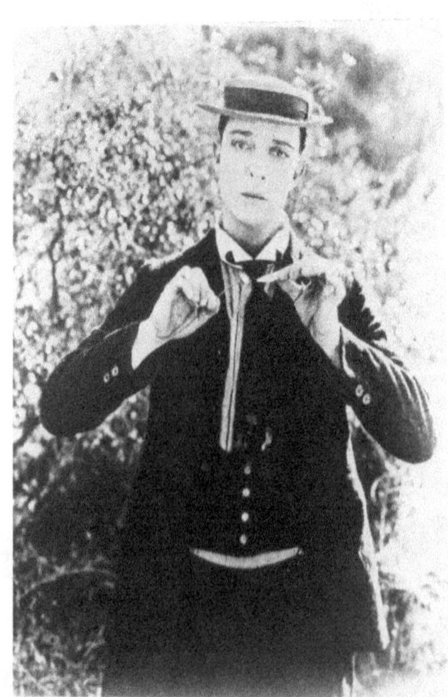

Buster Keaton

Año 1960

33rd Awards: 17 de abril de 1961, 7:30 p.m.
Lugar: Santa Monica Civic Auditorium, Santa Monica
Presentadores: Bob Hope

MEJOR PELÍCULA

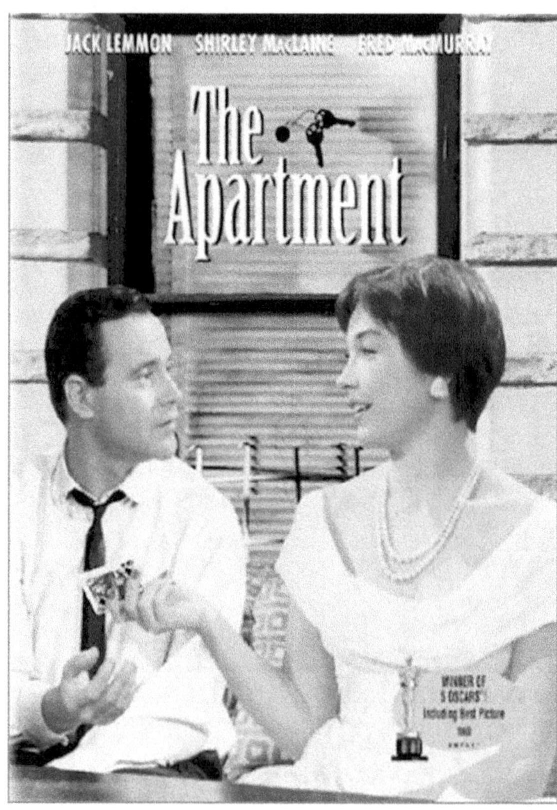

EL APARTAMENTO (*The Apartment*)
La vida sencilla de este empleado de seguros, se complica cuando decide ceder su apartamento para las aventuras amorosas de sus compañeros.

Nominadas: *El fuego y la palabra, El Álamo, Tres vidas errantes, Hijos y amantes*

MEJOR PELÍCULA EXTRANJERA

EL MANANTIAL DE LA DONCELLA Por: Ingmar Bergman

Fue el descubrimiento mundial para su director Ingmar Bergman, especialmente por la crudeza al mostrar la violación de la joven Karin por unos pastores aparentemente afables.

Nominadas: *La verité, Macario, Kapo*

MEJOR ACTOR
BURT LANCASTER Por: *El fuego y la palabra*
Nominados: Spencer Tracy, Trevor Howard, Jack Lemmon, Laurence Olivier

MEJOR ACTOR SECUNDARIO
PETER USTINOV Por: *Espartaco*
Nominados: Sal Mineo, Peter Falk, Jack Kruschen, Chill Wills

MEJOR ACTRIZ
ELIZABETH TAYLOR Por: *Una mujer marcada*
Agarrada fuertemente al brazo de su esposo Eddie Fisher, recogió débilmente el Oscar, pues hacía unos días había estado apunto de morir a causa de una neumonía.
Nominadas: Shirley MacLaine, Greer Garson, Deborah Kerr, Melina Mercuri

MEJOR ACTRIZ SECUNDARIA
SHIRLEY JONES Por: *El fuego y la palabra*
Nominadas: Glynis Johns, Janet Leigh, Shirley Knight, Mary Ure

MEJOR DIRECTOR
BILLY WILDER Por: *El apartamento*
Samuel Wilder nació en Sucha (Austria) en 1906, abandonando su país tras la llegada al poder de Adolf Hitler debido a su ascendencia judía, muriendo su madre en los campos de concentración de Auschwitz. Tras pasar por París se traslada a Estados Unidos, instalándose en Hollywood como guionista, labor que ejerció en 60 películas.
Como director trabajó en 26 películas, fue nominado en 21 ocasiones y recibió siete Oscars. Entre sus filmes más

populares destacan: “El crepúsculo de los dioses” 1950 (Sunset Boulevard), “Sabrina” 1954, “La tentación vive arriba” 1955 (The seven year itch), “El héroe solitario” 1957 (The spirit of St. Louis), “Ariane” 1957 (Love in the afternoon), “Testigo de cargo” 1958 (Witness for the prosecution), “Con faldas y a lo loco” 1959 (Some like it hot), “El apartamento” 1960 (The apartament), “Irma la dulce” 1963 (Irma la douce), “En bandeja de plata” 1966 (The fortune cookie), “Primera plana” 1974 (The front page) y “Aquí un amigo” 1981 (Buddy, buddy).
Posteriormente intentaría seguir dirigiendo películas, pero dada su avanzada edad ninguna aseguradora quería cubrir el riesgo de que muriera durante el rodaje. Muere 21 años después, el 27 de marzo de 2002, en su residencia de Beverly Hills, a causa de una neumonía, a la edad de 95 años.
Nominados: Alfred Hitchcock, Fred Zinnemann, Jack Cardiff, Jules Dassin

MEJOR GUIÓN ADAPTADO
RICHARD BROOKS Por: *El fuego y la palabra*
MEJOR GUIÓN ORIGINAL
BILLY WILDER, I.A.L. DIAMOND Por: E*l apartamento*

MEJOR FOTOGRAFÍA EN BLANCO Y NEGRO
FREDDIE FRANCIS Por: *Hijos y Amantes*
MEJOR FOTOGRAFÍA EN COLOR
RUSSELL METY Por: *Espartaco*

MEJOR SONIDO
GORDON SAWYER, FRED HYNES Por: *El Álamo*

MEJOR CANCIÓN
NUNCA EN DOMINGO de: *Nunca en domingo*

MEJOR BANDA SONORA
MORRIS STOLOFF, HARRY SUKMAN Por: S*ueño de amor*

MEJOR MONTAJE
DANIEL MANDELL Por: *El apartamento*

MEJOR VESTUARIO EN COLOR
VALLES, BILL THOMAS Por: *Espartaco*
MEJOR VESTUARIO EN BLANCO Y NEGRO
EDITH HEAD, EDWARD STEVENSON Por: *Viva el ayuno*

MEJORES EFECTOS ESPECIALES
GENE WARREN, TIM BAAR Por: E*l tiempo en sus manos*

OSCAR HUMANITARIO JEAN HERSHOLT
SOL LESSER
Este productor, retomó el personaje de Tarzán cuando comenzaba su declive.

OSCAR ESPECIAL
GARY COOPER por sus muchas actuaciones memorables en la pantalla y el reconocimiento internacional como persona y actor. Ese día estaba ya muy enfermo de cáncer, falleciendo un mes más tarde.
STAN LAUREL por abrir un camino creativo en la comedia cinematográfica.
HAYLEY MILLS por su buena actuación como jovencita

en 1960 en el filme *Polyanna.*

Walt Disney, que siempre había tenido buen ojo para contratar jóvenes talentos, vio por primera vez a Hayley Mills en "La bahía del tigre" (1959), y la contrató para encarnar a la protagonista de "Polyanna" en 1960. La hija de John Mills interpretó muy bien el papel de la joven heroína, y esto le valió un contrato casi en exclusiva, interpretando filmes tan populares como "Tú a Boston, y yo a California" (1961) y "Los hijos del Capitán Grant".

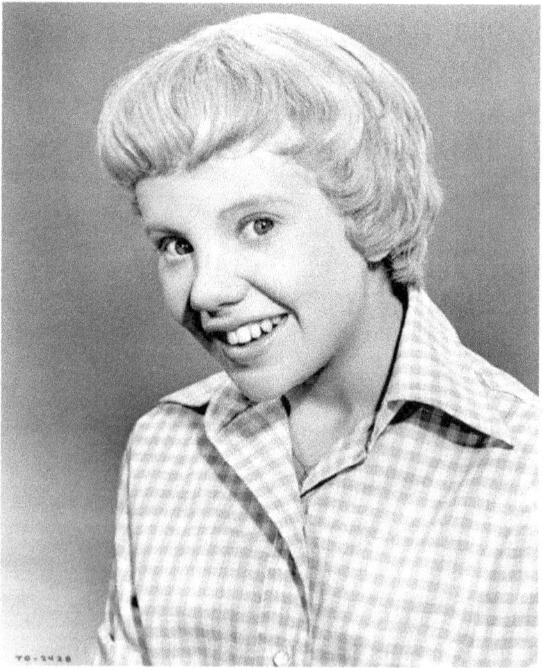

Hayley Mills

Año 1961

34th Awards: 9 de abril de 1962, 7:30 p.m.
Lugar: Santa Monica Civic Auditorium, Santa Monica
Presentador: Bob Hope

MEJOR PELÍCULA

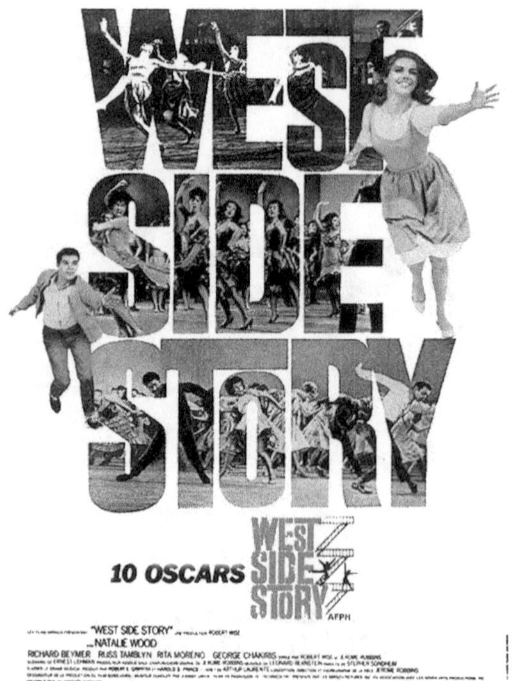

WEST SIDE STORY
(*West Side Story*)

El cine musical volvió a ser motivo de asombro con esta película ganadora de un total de diez Oscars de la Academia, incluida Mejor Película de 1961, estableciendo un modelo a seguir alejado ya de la glamour de los años 40 y 50. Nunca antes se había hecho una película dramática, sin trajes fastuosos, ni amores imposibles que terminan con un apasionado beso. La apasionante música de Leonard Berstein, las adecuadas letras de Stephen Sondheim, una genial coreografía de Jerome Robbins, y la consagración como actriz de Natalie Wood, han convertido a "West Side Store" en uno de los mejores musicales de la historia del cine.

Nominadas: *El buscavidas, Fanny, Los cañones de Navarone, Vencedores y vencidos*

MEJOR PELÍCULA EXTRANJERA

COMO EN UN ESPEJO Por: Ingmar Bergman
Nominadas: *Plácido, Animas Trujano, Eien no Hito*

MEJOR ACTOR

MAXIMILIAN SCHELL Por: *Vencedores y vencidos*
Nominados: Stuart Whitman, Charles Boyer, Paul Newman, Spencer Tracy

MEJOR ACTOR SECUNDARIO

GEORGE CHAKIRIS Por: *West Side Story*
Nominados: Peter Falk, Montgomery Clift, Jackie Gleason, George C. Scott

MEJOR ACTRIZ

SOPHIA LOREN Por: *Dos mujeres*
Estaba tan convencida de que no conseguiría el Oscar que ni siquiera estuvo en la ceremonia. Cuando en su apartamento de Roma escuchó la noticia gritó: "¡No puedo creer a mis oídos! ¡Gracias, gracias!".
Nominadas: Audrey Hepburn, Geraldine Page, Piper Laurie, Natalie Wood

MEJOR ACTRIZ SECUNDARIA

RITA MORENO Por: *West Side Story*
Nominadas: Una Merkel, Fay Beinter, Judy Garland, Lotte Lenya

MEJOR DIRECTOR

ROBERT WISE, JEROME ROBBINS Por: *West Side Story*
Nominados: J. Lee Thompson, Stanley Kramer, Federico Fellini, Robert Rossen

MEJOR GUIÓN ADAPTADO
ABBY MANN Por: *Vencedores y vencidos*
MEJOR GUIÓN ORIGINAL
WILLIAM INGE Por: *Esplendor en la hierba*

MEJOR FOTOGRAFÍA EN BLANCO Y NEGRO
EUGEN SHUFTAN Por: *El buscavidas*
MEJOR FOTOGRAFÍA EN COLOR
DANIEL L. FAPP Por: *West Side Story*

MEJOR SONIDO
FRED HYNES, GORDON SAWYER Por: *West Side Story*
MEJOR CANCIÓN
MOON RIVER de: *Desayuno con diamantes*
Una por entonces desconocida AnnMargret cantó una de las canciones nominadas, "Soltero en el paraíso", y desde ese día alcanzó meteóricamente el estrellato.
MEJOR BANDA SONORA
SAUL CHAPLIN, JOHNNY GREEN, SID RAMIN, IRWIN KOSTAL Por: *West Side Story*

MEJOR MONTAJE
THOMAS STANFORD Por: *West Side Story*

MEJOR VESTUARIO
IRENE SHARAFF Por: *West Side Story*
MEJOR VESTUARIO EN BLANCO Y NEGRO
PIERO GHERARDI Por: *La dolce vita*

MEJORES EFECTOS ESPECIALES
BILL WARRINGTON, VIVIAN C. GREENHAM Por: *Los cañones de Navarone*

OSCAR HUMANITARIO JEAN HERSHOLT

GEORGE SEATON

A este productor, director y guionista, le debemos obras como "Un día en las carreras" (guionista), "Aeropuerto" y "Milagro en la ciudad" (guionista).

OSCAR ESPECIAL

WILLIAM L. HENDRIKS Por su sentido patriótico en la elaboración, guión y producción de películas sobre la Marina.

FRED L. METZLER Por su dedicación al frente de la Academia de las Artes y Ciencias Cinematográficas.

JEROME ROBBINS Por sus inteligentes logros en la coreografía cinematográfica

OSCAR EN MEMORIA DE IRVING THALBERG

STANLEY KRAMER

Director de filmes tan importantes como "No serás un extraño" (1955), "Fugitivos' (1958), "Vencedores o vencidos" 1961), "El mundo está loco, loco, loco" (1963), y "¿Adivina quién viene a cenar esta noche?", (1967), murió en 2001, destacando su buena labor para realizar filmes ambiciosos.

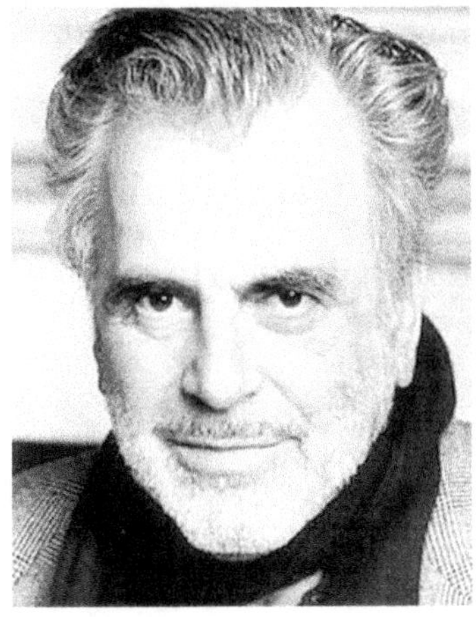

Maximillian Schell

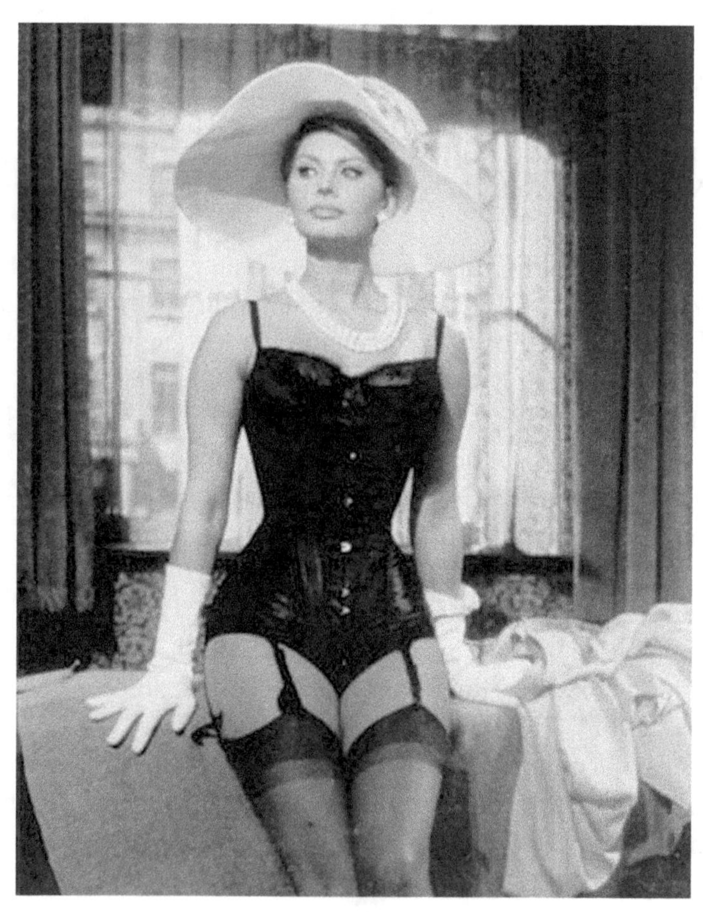

Sofia Loren

AÑO 1962

35th Awards: 8 de abril de 1963, 7:00 p.m.
Lugar: Santa Monica Civic Auditorium, Santa Monica
Presentadores: Frank Sinatra, Eddie Fisher y Ethel Merman

MEJOR PELÍCULA

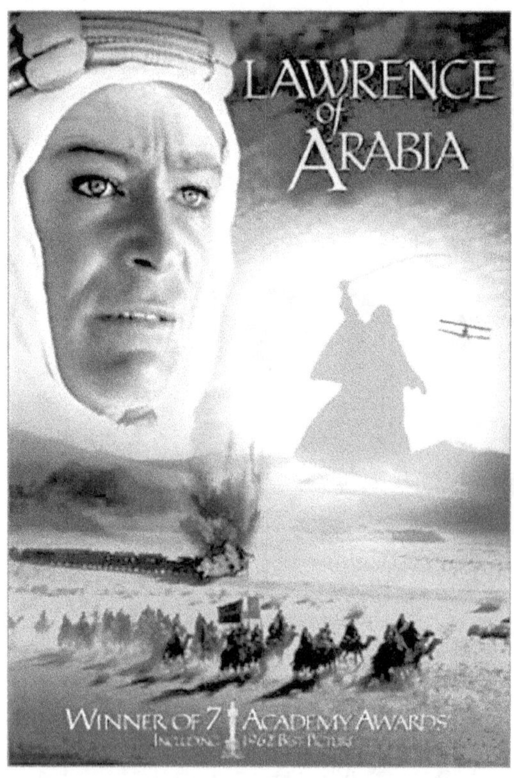

LAWRENCE DE ARABIA (*Lawrence of Arabia*)

Con una banda sonora tan exquisita como la actuación de O'Toole, el análisis psicológico del personaje completó los buenos resultados.

A pesar de tener una duración de casi tres horas (ampliada en DVD) y la ausencia de mujeres, logró la atención del espectador gracias a una estupenda fotografía y banda sonora, además de buen guión, decoración y montaje.

Nominadas: *Vivir de ilusión, El día más largo, Rebelión a bordo, Matar a un ruiseñor*

MEJOR PELÍCULA EXTRANJERA

SIBILA Por: Serge Bourguignon

Nominadas: *Los cuatro días de Nápoles, Electra*

MEJOR ACTOR

GREGORY PECK Por: *Matar a un ruiseñor*

Nominados: Marcello Mastroianni, Burt Lancaster, Jack Lemmon, Peter O'Toole

MEJOR ACTOR SECUNDARIO

ED BEGLEY Por: *Dulce pájaro de juventud*

Nominados: Telly Savalas, Víctor Bouno, Omar Sharif, Terence Stamp

MEJOR ACTRIZ

ANN BANCROFT Por: *El milagro de Anna Sullivan*

La actriz no acudió a recoger el premio pues se hallaba en Nueva York interpretando una obra teatral.

Nominadas: Katharine Hepburn, Bette Davis, Lee Remick, Geraldine Page

MEJOR ACTRIZ SECUNDARIA

PATTY DUKE Por: *El milagro de Anna Sullivan*

Con sus apenas 16 años, era la primera actriz juvenil que ganaba ese premio.

Nominadas: Shirley Knight, Angela Lansbury, Thelma Ritter, Mary Badham

MEJOR DIRECTOR

DAVID LEAN Por: *Lawrence de Arabia*

Nacido en 1908, en Croydon, Inglaterra, consiguió pasar rápidamente de botones a montador en los estudios Gaumont Films. 1955 es el año que marca su desembarco en Hollywood con "Locuras de verano", tras la cual llegaron otros títulos de enorme calibre como " El puente sobre el río Kwai" (1957), con la que ganó su primer Oscar; "Lawrence de Arabia" (1962), que le supuso el segundo;

"Doctor Zhivago" (1965), y "La hija de Ryan" (1970); esta última generadora de lamentables críticas que acarreó su desaparición del cine durante un largo periodo de catorce años. Su regreso, a una edad avanzada, con "Un pasaje a la India" (1984), le muestra de nuevo como un magistral realizador, mereciendo el filme hasta tres nominaciones al Oscar.

Nominados: Arthur Penn, Frank Perry, Robert Mulligan, Pietro Germi

MEJOR GUIÓN ADAPTADO

HORTON FOOTE Por: *Matar a un ruiseñor*

MEJOR GUIÓN ORIGINAL

ENNIO DE CONCINI, ALFREDO GIANNETTI, PRIETO GERMI Por: *Divorcio a la italiana*

MEJOR FOTOGRAFÍA EN BLANCO Y NEGRO

JEAN BOURGOIN, HENRY PERSIN, WALTER WOTTIZ Por: *El día más largo*

MEJOR FOTOGRAFÍA EN COLOR

FREDERICK A. YOUNG Por: *Lawrence de Arabia*

MEJOR SONIDO

JOHN COX Por: *Lawrence de Arabia*

MEJOR CANCIÓN

DÍAS DE VINO Y ROSAS de: *Días de vino y rosas*

El compositor de la canción, Henry Mancini, alcanzó gran popularidad con la melodía que adorna el personaje de "La Pantera rosa".

MEJOR BANDA SONORA

MAURICE JARRE Por: *Lawrence de Arabia*

MEJOR MONTAJE
ANNE COATES Por: *Lawrence de Arabia*

MEJOR VESTUARIO
MARY WILLS Por: *El maravilloso mundo de los hermanos Grimm*

MEJOR VESTUARIO EN BLANCO Y NEGRO
NORMAN KOCH Por: *¿Qué fue de Baby Jane?*

MEJORES EFECTOS ESPECIALES
ROBERT MACDONALD, JACQUES MAUMONT Por: *El día más largo*

OSCAR HUMANITARIO JEAN HERSHOLT
STEVE BROIDY
Este dibujante, escritor y realizador, fue persona decisiva en la creación de varios muñecos de la Warner, en especial Bugs Bunny.

-

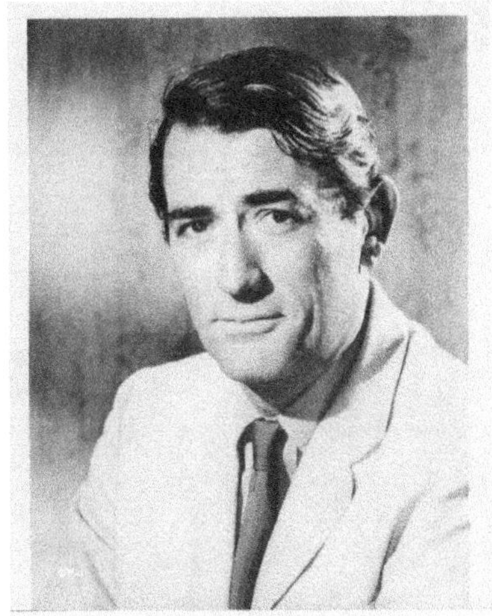

Gregory Peck

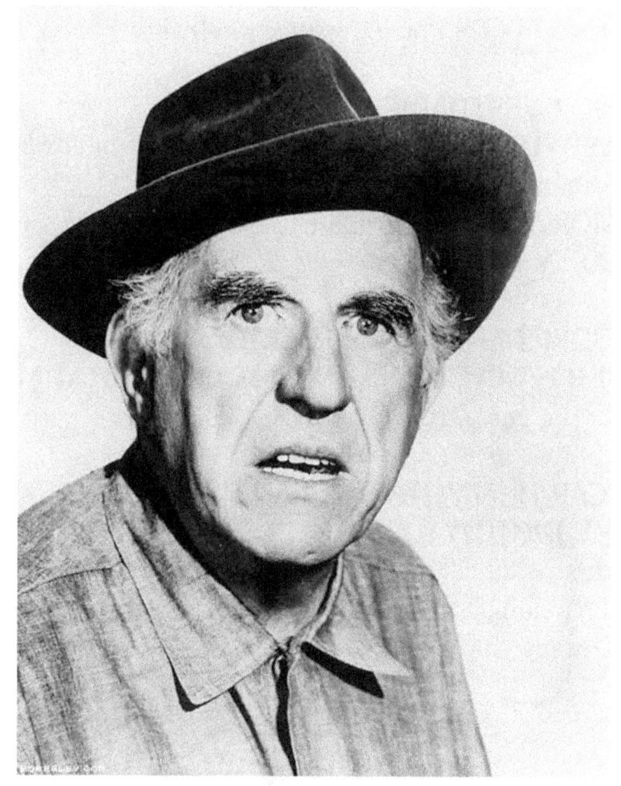

Ed Begley

Año 1963

36th Awards: 13 de abril de 1964, 7:00 p.m.
Lugar: Santa Monica Civic Auditorium, Santa Monica
Presentador: Jack Lemmon

MEJOR PELÍCULA

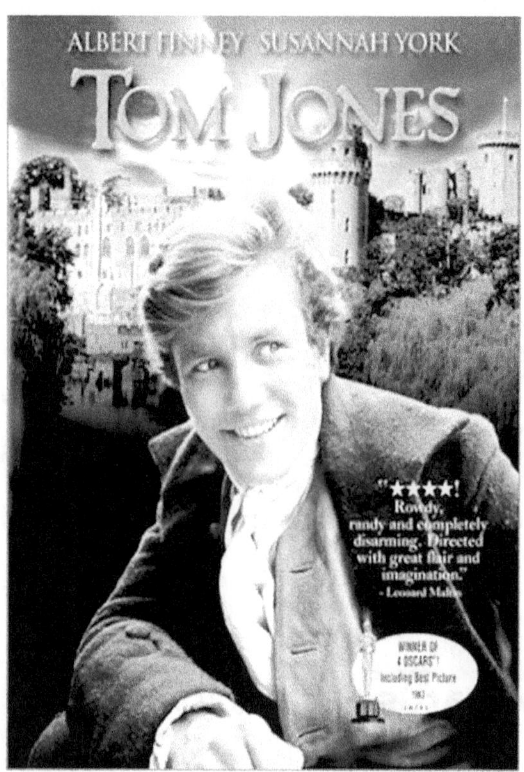

TOM JONES
(Tom Jones)
Satírica y decididamente erótica, las aventuras de este seductor del siglo XVIII fueron un éxito comercial.
Dotada de una banda sonora barroca de calidad y unos diálogos irónicos, el cine británico se apuntó un nuevo triunfo fuera de sus fronteras.

Nominadas: *Los lirios del valle, América, América, Cleopatra, La conquista del oeste*

MEJOR PELÍCULA EXTRANJERA

FELLINI 8 1/2 Por: *Federico Fellini*
Filme autobiográfico y referencia obligada para cineastas como Woody Allen.
Nominadas: *Los tarantos, El cuchillo en el agua, Koto*

MEJOR ACTOR

SIDNEY POITER Por: *Los lirios del valle*

Nominados: Rex Harrison, Paul Newman, Richard Harris, Albert Finney

MEJOR ACTOR SECUNDARIO
MELVYN DOUGLAS Por: *Hud*
Nominados: Hugh Griffith, John Huston, Nick Adams, Bobby Darin

MEJOR ACTRIZ
PATRICIA NEAL Por: *Hud*
Nominadas: Shirley MacLaine, Leslie Caron, Natalie Wood, Raquel Roberts

MEJOR ACTRIZ SECUNDARIA
MARGARET RUTHERFORD Por: *Hotel Internacional*
Nominadas: Joyce Redman, Diane Cilento, Edith Evans, Lilia Skala

MEJOR DIRECTOR
TONY RICHARDSON Por: *Tom Jones*
Nominados: Otto Preminger, Federico Fellini, Elia Kazan, Martin Ritt

MEJOR GUIÓN ADAPTADO
JOHN OSBORNE Por: *Tom Jones*
MEJOR GUIÓN ORIGINAL
JAMES R. WEBB Por: *La conquista del oeste*

MEJOR FOTOGRAFÍA EN BLANCO Y NEGRO
JAMES WONG HOWE Por: *Hud*
MEJOR FOTOGRAFÍA EN COLOR
LEON SHAMROY Por: *Cleopatra*

MEJOR SONIDO
FRANKLIN E. MILTON Por: *La conquista del oeste*
MEJOR CANCIÓN
LLÁMAME IRRESPONSABLE de: *Papa's Delicate Condition*
MEJOR BANDA SONORA ORIGINAL
JOHN ADDISON Por: *Tom Jones*

MEJOR MONTAJE
HAROLD F. KRESS Por: *La conquista del oeste*
MEJOR VESTUARIO
IRENE SHARAFF, VITTORIO NINO Por: *Cleopatra*
MEJOR VESTUARIO EN BLANCO Y NEGRO
PIERO GHERRARDI, OTTO E MEZZO Por: *Fellini 8 1/2*

MEJORES EFECTOS ESPECIALES
EMIL KOSA Por: *Cleopatra*

OSCAR EN MEMORIA DE IRVING THALBERG
SAM SPIEGEL
Fue productor de películas como "Lawrence de Arabia", "El puente sobre el río Kwai" y "La ley del silencio".

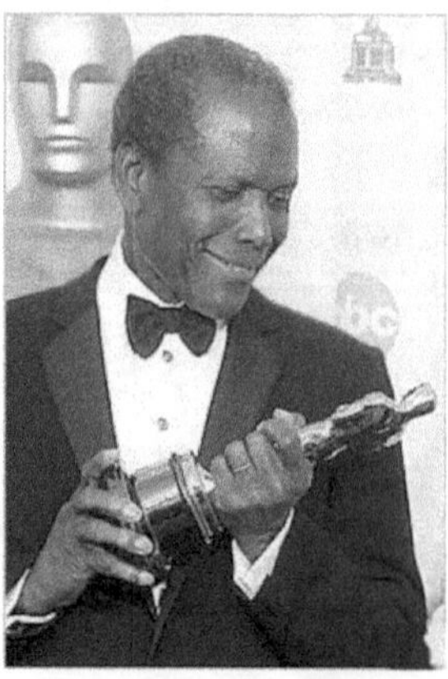

Sidney Poitier

Año 1964

37th Awards: 5 de abril de 1965, 7:00 p.m.
Lugar: Santa Monica Civic Auditorium, Santa Monica
Presentador: Bob Hope

Con intervenciones de Alain Delon, Gene Kelly, Fred Astaire, Joan Crawford, Deborah Kerr, Gregory Peck y Judy Garland, el interés mayor estuvo centrado en el duelo entre "My Fair lady" y "Mary Poppins".

MEJOR PELÍCULA

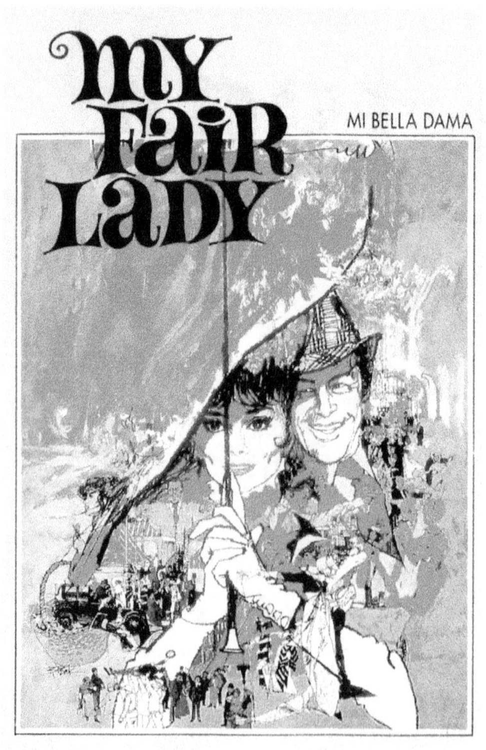

MY FAIR LADY
(My Fair lady)
Nuevamente es un musical la película triunfadora de este año, ahora tomando como base Pygmalion, una buena obra literaria de Bernard Shaw escrita en 1914. Interpretada por un plantel de actores inigualables, entre ellos Rex Harrison y Audrey Hepburn (quien desplazaría a Julie Andrews), nos muestra una bella historia rodada en decorados magistrales, tanto que ni siquiera echamos de menos unos exteriores reales.

Nominadas: *Zorba el griego, Becket, Mary Poppins, Teléfono rojo ¿volamos hacia Moscú?*

MEJOR PELÍCULA EXTRANJERA
AYER, HOY Y MAÑANA Por: Vittorio de Sica
Nominadas: *Los paraguas de Cherburgo, Sallah, Suna no Onna, Kvarteret Korpen*

MEJOR ACTOR
REX HARRISON Por: *My Fair Lady*
Nominados: Peter Sellers, Richard Burton, Peter O'Toole, Anthony Quinn

MEJOR ACTOR SECUNDARIO
PETER USTINOV Por: *Topkapi*
Nominados: Edmond O'Brien, Lee Tracy, John Gielgud, Stanley Holloway

MEJOR ACTRIZ
JULIE ANDREWS Por: *Mary Poppins*
Esta actriz y cantante, nacida como Julia Wells el 1 de octubre de 1935 en Walton-on-Thames, Inglaterra, fue descubierta cuando apenas era una niña gracias a su voz, debutando cuando tenía 19 años en Broadway interpretando "The Boy Friend". Más tarde, cuando estrenó otra obra teatral, *My Fair Lady*, en 1956, confirmó que también era una gran actriz, aunque no consiguió el papel en el cine.
Su debut en la gran pantalla fue encarnando a la protagonista de "Mary Poppins" (1964), con el que consiguió el Oscar de Hollywood. Otros filmes suyos son: "Sonrisa y lágrimas" (que batió taquillas pero dio una imagen falsa de sí misma), "Millie, una chica moderna" (1967), "S.O.B." (1981) donde mostró por primera vez sus pechos, "Víctor o Victoria" (1982), en un maravilloso trabajo como travestido, etc. Muchas de sus películas fueron trabajando con su marido, el realizador cinematográfico Blake Edwards.

Nominadas: Debbie Reynolds, Anne Bancroft, Sophia Loren, Kim Stanley

MEJOR ACTRIZ SECUNDARIA
LILA KEDROVA Por: *Zorba el griego*
Nominadas: Gladys Cooper, Edith Evans, Grayson Hall, Agnes Moorehead

MEJOR DIRECTOR
GEORGE CUKOR Por: *My Fair Lady*
Nominados: Stanley Kubrick, Peter Gleville, Robert Stevenson, Michael Cacoyannis

MEJOR GUIÓN ADAPTADO
EDWARD ANHALT Por: *Becket*
MEJOR GUIÓN ORIGINAL
S.H. BERNETT, PETER STONE, FRANK TARLOFF Por: *Operación Whisky*

MEJOR FOTOGRAFÍA EN BLANCO Y NEGRO
WALTER LASSALLY Por: *Zorba el griego*
MEJOR FOTOGRAFÍA EN COLOR
HARRY STRADLING *Por: My Fair Lady*

MEJOR DECORACIÓN EN COLOR
GENE ALLEN, CECIL BEATON, GEORGE JAMES Por: *My Fair Lady*

MEJOR SONIDO
GEORGE R. GROVES Por: *My Fair Lady*
MEJOR CANCIÓN
CHIM CHIM CHER'HI de: *Mary Poppins*

MEJOR BANDA SONORA ORIGINAL
RICHARD M. SHERMAN, ROBERT M. SHERMAN
Por: *Mary Poppins*
MEJOR BANDA SONORA ADAPTADA
ANDRE PREVIN Por: *My Fair Lady*
MEJORES EFECTOS SONOROS
NORMAN WANSTALL Por: *Goldfinger*

MEJOR VESTUARIO EN COLOR
CECIL BEATON Por: *My Fair Lady*
MEJOR VESTUARIO EN BLANCO Y NEGRO
DOROTHY JEAKINS Por: *La noche de la iguana*

MEJORES EFECTOS ESPECIALES
PETER ELLENSHAW Por: *Mary Poppins*

OSCAR ESPECIAL
WILLIAM TUTTLE Por: *Las siete caras del Dr. Lao.* Esta obra de 1964, protagonizada por Tony Randall y Barbara Eden, cuenta con unos efectos especiales notorios de George Pal, además de los sorprendentes maquillajes.

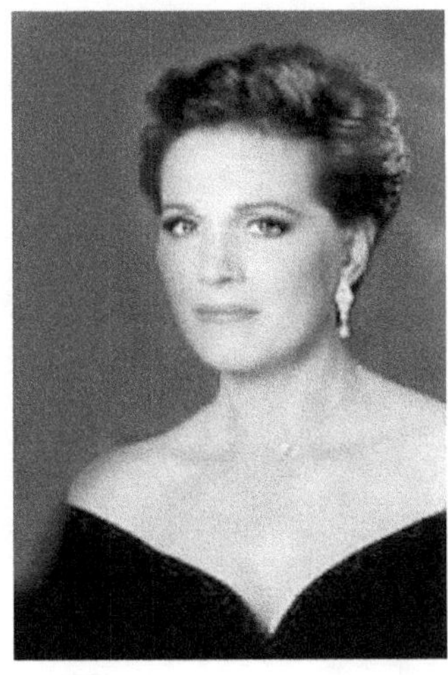

Julie Andrews

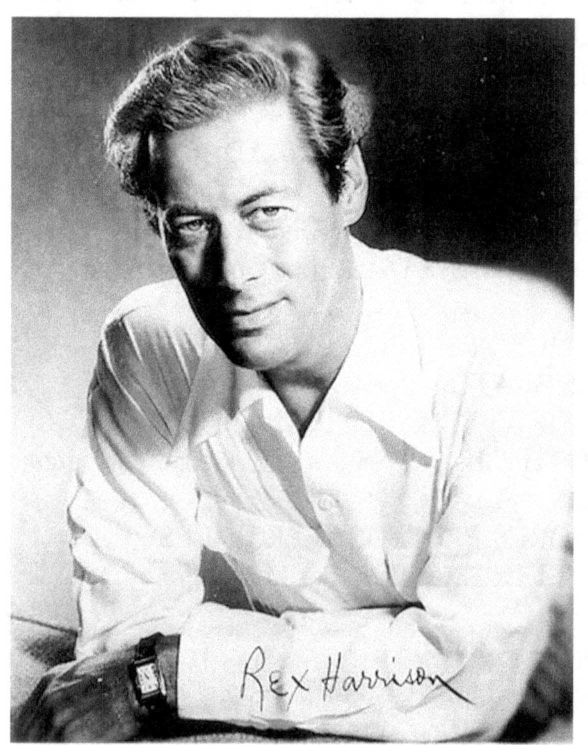

Red Harrison

Año 1965

38th Awards: 18 de abril de 1966, 7:00 p.m.
Lugar: Santa Monica Civic Auditorium, Santa Monica
Presentador:Bob Hope

Fue la primera vez que se retransmitió en color, estando como invitada especial Lynda Bird Johnson, hija del presidente de los Estados Unidos. Las canciones nominadas fueron interpretadas por Liza Minnelli, Robert Goulet y Jane Morgan, mientras que hubo bailes a cargo de Cyd Charisse y James Mitchell.

MEJOR PELÍCULA

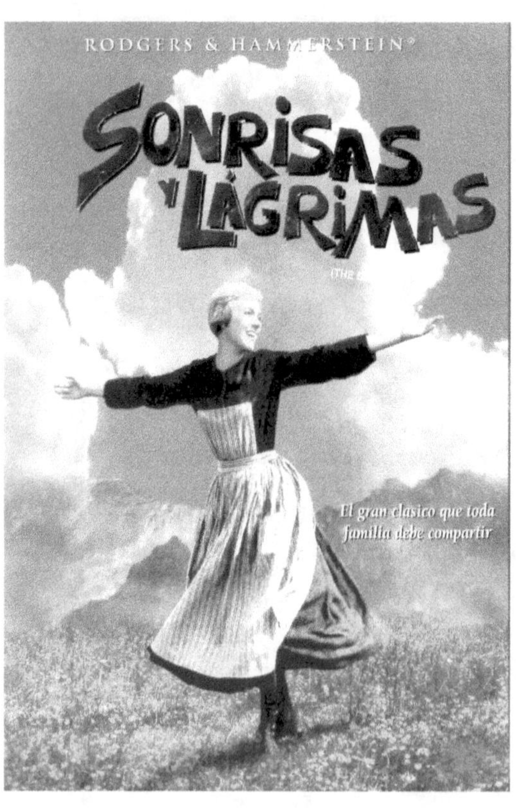

SONRISAS Y LÁGRIMAS *(The Sound of Music)*
Esta historia romántica, ambientada en la Austria de 1930, nos relata las andanzas de la novicia María, quien es enviada como institutriz a casa del Barón Van Trapp, un viudo galán que lleva su hogar con mano rígida. Y así, al son de canciones como *Do, re, mi*, este filme musical supuso un acontecimiento sin precedentes y la consolidación de Julie Andrews como actriz.
Nominadas: *El barco de los locos, Darling, Doctor Zhivago, Mil payasos*

MEJOR PELÍCULA EXTRANJERA
LA TIENDA DE LA CALLE MAYOR Por: Jan Kadar
Nominadas: *Matrimonio a la italiana, Kwaidan*

MEJOR ACTOR
LEE MARVIN Por: *La ingenua explosiva*
Nominados: Rod Steiger, Richard Burton, Laurence Olivier, Oskar Hartman

MEJOR ACTOR SECUNDARIO
MARTIN BALSAM Por: *Mil Payasos*
Nominados: Frank Finlay, Iann Bannen, Tom Courtenay, Michael Dunn

MEJOR ACTRIZ
JULIE CHRISTIE Por: *Darling*
Nominadas: Elizabeth Hartman, Julie Andrews, Samantha Eggar, Simone Signoret

MEJOR ACTRIZ SECUNDARIA
SHELLEY WINTERS Por: *Un retazo de azul*
Nominadas: Ruth Gordon, Peggy Wood, Joyce Redman, Maggie Smith

MEJOR DIRECTOR
ROBERT WISE Por: *Sonrisas y lágrimas*
Nominados: William Wyler, David Lean, John Schlesinger, Hiroshi Teshigahara

MEJOR GUIÓN ADAPTADO
ROBERT BOLT Por: *Doctor Zhivago*
MEJOR GUIÓN ORIGINAL
FREDERICK RAPHAEL Por: *Darling*

MEJOR FOTOGRAFÍA EN BLANCO Y NEGRO

ERNEST LASZLO Por: *El barco de los locos*

MEJOR FOTOGRAFÍA EN COLOR

FREDDIE YOUNG Por: *Doctor Zhivago*

MEJOR SONIDO

JAMES P. CORCORAN, FRED HYNES Por: *Sonrisas y lágrimas*

MEJOR CANCIÓN

LA SOMBRA DE TU SONRISA de: *Castillos en la arena*

MEJOR BANDA SONORA

MAURICE JARRE Por: *Doctor Zhivago*

MEJOR BANDA SONORA ADAPTADA

IRWIN KOSTAL Por: *Sonrisas y lágrimas*

MEJORES EFECTOS SONOROS

TREGOWETH BROWN Por: *La carrera del siglo*

MEJOR MONTAJE

WILLIAM REYNOLDS Por: *Sonrisas y lágrimas*

MEJOR VESTUARIO

PHYLLIS DALTON Por: *Doctor Zhivago*

MEJOR VESTUARIO EN BLANCO Y NEGRO

JULIE HARRIS Por: *Darling*

MEJORES EFECTOS ESPECIALES

JOHN STEARS Por: *Operación trueno*

OSCAR HUMANITARIO JEAN HERSHOLT

EDMOND L. DEPATIE

OSCAR ESPECIAL

WILLIAM WYLER y **BOB HOPE** Por sus distinguidos servicios al cine y a la Academia.

Año 1966

Awards: 10 de abril de 1967, 7:00 p.m.
Lugar: Santa Monica Civic Auditorium, Santa Monica
Presentador: Bob Hope

La huelga de televisión estuvo a punto de malograr el acto, aunque finalmente se pudo retransmitir con algún retraso. Fred Astaire y Gingers Rogers efectuaron juntos unos pasos de baile, aunque hubo una nota discordante al no estar presentes la mayoría de los actores premiados. Walter Matthau fue uno de los actores que asistieron.

MEJOR PELÍCULA

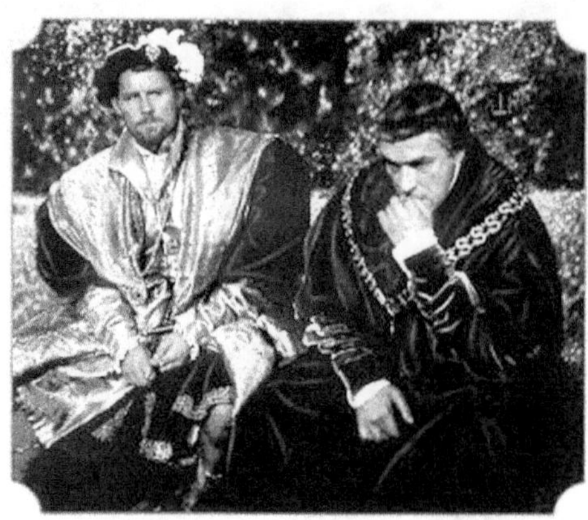

UN HOMBRE PARA LA ETERNIDAD *(A Man For All Seasons)*
Basada en la vida del estadista Thomas Moro, el filme, premiado con 6 Oscars, tuvo un gran impacto popular.
Nominadas: *¿Quién teme a Virginia Wolf?, ¡Qué vienen los rusos!, Alfie, El Yang-Tsé en llamas*

MEJOR PELÍCULA EXTRANJERA
UN HOMBRE Y UNA MUJER: Por: Claude Lelouch
Nominadas: *Los amores de una rubia, La batalla de Argel, Faraón, Tri*

MEJOR ACTOR
PAUL SCOFIELD Por: *Un hombre para la eternidad*
Nominados: Richard Burton, Alan Arkin, Michael Caine, Steve McQueen

MEJOR ACTOR SECUNDARIO
WALTER MATTHAU Por: *En bandeja de plata*
Este actor norteamericano de aspecto desgarbado, encorvado y sumamente gruñón, capaz de interpretar con el mismo acierto una comedia que un drama, formó junto a Jack Lemmon una de las parejas más importantes del cine de los últimos 40 años.
Hijo de inmigrantes rusos, judíos y pobres, nacido en el Lower East Side de Nueva York, se inició en el teatro y el musical de Broadway, consiguiendo su primer papel en el filme "A un paso de la muerte", aunque el reconocimiento mundial le llegó con su papel de Oscar Madison, escrito especialmente para él. Con la versión fílmica de "La extraña pareja", así como con "Primera plana", la leyenda estaba ya creada a su alrededor. En los 90 volvió a trabajar con Lemon en la saga "Dos viejos gruñones", interpretando su último trabajo en "Colgadas", junto a Diane Keaton.
Nominados: James Mason, Mako, George Seagal, Robert Shaw

MEJOR ACTRIZ
ELIZABETH TAYLOR Por: *¿Quién teme a Virginia Wolf?*
Nominadas: Vanessa Redgrave, Anouk Aimée, Ida Kaminska, Lynn Redgrave

MEJOR ACTRIZ SECUNDARIA

SANDY DENNIS Por: *¿Quién teme a Virginia Wolf?*
Nominadas: Wendy Hiller, Geraldine Page, Jocelyn Lagarde, Vivien Merchant

MEJOR DIRECTOR
FRED ZINNEMANN Por: *Un hombre para la eternidad*
Nominados: Mike Nichols, Michelangelo Antonioni, Richard Brooks, Claude Lelouch

MEJOR GUIÓN ADAPTADO
ROBERT BOLT Por: *Un hombre para la eternidad*
MEJOR GUIÓN ORIGINAL
CLAUDE LELOUCH, PIERRE UYTTERHOEVEN Por: *Un hombre y una mujer*

MEJOR FOTOGRAFÍA EN BLANCO Y NEGRO
HASKELL WEXLER Por: *¿Quién teme a Virginia Wolf?*
MEJOR FOTOGRAFÍA EN COLOR
TED MOORE Por: *Un hombre para la eternidad*

MEJOR SONIDO
FRANKLIN E. MILTON Por: *Gran prix*

MEJOR CANCIÓN
NACIDA LIBRE de: *Nacida libre*
MEJOR BANDA SONORA
JOHN BARRY Por: *Nacida libre*

MEJORES EFECTOS SONOROS
GORDON DANIEL Por: *Gran prix*

MEJOR MONTAJE
FREDRIC STEINKAMP, HENRY BERMAN, STE-

WART LINDER Por: *Gran prix*

MEJOR VESTUARIO EN COLOR

ELIZABETH HEFFENDEN, JOAN BRIDGE Por: *Un hombre para la eternidad*

MEJOR VESTUARIO EN BLANCO Y NEGRO

IRENE SHARAFF Por: *¿Quién teme a Virginia Wolf?*

MEJORES EFECTOS ESPECIALES

ART CRUICKSSHANK Por: *Viaje alucinante*

OSCAR HUMANITARIO JEAN THALBERG

GEORGE BAGNALL

OSCAR ESPECIAL

Y. FRANK FREEMAN Por sus 30 años al servicio de la Academia

YAKIMA CANUTT Por los dispositivos de seguridad empleados con los especialistas y dobles

OSCAR EN MEMORIA DE IRVING THALBERG

ROBERT WISE

Este director versátil, pues fue capaz de hacer obras tan dispares como "La amenaza de Andrómeda", "Ultimátum a la Tierra", "Sonrisas y lágrimas", "¡Quiero vivir!" y "Star Trek, la película", nació en 1914, siendo colaborador de Orson Welles en el filme "Ciudadano Kane". Ha sido galardonado también con un premio Milestone, el mayor honor que otorgan los productores estadounidenses, por sus "aportes históricos", según informó ese día la Unión de Productores estadounidenses.

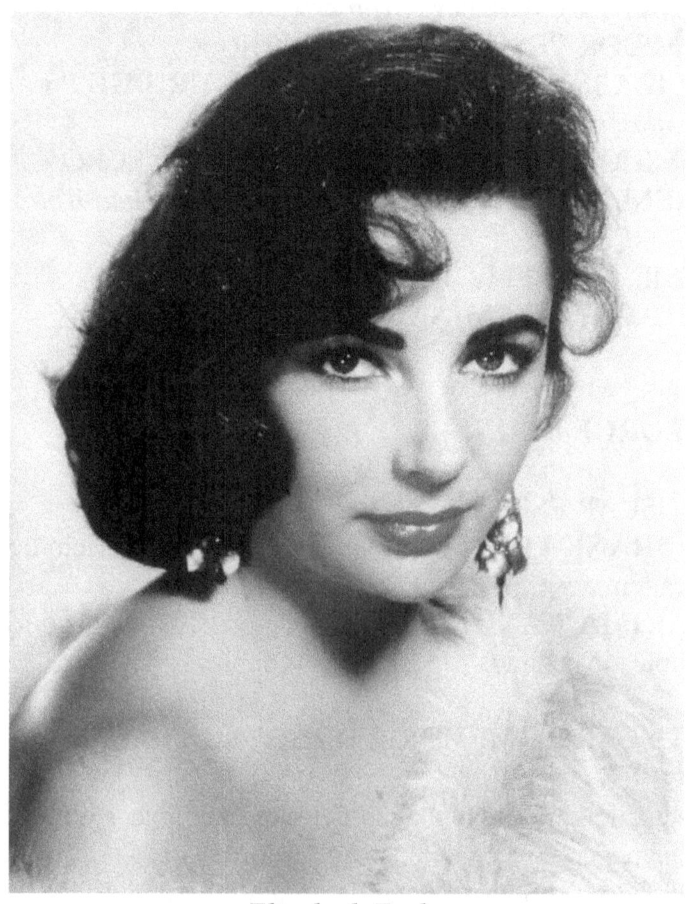

Elizabeth Taylor

AÑO 1967

40th Awards: 10 de abril de 1968
Lugar: Santa Monica Civic Auditorium, Santa Monica
Presentador: Bob Hope

La buena política de Gregory Peck logró que la mayoría de los actores premiados estuvieran presentes y que Angela Lansbury se marcara unos pasos de charlestón.

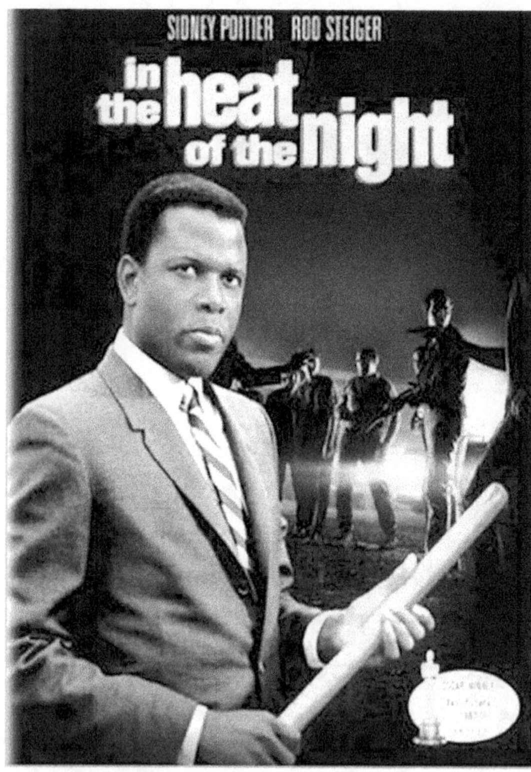

MEJOR PELÍCULA

EN EL CALOR DE LA NOCHE ***(In the Heat of the Night)***
Tibbs es un inspector de policía que investiga un crimen en un apacible lugar de Missisipi. Tuvo algún remake con igual éxito.

Nominadas: *Adivina quién viene esta noche, Bonnie and Clyde, El extravagante Dr. Dolittle, El graduado*

MEJOR PELÍCULA EXTRANJERA
TRENES RIGUROSAMENTE VIGILADOS Por: Jiri Menzel
Nominadas: *El amor brujo, Vivir para vivir, Encontré cín-*

garos felices

MEJOR ACTOR

ROD STEIGER Por: *En el calor de la noche*

Nominados: Paul Newman, Warren Beatty, Dustin Hoffman, Spencer Tracy

MEJOR ACTOR SECUNDARIO

GEORGE KENNEDY Por: *La leyenda del indomable*

Nominados: Gene Hackman, John Cassavetes, Cecil Kellaway, Michael J. Pollard

MEJOR ACTRIZ

KATHARINE HEPBURN Por: *Adivina quién viene esta noche*

Nominadas: Faye Dunaway, Anne Bancroft, Audrey Hepburn, Edith Evans

MEJOR ACTRIZ SECUNDARIA

ESTELLE PARSONS Por: *Bonnie and Clyde*

Nominadas: Beath Richards, Carol Channing, Mildred Natwick, Katharine Ross

MEJOR DIRECTOR

MIKE NICHOLS Por: *El graduado*

Nominados: Arthur Penn, Richard Brooks, Norman Jewinson. Stanley Kramer

MEJOR GUIÓN ADAPTADO

STIRLLING SILLIPHANT Por: *En el calor de la noche*

MEJOR GUIÓN ORIGINAL

WILLIAM ROSE Por: *Adivina quién viene esta noche*

MEJOR FOTOGRAFÍA

BURNETT GUFFEY Por: *Bonnie and Clyde*

MEJOR SONIDO

WALTER GOSS Por: *En el calor de la noche*

MEJOR CANCIÓN

HABLA CON LOS ANIMALES de: *El extravagante Dr. Dolittle*

MEJOR BANDA SONORA

ELMER BERNSTEIN Por: *Millie, una chica moderna*

MEJOR BANDA SONORA ADAPTADA

ALFRED NEWMAN Por: *Camelot*

MEJORES EFECTOS SONOROS

JOHN POYNER Por: *Doce del patíbulo*

MEJOR MONTAJE

HAL ASHBY Por: *En el calor de la noche*

MEJOR VESTUARIO

JOHN TRUSCOTT Por: *Camelot*

MEJORES EFECTOS ESPECIALES

L. B. ABBOTT Por: *El extravagante Dr. Dolittle*

OSCAR EN MEMORIA DE IRVING THALBERG

SIR ALFRED HICHCOCK Por su larga trayectoria cinematográfica.

OSCAR ESPECIAL

ARTHUR FREED Por su trabajo en el cine musical y haber producido seis transmisiones de los Oscars por televisión

OSCAR HUMANITARIO JEAN HERSHOLT

GREGORY PECK Por contribuir con su ejemplo al

AÑO 1968

41st Awards: 14 de abril de 1969, 7:00 p.m.
Lugar: Dorothy Chandler Pavilion, Los Angeles County Music Center
Presentadores: Ingrid Bergman, Diahann Carroll, Tony Curtis, Jane Fonda, Burt Lancaster, Walter Matthau, Sidney Poitier, Rosalind Russell, Frank Sinatra, Natalie Wood

entendimiento entre la gente del cine.
La mayor ssorpresa estuvo en galardonar a dos actrices (Barbra Streisand, Katharine Hepburn) con el premio a la Mejor Actriz. La ceremonia, que alcanzó una audiencia televisiva en diferido de 600 millones de personas, tuvo una duración de 56 minutos.

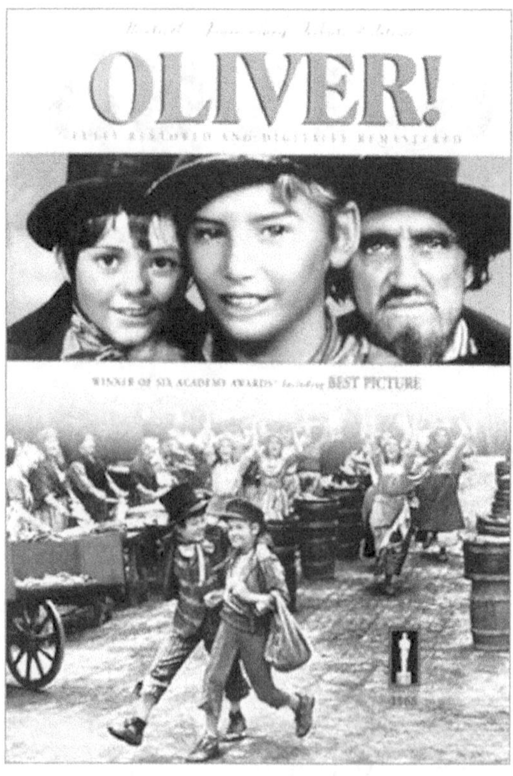

MEJOR PELÍCULA

OLIVER ***(Oliver)***

Éxito de público para este musical basado en una obra de Dickens y que convirtió a su protagonista Mark Lester en ídolo.

Nominadas: *El león en invierno, Funny Girl, Rachel, Rachel, Romeo y Julieta*

MEJOR PELÍCULA EXTRANJERA

GUERRA Y PAZ Por: Sergio Bondarchuk

No debe confundirse con el filme del mismo título de King Vidor (1956), pues lo cierto es que es una co-producción Rusia/Italia, lo que le permitió competir con ventaja por el Oscar a la Mejor Película extranjera.

Nominadas: *Besos robados, La muchacha con pistola, El baile de los bomberos*

MEJOR ACTOR

CLIFF ROBERTSON Por: *Charly*

Nominados: Ron Moody, Alan bates, Alan Arkin, Peter O'Toole

MEJOR ACTOR SECUNDARIO

JACK ALBERTSON Por: *Una historia de tres extraños*

Nominados: Jack Wild, Gene Wilder, Seymour Cassel, Daniel Massey

MEJORES ACTRICES

KATHARINE HEPBURN, BARBRA STREISAND

Por: *El león en invierno y Funny Girl* (respectivamente)

Nacida en 1907, en Connecticut, Katharine Houghton Hepburn hizo su debut en Broadway con obras de Shakespeare, aunque no se convirtió en estrella hasta que se unió artística y sentimentalmente a Spencer Tracy, con quien nunca se casó. Antes de fallecer en 2003 nos dejó obras como *La reina de África, Historias de Filadelfia y En el estanque dorado.* Su último filme fue *Un asunto de amor* en 1994. Consiguió 4 Oscars y 8 nominaciones.

Nominadas: Joanne Woodward, Patricia Neal, Vanessa Redgrade

MEJOR ACTRIZ SECUNDARIA

RUTH GORDON Por: *La semilla del diablo*

Nominadas: Kay Medford, Estelle Parsons, Lynn Carlin

MEJOR DIRECTOR

CAROL REED Por: *Oliver*

Nominados: Stanley Kubrick, Francesco Zeffirelli, Anthony Harvey

MEJOR GUIÓN ADAPTADO

JAMES GOLDMAN Por: *El león en invierno*

MEJOR GUIÓN ORIGINAL

MEL BROOKS Por: *Los productores*

MEJOR FOTOGRAFÍA

PASCUALINO DE SANTIS Por: *Romeo y Julieta*

MEJOR SONIDO

JAMES P. CORCORAN Por: *Oliver*

MEJOR CANCIÓN

LOS MOLINOS DE TU ESPÍRITU de: *El caso Thomas Crown*

MEJOR BANDA SONORA

JOHN BARRY Por: *El león en invierno*

MEJOR BANDA SONORA ADAPTADA

JOHN GREEN Por: *Oliver*

MEJOR MONTAJE

FRANK P. KELLER Por: *Bullit*

MEJOR VESTUARIO

DANILO DONATI Por: *Romeo y Julieta*

MEJORES EFECTOS ESPECIALES

STANLEY KUBRICK Por: *2.001: una odisea del espacio.*

Stanley Kubrick recibió 13 nominaciones en su vida: cuatro de ellas fueron al mejor director y otras cinco al mejor guión. En cambio, el único Oscar que se llevó fue por los efectos especiales de "2001: Una odisea del espacio" (1968). Dicen que su manera de ser y su alejamiento de los circuitos comerciales de Hollywood, le hicieron quedarse a las puertas de los premios de la Academia. Le recordamos especialmente por "Lolita", "Espartaco", "La naranja mecánica" y"Eye Wide Shut", filme que no logró ver su estreno pues murió unos días antes, en marzo de 1999.

OSCAR HUMANITARIO JEAN HERSHOLT

MARTHA RAYE

Esta actriz se hizo famosa por el orgullo que mostraba cuando lucía el uniforme militar, llegando a ser considerada una referencia para el ejército.

OSCAR ESPECIAL

JOHN CHAMBERS Por su excelente trabajo en *El planeta de los simios*

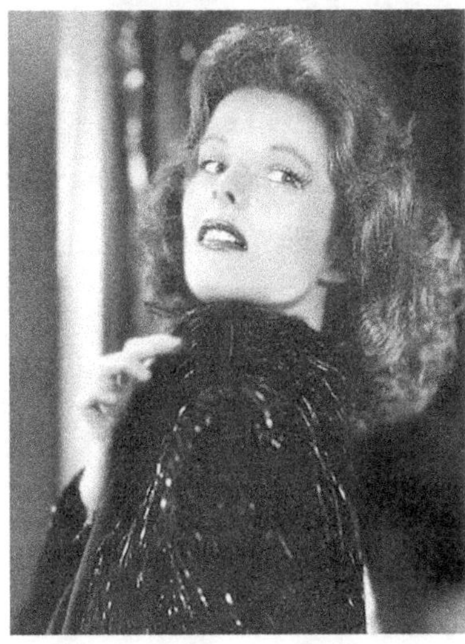

Katharine Hepburn

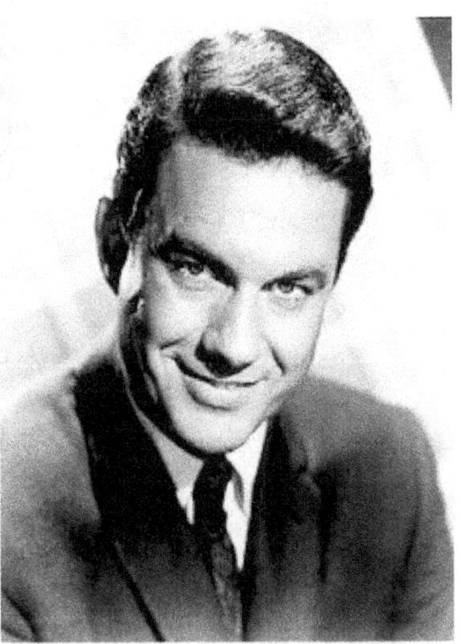

Cliff Robertson

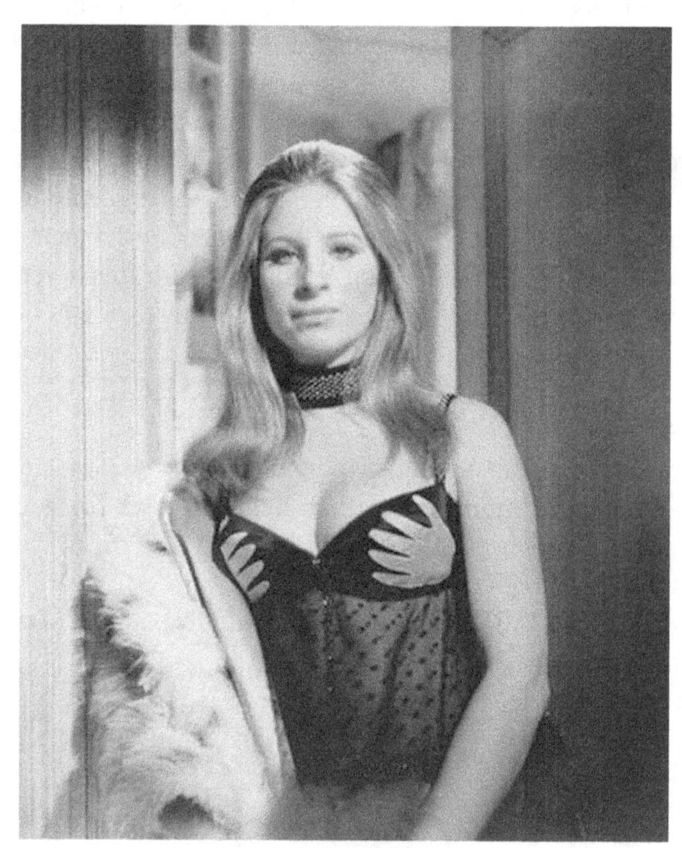

Barbra Streisand

AÑO 1969

42nd Awards: 7 de abril de 1970, 7:00 p.m.
Lugar: Dorothy Chandler Pavilion, Los Angeles County Music Center
Presentadores: Barbara Streisand, Bob Hope, Myrna Loy, Fred Astaire, Clint Eastwood, Elizabeth Taylor.

ONNA WHITE Por la extraordinaria coreografía de *Oliver*

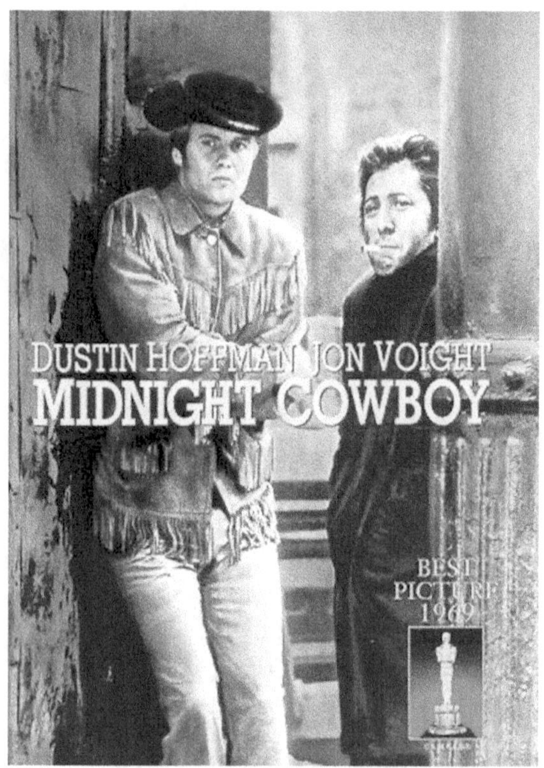

MEJOR PELÍCULA

COWBOY DE MEDIANOCHE ***(Midnight Cowboy)*** En 1969, cuando se estrenó la película, los críticos se quejaron de las muchas canciones incluidas en la banda sonora, algunas de ellas tan bellas que distraían al espectador. Mucha gente se preguntó qué hubiera pasado si se volviera a exhibir el filme sin esa banda sonora o al menos quitando la mitad de las estupendas baladas. Indudablemente el filme no es una obra musical, en la cual las canciones se integran perfectamente en el argumento, pero si quitamos esas canciones también deberemos eliminar todas esas escenas de paseo a caballo, en autobuses y los paseos por las calles lluviosas, las largas esperas, con lo cual dejaríamos sin interés la película. La respuesta, nosotros la sabemos ahora, es que todo fue elaborado de manera muy inteligente y que la música es un elemento imprescindible

en la narración de la película, especialmente por que la letra nos cuenta muchos detalles.
"Cowboy de medianoche" fue clasificada "X" por el MPAA cuando fue estrenada por primera vez, y se convirtió en la primera y última película clasificada X que ganó un Oscar de la Academia como mejor película. Con el paso del tiempo, tanto el desnudo, como la prostitución y la homosexualidad, han dejado de asustar. Después, la película fue reclasificada como "R" y en cierto sentido es lógica esa nueva evaluación, pues la realidad es que "Cowboy de medianoche" presenta un realismo desagradable sobre la vida callejera de las ciudades americanas.

Nominadas: *Hello, Dolly, Ana de los mil días, Dos hombres y un destino*

MEJOR PELÍCULA EXTRANJERA
"Z" Por: Costa Gavras
Nominadas: *Mi noche con Maud, Adalen 31*

MEJOR ACTOR
JOHN WAYNE Por: *Valor de ley*
Premio tardío para este icono del cine norteamericano, pero que le produjo tal satisfacción que al regresar de Los Angeles con la estatuilla, encargó una reproducción de la misma para todo el equipo técnico y artístico que había realizado la película; reproducciones que tenían la particularidad de llevar un ojo tapado con un parche negro. "Durante años los críticos dijeron que yo no era un gran actor –comentó-. Bueno, no hay que preocuparse. A la gente le gustan mis películas y eso es todo lo que cuenta". Su última interpretación fue en "El último pistolero", en 1976.

Nominados: Peter O'Toole, Richard Burton, Dustin Hoffman, Jon Voight

MEJOR ACTOR SECUNDARIO

GIG YOUNG Por: *Danzad, Danzad, malditos*

Nominados: Elliot Gould, Rupert Crosse, Jack Nicholson, Anthony Quayle

MEJOR ACTRIZ

MAGGIE SMITH Por: *Los mejores años de Miss Brodie*

Nominadas: Genevieve Bujold, Jane Fonda, Liza Minnelli, Jean Simmons

MEJOR ACTRIZ SECUNDARIA

GOLDIE HAWN Por: *Flor de cactus*

Nominadas: Susanna York, Catherine Burns, Dyan Cannon, Sylvia Miles

MEJOR DIRECTOR

JOHN SCHLESINGER Por: *Cowboy de medianoche*

Nominados: Sydney Pollack, Arthur Penn, Costa-Bravas, George Roy Hill

MEJOR GUIÓN ADAPTADO

WALDO SALT Por: *Cowboy de medianoche*

MEJOR GUIÓN ORIGINAL

WILLIAM GOLDMAN Por: *Dos hombres y un destino*

MEJOR FOTOGRAFÍA

CONRAD HALL Por: *Dos hombres y un destino*

MEJOR SONIDO

JACK SOLOMON, MURRAY SPIVACK Por: *Hello, Dolly*

MEJOR CANCIÓN
GOTAS DE LLUVIA de: *Dos hombres y un destino*
MEJOR BANDA SONORA
BURT BACHARACH Por: *Dos hombres y un destino*
MEJOR BANDA SONORA ADAPTADA
LENNIE HAYTON, LIONEL NEWMAN Por: *Hello, Dolly*

MEJOR MONTAJE
FRANÇOISE BONNOT Por: *"Z"*

MEJOR VESTUARIO
MARGARET FURSE Por: *Ana de los mil días*

MEJORES EFECTOS ESPECIALES
ROBBIE ROBERTSON Por: *Atrapados en el espacio*

OSCAR HUMANITARIO JEAN HERSHOLT
GEORGE JESSEL
Este actor y productor fue quien sugirió a la pequeña Frances para que cambiara su nombre por el de Judy Garland. También fue uno de los artífices en el desarrollo del cine sonoro.

OSCAR ESPECIAL
CARY GRANT Por su dominio de la interpretación, con el respeto y afecto de sus colegas.
Cary Grant es una de las grandes estrellas olvidadas por la Academia de Hollywood. Le nominaron al mejor actor por *Serenata nostálgica* (1941) y *Un corazón en peligro* (1944), pero no obtuvo la estatuilla por ninguna de las dos. Lo curioso es que años más tarde le dieron un Oscar honorífico por su "maestría única en el arte de la interpre-

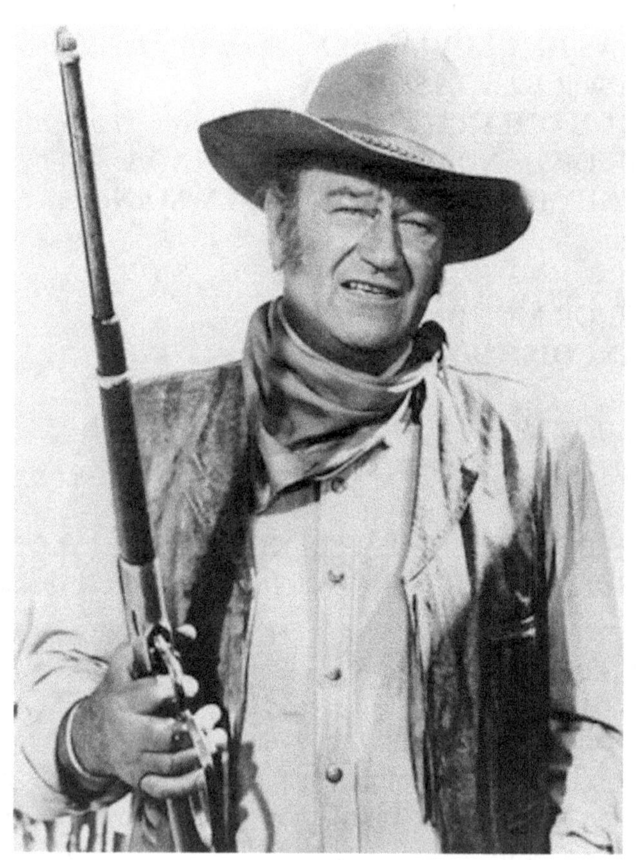

John Wayne

Año 1970

43rd Awards: 15 de abril de 1971, 7:00 p.m.
Lugar: Dorothy Chandler Pavilion, Los Angeles County
Presentadores: Merle Oberon, Walter Matthau, Steve McQueen, Jeanne Moreau, Janet Gaynor, Maggie Smith.

tación cinematográfica". Su último filme fue *Apartamento para tres* (1966).
Harry Belafonte, Pétula Clark, Shirley Jones y Burt Lancaster, interpretaron las canciones nominadas.

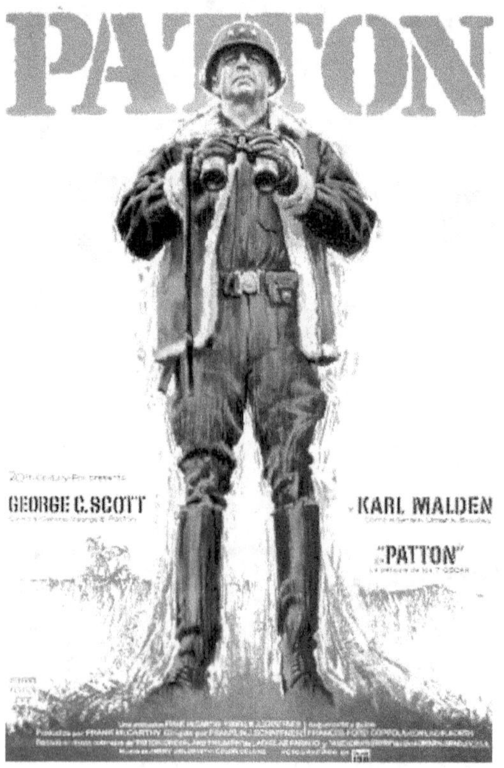

MEJOR PELÍCULA

PATTON
(Patton)
La vida de este general norteamericano, acusado de emplear métodos crueles con la tropa, fue recreada con éxito y acierto gracias al guión de Coppola.
Algunos exteriores se rodaron en España.

Nominadas: *Love Story, Aeropuerto, Mi vida es mi vida*

MEJOR PELÍCULA EXTRANJERA
INVESTIGACIÓN SOBRE UN CIUDADANO LIBRE DE SOSPECHA Por: Elio Petri
Nominadas: *Tristana*

MEJOR ACTOR
GEORGE C. SCOTT Por: *Patton*
Scott volvió a rechazar el premio, tal como hizo cuando fue nominado por "El buscavidas", alegando que los premios son solamente una cuestión comercial y no artística. Por supuesto, no estaba presente cuando le quisieron entregar este Oscar.
Nominados: Jack Nicholson, Melvyn Douglas, James Earl Jones, Ryan O'Neal

MEJOR ACTOR SECUNDARIO
JOHN MILLS Por: *La hija de Ryan*
Nominados: Richard Castellano, Gene Hackman, Jefe Dan George

MEJOR ACTRIZ
GLENDA JACKSON Por: *Mujeres enamoradas*
Nominadas: Sara Miles, Jane Alexander, Ali MacGraw

MEJOR ACTRIZ SECUNDARIA
HELEN HAYES Por: *Aeropuerto*
Nominadas: Karen Black, Lee Grant, Maureen Stapleton, Sally Kellerman

MEJOR DIRECTOR
FRANKLIN J. SCHAFFNER Por: *Patton*
Nominados: Federico Fellini, Ken Russell, Arthur Hiller, Robert Altman

MEJOR GUIÓN ADAPTADO
RING LARDNER Por: *M.A.S.H.*

MEJOR GUIÓN ORIGINAL

FRANCIS FORD COPPOLA, EDMUND H. NORTH Por: *Patton*

MEJOR FOTOGRAFÍA

FREDDIE YOUNG Por: *La hija de Ryan*

MEJOR SONIDO

DOUGLAS WILLIAMS, DON BASSMAN Por: *Patton*

MEJOR CANCIÓN

AHORA PARA TODOS NOSOTROS de: *Amores con un extraño*

MEJOR BANDA SONORA ORIGINAL

FRANCIS LAI Por: *Love Story*

MEJOR BANDA SONORA ADAPTADA

THE BEATLES Por: *Let it be*

Que este cuarteto musical procedente de Liverpool haya sido galardonado con un Oscar no es de dominio público, aunque es un justo reconocimiento a su buen hacer musical.

MEJOR MONTAJE

HUGH S. FOWLER Por: *Patton*

MEJOR VESTUARIO

NINO NOVARESE Por: *Cromwell*

MEJORES EFECTOS ESPECIALES

A.D. FLOWERS, L.B. ABBOTT Por: *Tora, Tora, Tora*

OSCARS ESPECIALES

FRANK SINATRA, INGRID BERGMAN

LILLIAN GISH Por su extraordinario talento artístico y su contribución al progreso del cine.

ORSON WELLES Por su extraordinario talento artístico y su versatilidad en la creación de películas. Se le recuer-

Año 1971

44th Awards: 10 de abril de 1972, 7:00 p.m.
Lugar: Dorothy Chandler Pavilion, Los Angeles County Music Center
Presentadores: Helen Hayes, Alan King, Sammy Davis, Jr., Jack Lemmon

da especialmente por "Ciudadano Kane". Murió en 1985. Su último filme dirigido fue "Filming Othello" (1978). Debbie Reynolds, The Carpenters e Isaac Hayes, cantaron algunas de las canciones nominadas.

MEJOR PELÍCULA

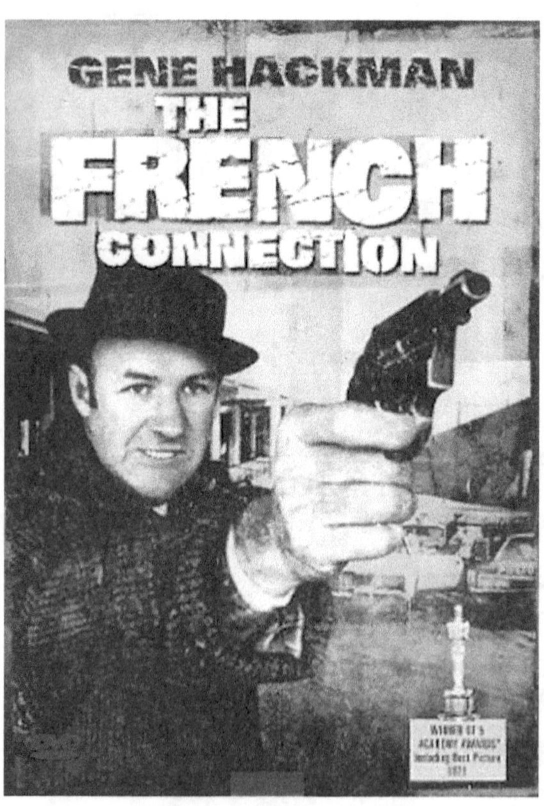

CONTRA EL IMPERIO DE LA DROGA *(The French Connection)* Meritoria incursión de Fernando Rey en este admirable filme, que contiene unas de las persecuciones más copiadas en la historia del cine.

Nominadas: *El violinista en el tejado, La naranja mecánica, La última película, Nicolás y Alejandra*

MEJOR PELÍCULA EXTRANJERA

EL JARDÍN DE LOS FIZI-CONTINI Por: Vittorio de Sica

Nominadas: *Los emigrantes, Tchaikowsky, Dodes'ka-den*

MEJOR ACTOR
GENE HACKMAN Por: *Contra el imperio de la droga*
Nominados: Walter Matthau, Peter Finch, George C. Scott, Topol
MEJOR ACTOR SECUNDARIO
BEN JOHNSON Por: *La última película*
Nominados: Roy Scheider, Jeff Bridges, Leonard Frey, Richard Jaeckel

MEJOR ACTRIZ
JANE FONDA Por: *Klute*
Nominadas: Glenda Jackson, Julie Christie, Vanessa Redgrave, Janet Suzman
MEJOR ACTRIZ SECUNDARIA
CLORIS LEACHMAN Por: *La última película*
Nominadas: Margaret Leighton, Ellen Burstyn, Barbara Harris, Ann-Margret

MEJOR DIRECTOR
WILLIAM FRIEDKIN Por: *Contra el imperio de la droga*
Nominados: Stanley Kubrick, Peter Bogdanovich, Norman Jewison, John Schlesinger

MEJOR GUIÓN ADAPTADO
ERNEST TIDYMAN Por: *Contra el imperio de la droga*
MEJOR GUIÓN ORIGINAL
PADDY CHAYEFSKY Por: Anatomía de un hospital

MEJOR FOTOGRAFÍA
OSWALD MORRIS Por: *El violinista en el tejado*

MEJOR SONIDO
GORDON K. McCALLUM Por: *El violinista en el tejado*

MEJOR CANCIÓN
CANCIÓN DE SHAFT de: *Las noches rojas de Harlem*

MEJOR BANDA SONORA
MICHEL LEGRAND Por: verano *del 42*

MEJOR BANDA SONORA ADAPTADA
JOHN WILLIAMS Por: *El violinista en el tejado*

MEJOR MONTAJE
JERRY GREENBERG Por: *Contra el imperio de la droga*

MEJOR VESTUARIO
YVONNE BLAKE, ANTONIO CASTILLO Por: *Nicolás y Alejandra*

MEJORES EFECTOS ESPECIALES
DANNY LEE, EUSTACE LYCETT, ALAN MALEY Por: *La bruja novata*

OSCAR ESPECIAL
SIR CHARLES CHAPLIN Por el incalculable efecto que sus películas han tenido en la historia del cine.

La nota más emotiva fue su aparición en silla de ruedas, después de 20 años de exilio, con 83 años de edad, agradeciendo la salva de aplausos con la cual fue recibido. Así quedaba corregida una injusticia generada durante la caza de brujas. Charles Chaplin nunca recibió una estatuilla por su trabajo como director o como actor; pero con él la Academia fue más generosa, ya que le concedió dos premios honoríficos: uno por su genio y versatilidad al actuar, escribir, dirigir y producir *El circo* (1928); y el segundo por contribuir a hacer del cine la forma de arte del siglo

AÑO 1972

45th Awards: 27 de marzo de 1973, 7:00 p.m.
Lugar: Dorothy Chandler Pavilion, Los Angeles County Music Center
Presentadores: Carol Burnett, Michael Caine, Charlton Heston, Rock Hudson

XX. Además, recibió cinco nominaciones, una de las cuales le valió un Oscar en 1973 a la mejor música por *Candilejas* (1952).

Angela Lansbury vuelve a marcarse unos pasos de baile para interpretar "Make a Little Magic", mientras que los estudios Disney reciben un homenaje especial de la Academia en su 50 aniversario.

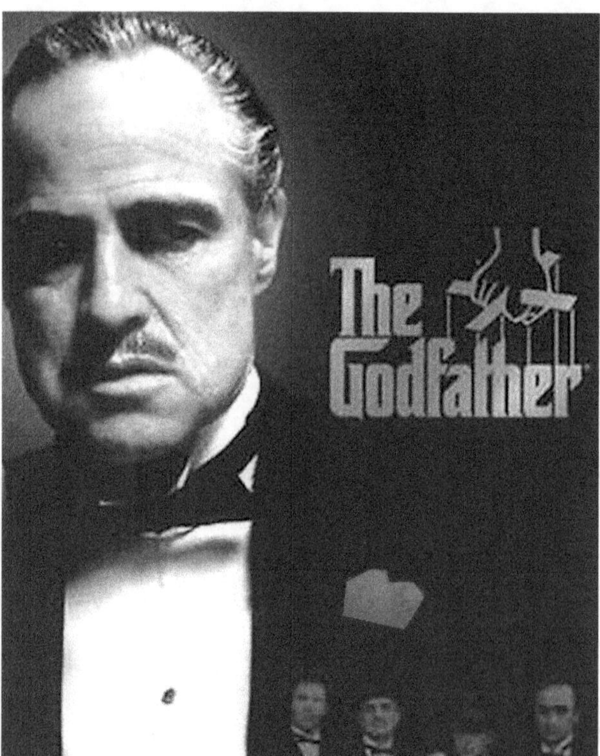

MEJOR PELÍCULA

EL PADRINO ***(The Godfather)***

La azarosa vida de este gángster, casi siempre malhumorado, nos describe el desarrollo de la Mafia siciliana en Nueva York, cuando el hampa dominaba las calles, pero también la caída y el nuevo triunfo de una de estas familias. Marlon Brando ideó esas mejillas y encías rellenas con algodón, más que nada para conseguir un tono de voz inigualable, demostrando que su elección como actor no había sido equivocada.

La voz de Brando es ya una referencia para todas las demás

películas, y eso que sabemos que los italianos suelen tener una voz más melodiosa, pero consiguió resolver la diferencia de edad entre él y su viejo personaje. Luego tenemos el maquillaje del experto Dick Smith, quien insertó hábilmente arrugas a Brando con látex líquido, especialmente alrededor de los ojos y nariz, además de conseguir el tono de piel aceituna típico de los mediterráneos, y una dentadura especial metida a lo largo de su maxilar inferior para sacar la mandíbula del actor hacia fuera y hundir sus mejillas. El filme marcó el comienzo de una saga que triunfó igualmente, aunque lógicamente ya no estaba Brando.
Nominadas: *Deliverance, Cabaret, Sounder, Utvandrarne*

MEJOR PELÍCULA EXTRANJERA
EL DISCRETO ENCANTO DE LA BURGUESÍA *Por: Luis Buñuel*
Nominadas: *Mi querida señorita, La nueva tierra, I love You, Rosa, A Zorizdes'tichie*

MEJOR ACTOR
MARLON BRANDO Por: *El padrino*
Marlon Brando se negó a aceptar el premio porque decía que Hollywood discriminaba a la población india. Ni siquiera acudió a la ceremonia, y en su lugar recogió el premio Sacheen Littlefeather una mujer india que más tarde sería conocida en la gran pantalla como la actriz californiana Maria Cruz, anteriormente Miss Vampira USA.
Nominados: Michael Caine, Peter O'Toole, Laurence Olivier, Paul Winfield

MEJOR ACTOR SECUNDARIO
JOEL GREY Por: *Cabaret*

Nominados: James Caan, Eddie Albert, Robert Duvall, Al Pacino

MEJOR ACTRIZ

LIZA MINNELLI Por: *Cabaret*

Nacida el 12 de marzo de 1946, fruto de la boda entre Judy Garland y el director de cine Vincent Minnelli, Liza aprendió desde pequeña lo que era la fama, las luces de neón y los aplausos, y lo aprendió con mucha más prontitud que los estudios.

Con la sombra cotidiana y profesional de su madre marcándola de cerca, la estrella de "Cabaret" y "New York, New York" nunca consiguió permanecer largos años como una estrella rutilante. La heredada afición a las drogas la llevó en 1984 a ingresar durante unos meses en la clínica de Betty Ford para desintoxicarse, llegando a afirmar que la sede de Alcohólicos Anónimos era su segundo hogar. Ella llegó a reconocer que aunque sus padres le ayudaron a subir al escenario, a partir de cierto momento el vacío frente a la platea fue absolutamente suyo.

Después llegó una artritis que la arrinconó en su domicilio, aunque hoy en día las nuevas generaciones la siguen recordando mejor como esa mujer que logró ganar un Oscar en 1972 a la mejor actriz por "Cabaret", y que recibió una nominación por "The Sterile Cuco" tres años antes. La pudimos ver últimamente en "Toquemos un vals" (1995).

Nominadas: Maggie Smith, Diana Ross, Liv Ullmann, Cicely Tyson

MEJOR ACTRIZ SECUNDARIA

EILEEN HECKART Por: *Las mariposas son libres*

Nominadas: Geraldine Page, Jeannie Berlin, Shelley Winters, Susan Tyrrell

MEJOR DIRECTOR
BOB FOSSE Por: *Cabaret*
Nominados: Joseph Mankiewicz, Jan Troell, Francis Ford Coppola, John Boorman

MEJOR GUIÓN ADAPTADO
MARIO PUZO, FRANCIS FORD COPPOLA Por: *El padrino*
MEJOR GUIÓN ORIGINAL
JEREMY LARNER Por: *El candidato*

MEJOR FOTOGRAFÍA
GEOFFREY UNSWORTH Por: *Cabaret*

MEJOR SONIDO
ROBERT KNUDSON Por: *Cabaret*
MEJOR CANCIÓN
DESPUÉS DE MAÑANA de: *La aventura del Poseidón*
MEJOR BANDA SONORA ORIGINAL
CHARLES CHAPLIN, RAYMOND, RASCH, LARRY RUSSELL Por: *Candilejas*
MEJOR BANDA SONORA ADAPTADA
RALPH BURNS Por: *Cabaret*

MEJOR MONTAJE
DAVID BRETHERTON Por: *Cabaret*
MEJOR VESTUARIO
ANTHONY POWELL Por: Viajes con mi tía

MEJORES EFECTOS ESPECIALES
L.B. ABBOTT, A.D. FLOWERS Por: *La aventura del Poseidón*

OSCARS ESPECIALES

CHARLES S. BOREN Por ser líder sindical durante 38 años en la industria del cine y artífice de una política de no-discriminación. Con el respeto y afecto de todos los que trabajan en películas.

EDWARD G. ROBINSON Por la grandeza conseguida como actor, patrocinador y buen ciudadano. De parte de sus amigos de la industria.

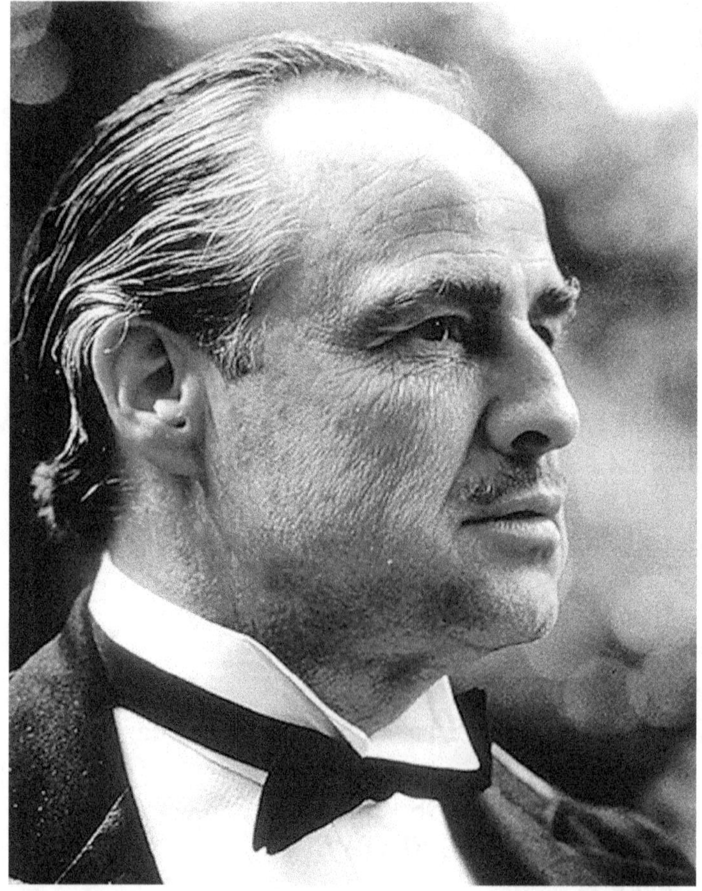

Marlon Brando

AÑO 1973

46th Awards: 2 de abril de 1974, 7:00 p.m.
Lugar: Dorothy Chandler Pavilion, Los Angeles County Music Center
Presentadores: John Huston, Diana Ross, Burt Reynolds, David Niven

OSCAR HUMANITARIO JEAN HERSHOLT

ROSALIND RUSSELL

Este año, un espontáneo desnudo se lanzó al escenario de la gala llevando un signo de la paz por toda vestimenta. El presentador, David Niven, salió del apuro diciendo que lo único que había logrado el hombre era "mostrarnos sus pequeñeces". El público estalló en carcajadas.

Katharine Hepburn, la actriz más reconocida en los Oscars, solamente acudió una vez a la gala, precisamente este año, no para recoger una estatuilla, sino para entregar un premio honorífico al productor Lawrence Weingarten.

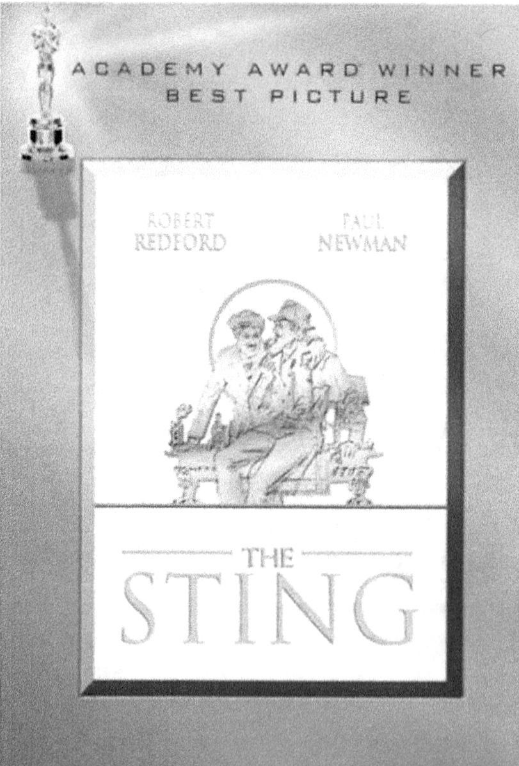

MEJOR PELÍCULA

EL GOLPE

(The Sting)

El binomio Redford-Newman siempre (o casi siempre) ha funcionado bien, especialmente cuando cuenta con un guión ingenioso. En esta ocasión es así y se dispone del aliciente añadido del director George Roy Hill, quien conocía perfectamente la forma de sacar el mejor partido de ambos actores. "El Golpe" fue un extraordinario éxito de taquilla

y de crítica, y el paso de los años no le ha perjudicado en absoluto. Cada escena la recordamos como algo memorable y forma parte ya de los mejores años de Hollywood. Premiada con un Oscar a la mejor película, al mejor director (George Roy Hill), al mejor guión (David S. Ward), a la mejor dirección artística (Henry Bumstead y James Payne), al mejor vestuario (Edith Head), al mejor filme editado (William H. Reynolds) y a la mejor música (Marvin Hamlisch).
Nominadas: *El exorcista, American Graffitti, Gritos y susurros, Un toque de distinción*

MEJOR PELÍCULA EXTRANJERA
LA NOCHE AMERICANA Por: Francoise Truffaut
Nominadas: *Delicias turcas, El peatón, La invitación, The House on Chelouche Street*

MEJOR ACTOR
JACK LEMMON Por: *Salvad al tigre*
Nominados: Robert Redford, Marlon Brando, Al Pacino, Jack Nicholson

MEJOR ACTOR SECUNDARIO
JOHN HOUSEMAN Por: *Vida de un estudiante*
Nominados: Jason Miller, Jack Gilford, Vincent Garden

MEJOR ACTRIZ
GLENDA JACKSON Por: *Un toque de distinción*
Nominadas: Barbra Streisand, Joanne Woodward, Marsha Mason, Ellen Burstyn
MEJOR ACTRIZ SECUNDARIA
TATUM O'NEAL Por: *Luna de papel*
Nominadas: Linda Blair, Sylvia Sidney, Candy Clark,

Madeline Kahn

MEJOR DIRECTOR

GEORGE ROY HILL Por: *El golpe*

Nominados: Ingmar Bergman, George Lucas, Bernardo Bertolucci, William Friedkin

MEJOR GUIÓN ADAPTADO

WILLIAM PETER BLATTY Por: *El exorcista*

MEJOR GUIÓN ORIGINAL

DAVID S. WARD Por: *El golpe*

MEJOR FOTOGRAFÍA

SVEN NYKVIST Por: *Gritos y susurros*

MEJOR SONIDO

ROBERT KNUDSON Por: *El exorcista*

MEJOR CANCIÓN

TAL COMO ÉRAMOS de: *Tal como éramos*

MEJOR BANDA SONORA

MARVIN HAMLISCH Por: *El golpe*

MEJOR MONTAJE

WILLIAM REYNOLDS Por: *El golpe*

MEJOR VESTUARIO

EDITH HEAD Por: *El golpe*

MEJOR DECORACION

HENRY BUMSTEAD, JAMES PAYNE Por: *El golpe*

OSCAR HUMANITARIO

LEW WASSERMAN

LAWRENCE WEINGARTEN

OSCARS ESPECIALES

HENRI LANGLOIS Por su devoción hacia el cine, su fe

en el futuro y sus buenas contribuciones al pasado del cine. **GROUCHO MARX** En reconocimiento a su inteligente creatividad y por los triunfos conseguidos con Los Hermanos Marx en la comedia. Le fue entregado el premio tres años antes de su muerte, cuando su obra comenzaba a ser revisada por críticos y público, habiendo alcanzado ya la categoría de mitos indiscutibles del cine de humor. Groucho indudablemente fue el más popular, el más versátil y el poseedor del humor más mordaz, facetas que le permitieron seguir ligado al mundo del espectáculo hasta el fin de sus días, destacando igualmente como escritor y showman de televisión.
Con el tiempo, este gruñón fue el más famoso de los Hermanos, principalmente debido a la popularidad que rápidamente alcanzó con sus trabajos en el mundo de la comedia. Groucho interpretó películas, narró historias, escribió libros, presentó programas de televisión, bailó y hasta cantó durante muchos años, creando una escuela que todavía hoy nadie ha podido quitarle el liderazgo. Ganó varios premios por su trabajo, incluyendo un Oscar, un Emmy, y el título de Maestro de las Artes y las letras de Francia. Según dicen, era más feliz cuando trabajaba en uno de sus proyectos literarios y es por ello que sus libros merecen una revisión mucho más profunda que sus películas. Dignos de especial interés son "Las cartas de Groucho", "Memorias de un amante sarnoso" y "Groucho y yo".

Su vida personal en los últimos años sufrió un serio revés cuando tuvo que pleitear contra su propio hijo Arthur, en defensa de su contable Erin Fleming, pues ambos se consideraban con derecho a controlar las finanzas de Groucho y aparecer en su testamento, recogiendo el legado de toda su

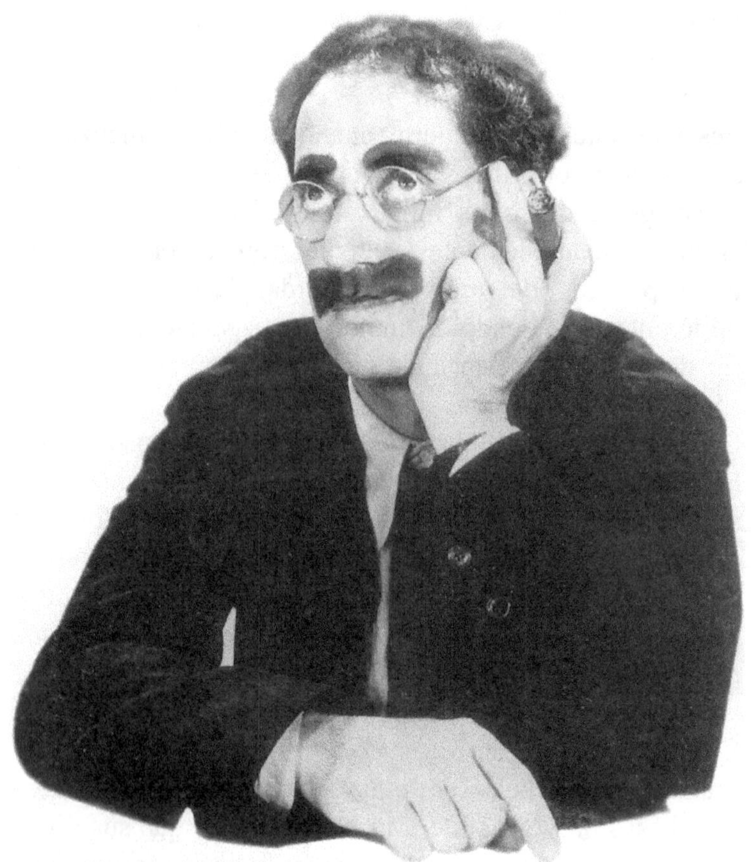

Groucho Marx

Año 1974

47th Awards: 8 de abril de 1975, 7:00 p.m.
Lugar: Dorothy Chandler Pavilion, Los Angeles County Music Center
Presentadores: Sammy Davis, Jr., Bob Hope, Shirley MacLaine, Frank Sinatra

obra

MEJOR PELÍCULA

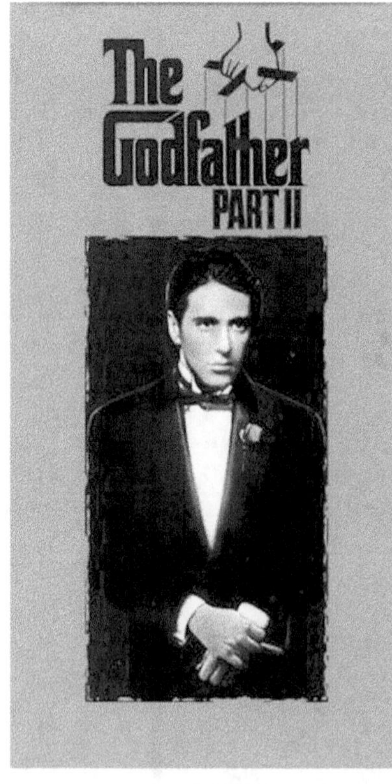

EL PADRINO II *(The Godfather Part II)*
Al Pacino, que demuestra sus dotes interpretativas en esta continuación cinematográfica del libro de Mario Puzo, es apoyado eficazmente por Robert de Niro para introducirnos cronológicamente en los orígenes sicilianos de su familia. Magistralmente rodada por Coppola, el filme aporta igualmente una buena música de Nino Rota.

Nominadas: *El coloso en llamas, Chinatown, Lenny, La conversación*

MEJOR PELÍCULA EXTRANJERA
AMARCORD: Por: Federico Fellini
Nominadas: *La tregua, Potop, Maskajatek*

MEJOR ACTOR
ART CARNEY Por: *Harry el tonto*
Nominados: Jack Nicholson, Dustin Hoffman, Al Pacino, Albert Finney

MEJOR ACTOR SECUNDARIO
ROBERT DE NIRO Por: *El padrino II*

Nominados: Fred Astaire, Jeff Bridges, Leo Strasberg

MEJOR ACTRIZ

ELLEN BURSTYN Por: *Alicia no vive aquí*

Nominadas: Faye Dunaway, Valerie Perrine, Diahann Carrol, Gene Rowlands

MEJOR ACTRIZ SECUNDARIA

INGRID BERGMAN Por: *Asesinato en el Orient Express*

Nominadas: Diane Ladd, Talia Shire, Valentina Cortese, Madeline Kahn

MEJOR DIRECTOR

FRANCIS FORD COPPOLA Por: *El padrino II*

Nacido el 7 de abril de 1939 en Detroit, Francis Ford Coppola es uno de los cineastas americanos más inconstantes, energéticos y creativos. Conocido esencialmente por la trilogía "El Padrino" (1972), (1974), (1990), ha tenido una vida y carrera llena de triunfos y fracasos comerciales.

Ganador de cinco Premios de la Academia, recibiendo diez nominaciones al Oscar, y vencedor de dos festivales de Cannes -en donde consiguió la Palma de Oro-, a lo largo del decenio de 1980 los financieros de Coppola (sabedores de su descontrol sobre los presupuestos que dejaron afectados seriamente a los estudios Zoetrope), le cerraron las puertas. Por si fuera poco, la tragedia personal le golpeó en 1986 cuando su hijo Gio murió en un accidente de barco.

Los filmes de Coppola, sobre los cuales habitualmente tiene el control total, varían apreciablemente en el estilo, género y contenido. Con excepción de trabajos personales (la serie "El Padrino" y "Apocalipsis Now"), y películas que reflejan su fascinación por la tecnología ("La Conversación" en 1974, y "Corazonada" en 1982),

Coppola no tiene una línea muy definida en sus películas. La película "El padrino", co-adaptada con Mario Puzo desde un best-seller, llegó a ser uno de los mejores filmes en la historia del cine y proporcionó a Coppola otro Oscar por el mejor guión adaptado, además del Oscar a la mejor película y una nominación como mejor director. En 1974 dirigió y co-escribió con Puzo "El Padrino II" (1974), ganadora de seis Oscars, incluyendo tres para Coppola como productor, director y escritor. La tercera entrega, denominada "El Padrino III", es muy similar a las otras y quizá sea por eso que la Academia solamente le dio una nominación. La cuarta y última entrega se suspendió a causa de la muerte de Puzo, pues se planeaba finalizar la dinastía en 1997. No obstante, los aficionados se han sentido recompensados con el vídeojuego "The Godfather: the game" para la PlayStation 2, en donde podemos ver y oír a los personajes del filme.

Coppola también dispuso de un incomprensible presupuesto para "Apocalipsis Now", a la que siguieron 11 años de desilusiones, con películas de pésimo resultado económico a causa de sus tendencias egocéntricas como director. Los 26 millones de dólares que costó "One From The Heart" (Corazonada-1982), siguieron en 1983 con dos adaptaciones de novelas sobre adolescentes, "The Outside" y "Rumble Fish", ambas sumamente criticadas y de malos resultados financieros.

El tesón le hizo volver con "Cotton Club" (1984), un musical ambicioso sobre un famoso club de jazz de Harlem en 1920, que supuso un nuevo fracaso económico. Después realizó "Peggy Sue se casó" que llegó a ser un éxito en los videoclubes y en su pase por televisión, y posteriormente "Tucker: The Man and His Dream" (1988), otro fracaso que poca gente menciona.

Coppola consiguió también combinar la buena literatura con el cine de entretenimiento al realizar "Drácula" de Bram Stoker (1992), una adaptación popular de la clásica novela de terror. El éxito de la película condujo a Coppola para ejercer como co-productor en "Frankenstein" de Mary Shelley (1994), dirigida por Kenneth Branagh.
Nominados: Roman Polanski, Francois Truffaut, John Cassavetes, Bob Fosse

MEJOR GUIÓN ADAPTADO
FRANCIS FORD COPPOLA Por: *El padrino II*
MEJOR GUIÓN ORIGINAL
ROBERT TOWNE Por: *Chinatown*

MEJOR FOTOGRAFÍA
FRED KOENEKAMP, JOSEPH BIROC Por: *El coloso en llamas*

MEJOR SONIDO
RONALD PIERCE, MELVIN METCALFE Por: *Terremoto*
MEJOR CANCIÓN
PUEDE QUE NUNCA PODAMOS AMARNOS MÁS de: *El coloso en llamas*
MEJOR BANDA SONORA
NINO ROTA, CARMINE COPPOLA Por: *El padrino II*
MEJOR BANDA SONORA ADAPTADA
NELSON RIDDLE Por: El *gran Gatsby*

MEJOR MONTAJE
HAROLD F. KRESS, CARL KRESS Por: *El coloso en llamas*
MEJOR VESTUARIO

THEONI V. ALDREDGE Por: *El gran Gatsby*

MEJORES EFECTOS ESPECIALES

FRANK BRENDEL, ALBERT WHITLOCK Por: *Terremoto*

OSCAR HUMANITARIO JEAN HERSHOLT

ARTHUR B. KRIM

OSCARS ESPECIALES

HOWARD HAWKS Por sus esfuerzos creativos como director americano y su reconocimiento mundial.

JEAN RENOIR Por su genio, simpatía, responsabilidad y devoción envidiable a través del cine mudo, logrando películas que le han ganado la admiración del mundo.

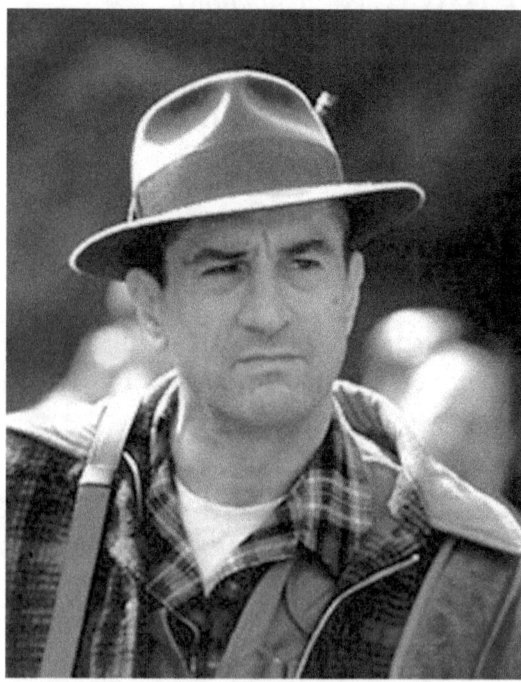

Robert de Niro

AÑO 1975

48th Awards: 29 de marzo de 1976, 7:00 p.m.
Lugar: Dorothy Chandler Pavilion, Los Angeles County Music Center
Presentadores: Walter Matthau, Robert Shaw, George Segal, Goldie Hawn, Gene Kelly

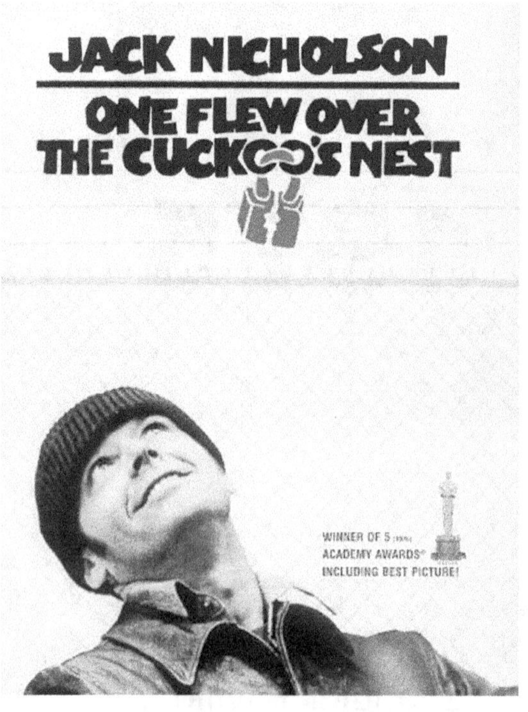

La propia Elizabeth Taylor puso su nota musical al cerrar el evento cantando "América the Beatiful", con motivo del centenario de la nación.

MEJOR PELÍCULA

ALGUIEN VOLÓ SOBRE EL NIDO DEL CUCO *(One Flew Over the Cuckoo's Nest)*

La aparentemente vida tranquila de aquel psiquiátrico es interrumpida por la llegada de un convicto que simula demencia para no ir a prisión. Sus cuidadores y médicos se encargan de volverle realmente loco.

Nominadas: *Tiburón, Barry Lyndon, Tarde de perros, Nashville*

MEJOR PELÍCULA EXTRANJERA
DERSU UZALA Por: Akira Kurosawa
Nominadas: *Perfume de mujer, Actas de Marusia, Bokyo*

MEJOR ACTOR
JACK NICHOLSON Por: *Alguien voló sobre el nido del cuco*
Gesticulante, socarrón y ciertamente maleducado, Nicholson ha conseguido poco a poco ser reconocido como un buen actor por los críticos, aunque para ello ha tenido que encontrar la historia que encajara en su arrolladora personalidad. Explorando todas las facetas de la interpretación y demostrando incluso que se puede ser un buen seductor con un físico poco agraciado, ha sido el pionero en pedir un porcentaje en los beneficios de sus películas.

Nominados: Al Pacino, Walter Matthau, Maximilian Schell, James Whitmore

MEJOR ACTOR SECUNDARIO
GEORGE BURNS Por: *La pareja chiflada*
Nominados: Jack Warden, Brad Dourif, Chris Sarandon, Burgess Meredith

MEJOR ACTRIZ
LOUISE FLETCHER Por: *Alguien voló sobre el nido del cuco*
Nominadas: Isabelle Adjani, Carol Kane, Ann-Margret,

Glenda Jackson

MEJOR ACTRIZ SECUNDARIA
LEE GRANT Por: *Champú*
Nominadas: Sylvia Miles, Brenda Vaccaro, Lily Tomlin, Ronee Blakely

MEJOR DIRECTOR
MILOS FORMAN Por: *Alguien voló sobre le nido del cuco*
Nominados: Stanley Kubrick, Federico Fellini, Sidney Lumet, Robert Altman

MEJOR GUIÓN ADAPTADO
LAWRENCE HAUBEN, BO GOLDMAN Por: *Alguien voló sobre el nido del cuco*

MEJOR GUIÓN ORIGINAL
FRENK PIERSON Por: *Tarde de perros*

MEJOR FOTOGRAFÍA
JOHN ALCOTT Por: *Barry Lyndon*

MEJOR DECORACIÓN
KEN ADAM, ROY WALKER, VERNON DIXON Por: *Barry Lyndon*

MEJOR SONIDO
ROBERT L. HOYT, ROGER HEMAN, EARL MADERY Por: *Tiburón*

MEJOR CANCIÓN
SOY FÁCIL de: *Nashville*

MEJOR BANDA SONORA
JOHN WILLIAMS Por: *Tiburón*

MEJOR BANDA SONORA ADAPTADA
LEONARD ROSENMAN Por: *Barry Lyndon*

MEJOR MONTAJE
VERNA FIELDS Por: *Tiburón*

MEJOR VESTUARIO
ULLA BRITT, MILENA CANONERO Por: *Barry Lyndon*

MEJORES EFECTOS ESPECIALES
ALBERT WHITLOCK, GLEN ROBINSON Por: *Hinderburg*

OSCAR HUMANITARIO
JULES C. STEIN

OSCAR ESPECIAL

MARY PICKFORD En reconocimiento a sus contribuciones en la industria del cine y el desarrollo

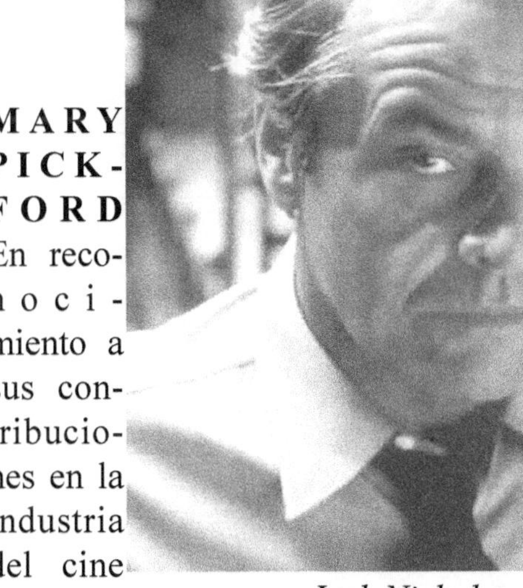

Jack Nicholson

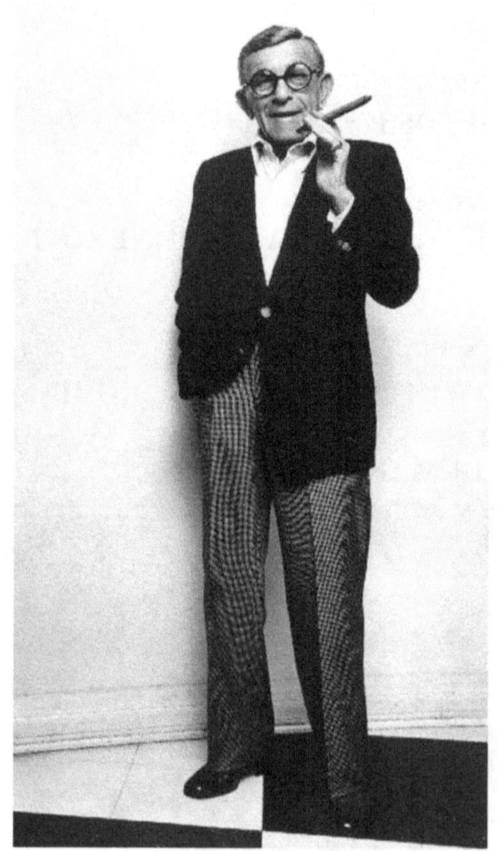

George Burns

Año 1976

49th Awards: 28 de marzo de 1977, 7:00 p.m.
Lugar: Dorothy Chandler Pavilion, Los Angeles County Music Center
Presentadores: Richard Pryor, Jane Fonda, Ellen Burstyn, Warren Beatty

como medio artístico.

MERVYN LeROY

Este director comenzó a trabajar en el mundo del espectáculo con apenas 12 años imitando a Chaplin. Incorporado al mundo del cine como cameraman y escritor, pronto decidió que su trabajo debía ser como director, algo que consiguió con "Little Caesar" bajo el patrocinio de la Warner Bros. Entre sus películas más reconocidas destaca "Quo vadis?"

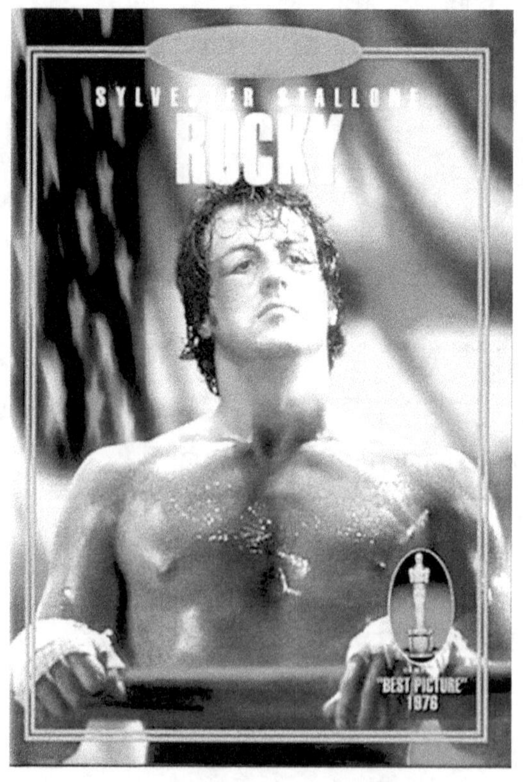

Antes del certamen la polémica había saltado a causa de la actitud de la Organización de Medios de Difusión para Negros, quienes instaron a que nadie recogiera el premio alegando que su raza seguía discriminada. William Holden, por su parte, se indignó cuando supo que Peter Finch le había arrebatado el premio y dijo: "Si ese hijo de perra no hubiera muerto, yo tendría mi segundo Oscar"

MEJOR PELÍCULA

ROCKY ***(Rocky)***

Muy probablemente ni siquiera Silvestre Stalone (quien co-dirigió el filme), se podía imaginar que su personaje de Rocky Balboa alcanzara tanto éxito. Cuando era todavía un desconocido se las arregló para vender su guión de *Rocky* (uno de los muchos que había escrito a lo largo de los años) con la condición de que le fuera asignado el papel protagonista.
Como la película se rodó con un presupuesto muy bajo e iba a ser escasamente comercializada, United Artist corría un riesgo mínimo, pero el desbordante éxito generó ingresos sesenta veces superiores a su costo y la cinta obtuvo varios premios de la Academia, incluido el de Mejor Película.
Nominadas: *Network, un mundo implacable, Esta tierra es mi tierra, Taxi Driver, Todos los hombres del presidente.*

MEJOR PELÍCULA EXTRANJERA
COSTA DE MARFIL Por: Jean-Jacques Annaud
Nominadas: *Noches y días, Siete bellezas, Cousin Cousine, Jakob der Luegner*

MEJOR ACTOR
PETER FINCH Por: *Network, un mundo implacable*

Peter Finch murió semanas antes de la ceremonia de la Academia.
Nominados: Robert De Niro, William Holden, Sylvester Stallone

MEJOR ACTOR SECUNDARIO
JASON ROBARDS Por: *Todos los hombres del presidente*
Nominados: Laurence Olivier, Burt Young, Ned Beatty, Burguess Meredith

MEJOR ACTRIZ
FAYE DUNAWAY Por: *Network, un mundo implacable*
Nominadas: Sissy Spacek, Liv Ullmann, Talia Shire

MEJOR ACTRIZ SECUNDARIA
BEATRIZ STRAIGHT Por: *Network, un mundo implacable*
Nominadas: Lee Grant, Piper Laurie, Jane Alexander, Jodie Foster
MEJOR DIRECTOR
JOHN G. AVILDSEN Por: *Rocky*
Nominados: Ingmar Bergman, Sidney Lumet, Alan J. Pakula, Lina Wertmuller

MEJOR GUIÓN ADAPTADO
WILLIAM GOLDMAN Por: *Todos los hombres del presidente*
MEJOR GUIÓN ORIGINAL
PADDY CHAYEFSKY Por: *Network, un mundo implacable*

MEJOR FOTOGRAFÍA

HASKELL WEXLER Por: *Esta tierra es mi tierra*

MEJOR SONIDO

ARTHUR PIANTADOSI, LES FRESCHOLTZ, JIM WEBB Por: *Todos los hombres del presidente*

MEJOR CANCIÓN

HOJA PERENNE de: *Ha nacido una estrella*

MEJOR BANDA SONORA

JERRY GOLDSMITH Por: *La profecía*

MEJOR BANDA SONORA ADAPTADA

LEONARD ROSENMAN Por: *Esta tierra es mi tierra*

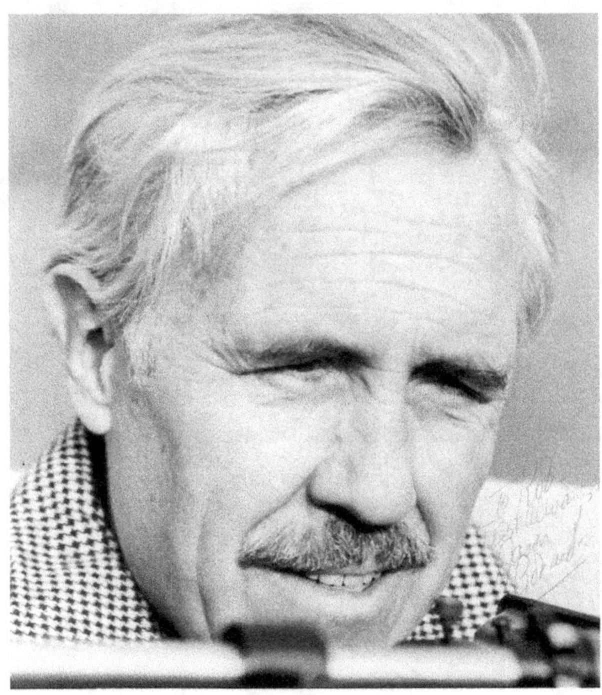

Jason Robards

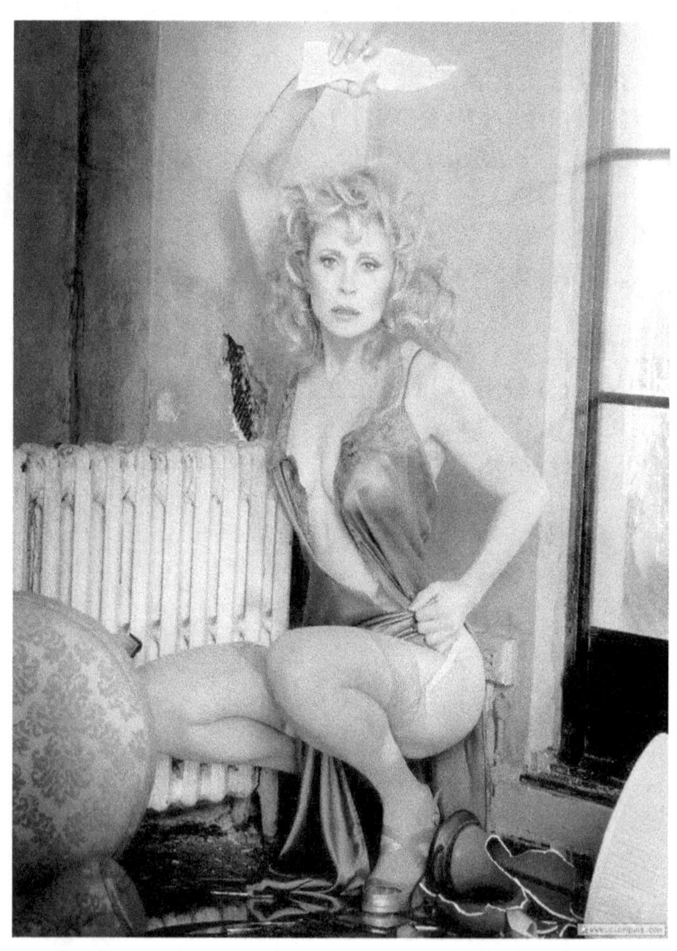

Faye Dunaway

Año 1977

50th Awards: 3 de abril de 1978, 7:00 p.m.
Lugar: Dorothy Chandler Pavilion, Los Angeles County Music Center
Presentadores: Bob Hope, Steve McQueen, Bette Davis, King Vidor, Nathalie Wood, C3PO y R2D2

MEJOR MONTAJE
RICHARD HALSEY, SCOTT CONRAD Por: *Rocky*

MEJOR VESTUARIO
DANILO DONATI Por: *Casanova*

MEJORES EFECTOS ESPECIALES
L.B. ABBOTT, FRANK VAN DERVERR Por: *La fuga de Logan*
FRANK VAN DERVERR, JAMES KLIGER, GLEN ROBINSON Por: *King Kong*

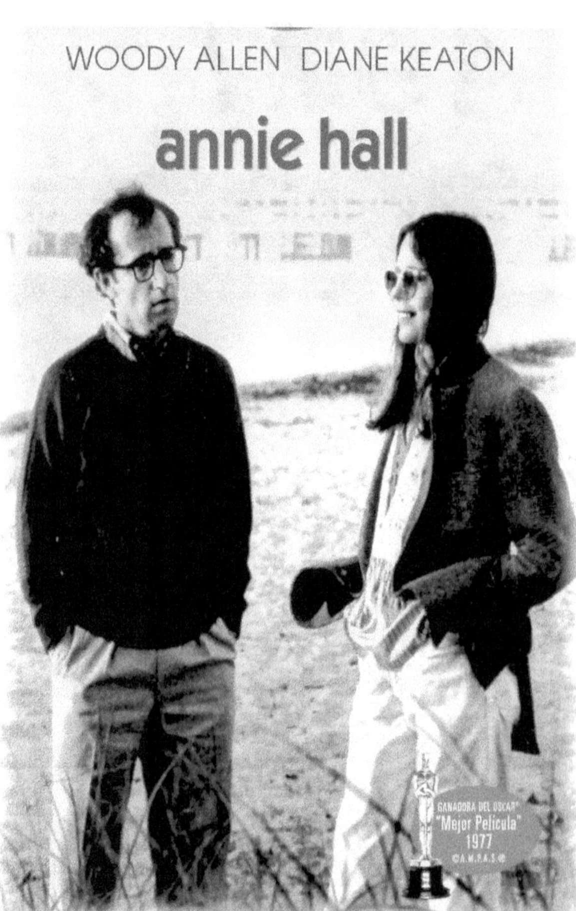

OSCAR EN MEMORIA DE IRVING THALBERG
PANDRO S. BERMAN
Este actor, productor y director ha participado en docenas de películas, considerándosele como una especie de gurú del cine, destacando su trabajo en "El premio", "Los hermanos Karamazov" y "El padre de la

novia", así como en diversas películas con Fred Astaire.

Destacada fue la intervención de Gene Kelly y 50 chicas que cantaron un tema musical de aniversario. La nota discordante esta vez la dieron unos manifestantes del exterior, que con pancartas y gritos protestaron por el Oscar entregado a Vanesa Redgrave a causa de su participación en un filme contra la OLP.

MEJOR PELÍCULA

ANNIE HALL ***(Annie Hall)***
Se trata de una historia cómica situada en los años 70, sobre los problemas sexuales de Woody Allen en su papel

de un neurótico, inseguro e indeciso es-critor de comedia (similar a como realmente comenzó su carrera en la televisión), cuando cae alocadamente preso de amor por Annie Hall (Diane Kea-ton), una chica que aspira a llegar a ser una gran cantante.

La historia es tan simple que asombra por su candidez, pero que es parte de su encanto, conjuntamente con los flash-backs de la niñez de Allen y como un hombre crecido, invisible para otros, cuyos comentarios sobre diversas escenas constituyen una técnica similar a la de Ingmar Bergman en "Fresas salvajes" (1957.)

Nominadas: *Julia, La chica del adiós, La guerra de las galaxias, Paso decisivo*

MEJOR PELÍCULA EXTRANJERA

MADAME ROSA Por: Moshe Mizrahi

Nominadas: *Ese oscuro objeto de deseo, Operación relámpago, Una jornada particular, Iphigennia*

MEJOR ACTOR

RICHARD DREYFUSS Por: *La chica del adiós*

Nominados: Woody Allen, John Travolta, Richard Burton, Marcello Mastroianni

MEJOR ACTOR SECUNDARIO

JASON ROBARDS Por: *Julia*

Nominados: Peter Firth, Alec Guinnes, Maximilian Schell

MEJOR ACTRIZ

DIANE KEATON Por: *Annie Hall*

Nominadas: Shirley MacLaine, Anne Bancroft, Jane Fonda

MEJOR ACTRIZ SECUNDARIA
VANESSA REDGRAVE Por: *Julia*
Nominadas: Leslie Brown, Melinda Dillon, Tuesday Weld

MEJOR DIRECTOR
WOODY ALLEN Por: *Annie Hall*
Allen Stewart Konigsberg nació en el Bronx, New York, el 1 de diciembre de 1935, de padres judíos, (padre taxista y madre contable), quienes le matriculan en el City College de Nueva York y posteriormente en la Universidad del mismo estado.
Pronto comienza a escribir chistes y parodias que muestra a sus amigos, pasando a formar parte de un programa de televisión llamado "Your Show of Show", el cual tiene un éxito extraordinario, aunque Woody todavía no aparezca en la pantalla. Su labor se limita a escribir gags que serán interpretados por personajes de la talla de Sid Caesar, Imogene Coca, Carl Reiner y Howard Morris. En 1965 hace su primera aparición en el cine -un corto papel en "What's New, Pussycat?" (¿Qué tal, Pussycat?)-, nada menos que con actores de la talla de Peter Sellers, Peter O'Toole y Romy Schneider. Después vendrá otra corta aparición en "Casino Royale", una parodia desafortunada sobre James Bond que protagoniza David Niven, para llegar por fin al primer film como protagonista titulado "Take the Money and Run" (Toma el dinero y corre), que le convierte en algo así como un cómico para intelectuales, pero que le proporciona la popularidad que necesita.
En 1972 forma pareja por primera vez con la mujer que el público denominaría su musa, la actriz Diane Keaton, en el film "Sueños de seductor", colaboración que se prolongaría durante toda su extensa carrera cinematográfica. En 1977, después del fracaso económico de "The Front" (La

tapadera), realiza "Annie Hall", también con Diane Keaton, que supone un éxito de público total en el mundo entero y la Academia le premia con un Oscar al mejor director y al mejor guión. El desplante que Allen dio a los críticos norteamericanos, no acudiendo a la entrega del premio y prefiriendo su sesión de jazz de todos los lunes, fue comentado en todos los ambientes, lo que le supuso aún más popularidad. Posteriormente, Allen insistió en que no pretendía despreciar el certamen, sino que su cita con el jazz estaba pactada de antemano y no podía eludirla.

A Woody Allen le han dado tres Oscar: por "Annie Hall" (1977) como director y como guionista, y por "Hannah y sus hermanas" (1986) como guionista. Aunque si tenemos en cuenta que ha sido nominado en 20 ocasiones (11 de ellas como guionista), ese número queda escaso. Sólo una vez le han propuesto al Oscar al mejor actor, por su trabajo en "Annie Hall", siendo la única estatuilla que no obtuvo la película entre todos los premios a los que optaba. También tiene 9 Globos de oro, 10 premios BAFTA, 1 Oso de Plata, 3 premios César, 1 Premio Príncipe de Asturias 2002, etc.

En sus últimas películas, "Granujas de medio pelo", "Poderosa Afrodita", "Todos dicen I love you", "Un final made in Hollywood", "Todo lo demás" y "Melinda, Melinda", retoma de nuevo el estilo que le hizo popular y logra de nuevo el aplauso del público.

En una ocasión contó: "Un gran comediante americano del pasado, Jack Benney, tenía la mejor frase para una ocasión tan estupenda y maravillosa como ésta, cuando ganó un gran y prestigioso premio: 'Yo no me merezco este premio, pero tengo diabetes y tampoco me lo merezco'. Así me siento yo; estoy tremendamente honrado de recibir este honor en un país europeo. Es de un significado muy especial".

Nominados: George Lucas, Steven Spielberg, Fred Zinnemann, Herbert Ross

MEJOR GUIÓN ADAPTADO
ALVIN SARGENT Por: *Julia*
MEJOR GUIÓN ORIGINAL
WOODY ALLEN, MARSHALL BRICKMAN Por: *Annie Hall*
MEJOR FOTOGRAFÍA
VILMOS ZSIGMOND, SOUGLAS TRUMBULL, ROBERT HALL Por: *Encuentros en la tercera fase*

MEJOR SONIDO
D O N

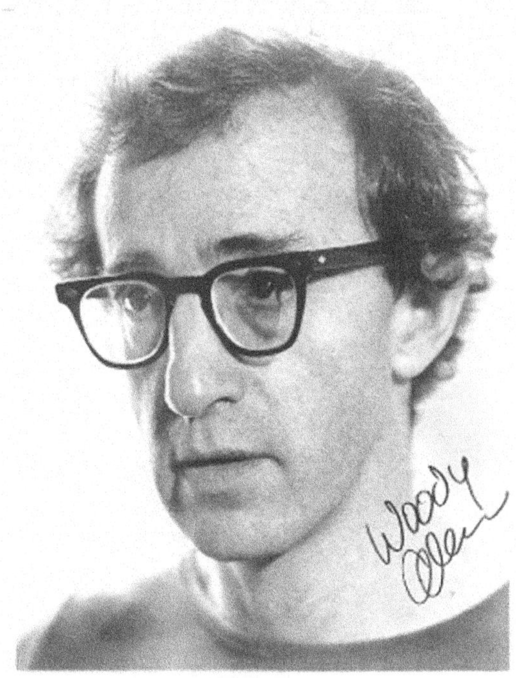

Woody Allen

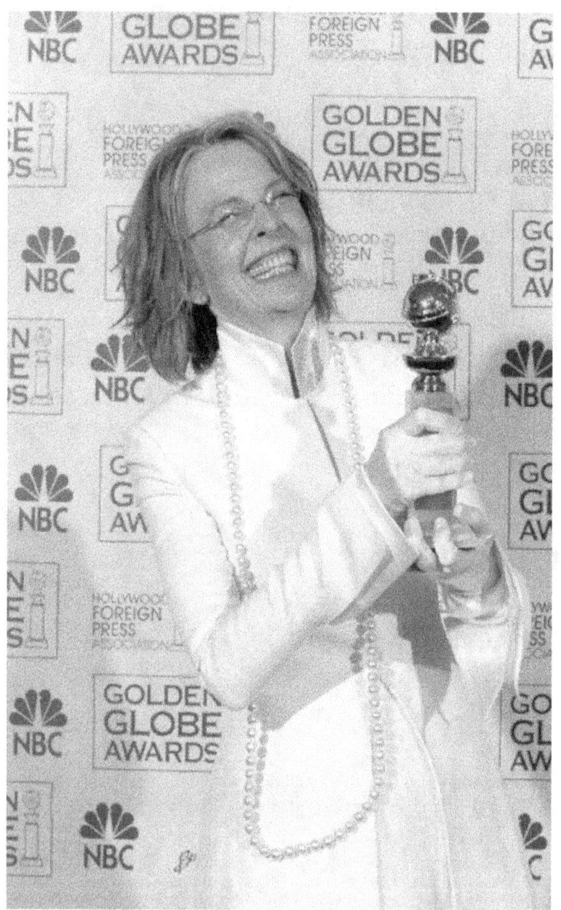

Diane Keaton

AÑO 1978

51st Awards: 9 de abril de 1979, 7:00 p.m.
Lugar: Dorothy Chandler Pavilion, Los Angeles County Music Center
Presentador: Johnny Carson

McDOUGAL, BOB MINKLER, STEPHEN KATZ Por: *La guerra de las galaxias*

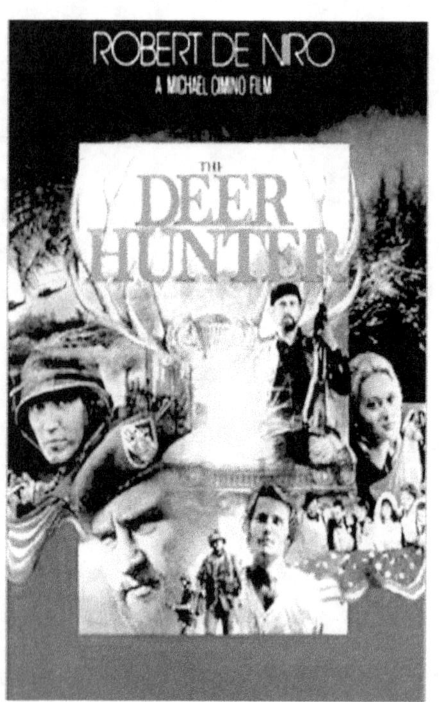

MEJOR CANCIÓN
USTED ENCIENDE MI VIDA de: *You Light Up Life*
MEJOR BANDA SONORA
JOHN WILLIAMS Por: *La guerra de las galaxias*
MEJOR BANDA SONORA ADAPTADA
JONATHAN TUNICK Por: *A Little Night Music*

MEJOR MONTAJE
PAUL HIRSCH, MARCIA LUCAS, RICHARD CHEW Por: *La guerra de las galaxias*

MEJOR VESTUARIO
JOHN MOLLO Por: *La guerra de las galaxias*

MEJORES EFECTOS ESPECIALES
JOHN DYKSTRA Por: *La guerra de las galaxias*
Este popular y galardonado filme marcó el inicio de una época en los efectos especiales, especialmente mediante el uso inteligente de las maquetas y la cámara , ahora menos estática que nunca.

OSCAR IRVING THALBERG
WALTER MIRISCH

OSCAR HUMANITARIO JEAN HERSHOLT

CHARLTON HESTON

OSCARS ESPECIALES

MARGARET BOOTH Por su contribución excepcional como montadora en el cine antiguo.

GORDON E. SAWYER Por su excelente servicio y dedicación para elevar la categoría de la Academia de Artes y Ciencias del Cine.

SIDNEY PAUL SOLOW

En apreciación por su servicio intentando lograr una alta calidad en el funcionamiento de la Academia de las Artes y Ciencias del Cine.

MEJOR PELÍCULA

EL CAZADOR *(The Deer Hunter)*
Confundiendo la simple cacería de animales indefensos con la guerra real, unos jóvenes se alistan en el ejército para combatir en el Vietnam.
Uno de los filmes más crudos sobre la guerra y que ocasionó una protesta formal de la Unión Soviética y otros países del Tercer Mundo.

Nominadas: *El expreso de medianoche, El cielo puede esperar, El regreso, Una mujer descasada*

MEJOR PELÍCULA EXTRANJERA
¿QUIERES SER EL AMANTE DE MI MUJER? Por: Bertrand Blier
Nominadas: *¡Que viva Italia!, Húngaros, Beli Bim*

MEJOR ACTOR
JON VOIGHT Por: *El regreso*
Nominados: Laurence Olivier, Warren Beatty, Robert De Niro, Gary Busey

MEJOR ACTOR SECUNDARIO
CHRISTOPHER WALKEN Por: *El cazador*
Nominados: John Hurt, Bruce Dern, Richard Farnsworth, Jack Warden

MEJOR ACTRIZ
JANE FONDA Por: *El regreso*
Nominadas: Ingrid Bergman, Geraldine Page, Ellen Burstyn, Jill Clayburgh

MEJOR ACTRIZ SECUNDARIA
MAGGIE SMITH Por: *California Suite*
Nominadas: Meryl Streep, Penélope Milford, Dyan Cannon, Maureen Stapleton

MEJOR DIRECTOR
MICHAEL CIMINO Por: *El cazador*
Nominados: Woody Allen, Alan Parker, Warren Beatty, Hal Ashby

MEJOR GUIÓN ADAPTADO
OLIVER STONE Por: *El expreso de medianoche*
Nacido el 15 de septiembre de 1946 en Nueva York, Stone ha evolucionado desde ser un guionista respetado, pasando por un director de géneros modestos, y terminando por ganar prestigio con proyectos ambiciosos. Además, como productor, ha realizado películas interesantes, como "El misterio Von Bulow", "Acero azul" (ambos de 1990), y "El club de la buena estrella" (1993.) También fue productor ejecutivo en "Palmas Salvajes" (ABC, 1993), una miniserie de ciencia-ficción para la televisión.
Su primer reconocimiento popular fue como escritor galardonado con un Oscar, además del Globo de Oro y el Premio del Gremio de escritores cinematográficos, por su guión de "El expreso de medianoche" (1978.) Los trabajos como guionista le lleva a intervenir en "Conan el bárbaro" (1982), colaborando con el director John Milius, así como en el filme de Brian de Palma "Scarface" (1983), y "El año del dragón" (1985), co-escrito con Michael Cimino.
Su segundo Oscar y el Premio del Gremio de Directores, fueron para "Platoon" (1986), uno de los tratamientos más

críticos de la guerra del Vietnam. También influyó en el mundo de la Bolsa con "Walt Street" (1987), mientras que en "Nacido el cuatro de julio" (1989), reincidió en el tema de la guerra, pero ahora la crítica abarcaba a la propia sociedad norteamericana.

Después de ganar un Oscar al Mejor Director por este filme, se involucró en "JFK" (1991), una polémica dramatización para destapar la conspiración que hubo detrás del asesinato del Presidente John F. Kennedy. Tan importantes fueron los datos aportados, que el filme fue llevado inclu-

so

al

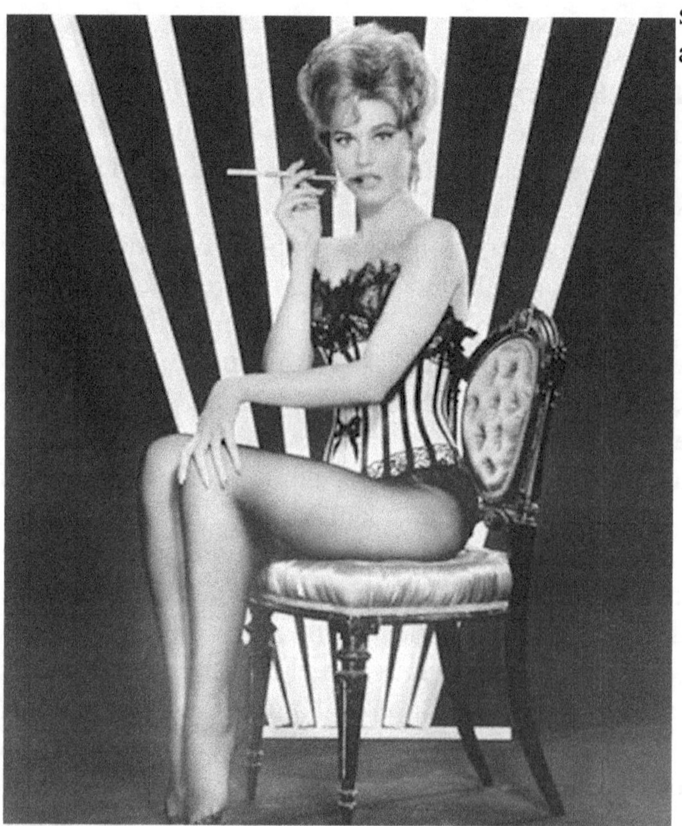

Jane Fonda

Año 1979

52nd Awards: 14 de abril de 1980, 6:00 p.m.
Lugar: Dorothy Chandler Pavilion, Los Angeles County
Presentador: Johnny Carson

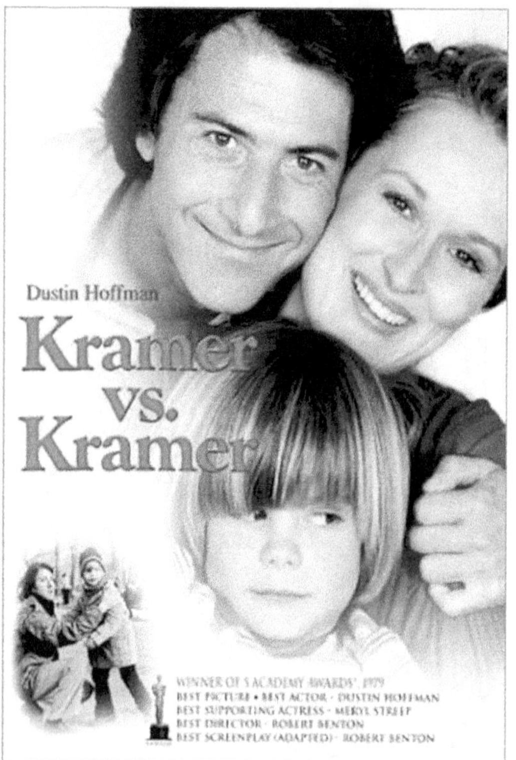

Congreso para que se abrieran de nuevo los archivos relativos al asesinato.

También consiguió gran controversia con "Asesinos natos" (1994), volviendo al tema político con una historia sobre el 37 Presidente de los Estados Unidos, "Nixon" (1995), mientras que en "Un domingo cualquiera" (1999) analizó el ego de los jugadores, y en 2003 se enfrentó a los políticos cuando filmó la vida cotidiana de Fidel Castro en "Comandante".

MEJOR GUIÓN ORIGINAL
NANCY DOWD, WALDO SALT, ROBERT JONES
Por: *El regreso*

MEJOR FOTOGRAFÍA
NÉSTOR ALMENDROS Por: *Días del cielo*
MEJOR SONIDO
RICHARD PORTMAN, WILLIAM McCAUGHET, DARRIN KNIGHT Por: *El cazador*

MEJOR CANCIÓN
EL ÚLTIMO BAILE de: *Por fin, ya es viernes*

MEJOR BANDA SONORA
GIORGIO MORODER Por: *El expreso de medianoche*
MEJOR BANDA SONORA ADAPTADA
JOE RENZETTI Por: *La Historia de Buddy Holly*

MEJOR MONTAJE
PETER ZINNER Por: *El cazador*
MEJOR VESTUARIO
ANTHONY POWELL Por: *Muerte en el Nilo*

MEJORES EFECTOS ESPECIALES
LES BOWIE, COLIN CHILVERS, JOHN RICHARDSON, WALLY WEEVERS Por: *Supermán*

OSCAR HUMANITARIO JEAN HERSHOLT
LEO JAFFE
Una vez fallecidos los hermanos Cohn, Jaffe toma las riendas de la productora Columbia, bajo cuyo mandato se realizan obras tan memorables como "Los cañones de Navarone" y "Lawrence de Arabia".

OSCAR ESPECIAL
WALTER LANTZ Por traer alegría y risa a cada parte del mundo a través de sus películas de dibujos, especialmente con el "Pájaro Loco", siendo menos conocidos "Andy Panda" y "Chilly Willy".
DEPARTAMENTO DE CINE DEL MUSEO DE ARTE MODERNO Por la contribución realizada en el público para mostrar al cine como una obra de arte.
LORD LAURENCE OLIVIER Por todo su trabajo, por los éxitos en su carrera y su contribución al arte del cine.
KING VIDOR Por sus incomparables logros como creador e innovador cinematográfico.

LINWOOD G. DUNN, LOREN L. RYDER, WALDON O. WATSON Por su excelente trabajo y dedicación en la promoción de la Academia.

MEJOR PELÍCULA

KRAMER
CONTRA KRAMER
(Kramer vs. Kramer)
"Kramer contra Kramer" no sería ni la mitad de buena que

es si no se hu-biera mantenido una fuerte crítica social en toda la película, además de una intriga digna de un thriller. La historia nos habla de un divorcio y una lucha por la custodia de un niño, pero ahora las víctimas son el padre y el propio hijo, reflejándose claramente la sutil maldad de la mujer.

"Kramer contra Kramer" es también una película de buenas interpretaciones, con Dustin Hoffman realizando posiblemente el mejor trabajo de su carrera, ganando el Premio de la Academia, aunque también lo ganaron Meryl Streep, el director Benton, el guionista y la película.

En el filme se dedica

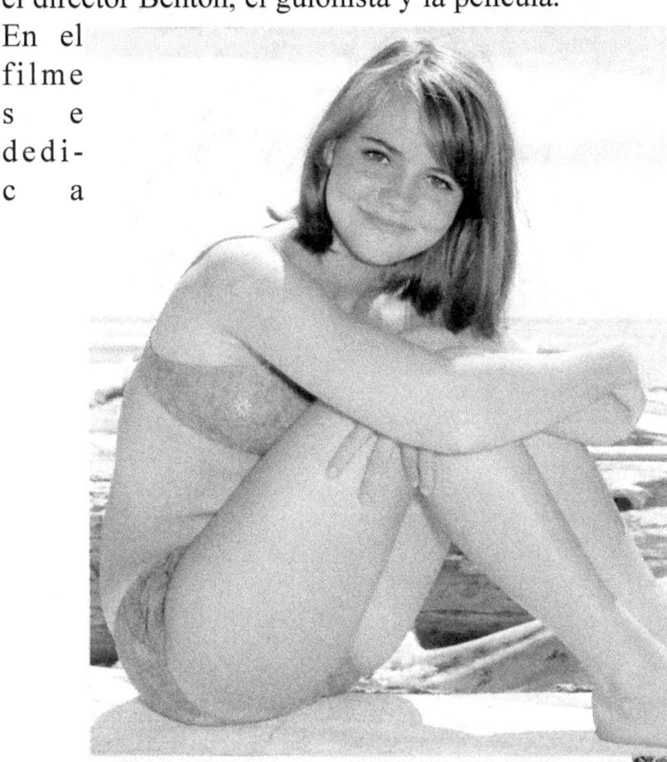

Sally Field

mucha atención

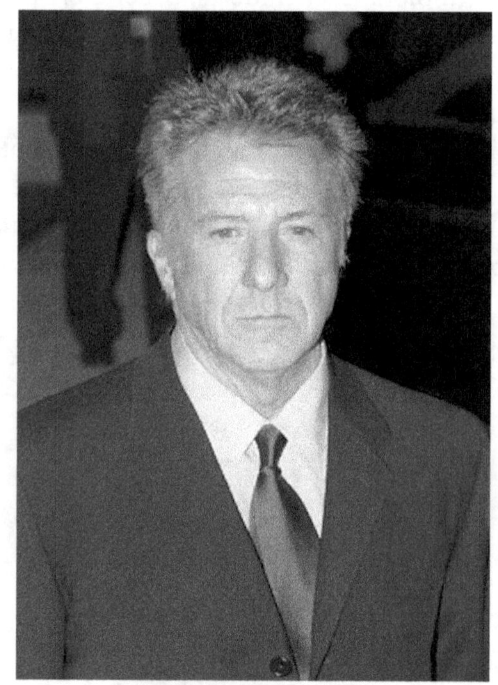

Dustin Hoffman

Año 1980

53rd Awards: 31 de marzo de 1981, 7:00 p.m.
Lugar: Dorothy Chandler Pavilion, Los Angeles County Music Center
Presentador: Johnny Carson

a los matices del diálogo, con los personajes revelando sus propios problemas y aprendiendo a dialogar, consiguiendo con ello que sea una película conmovedora.

Nominadas: *Apocalyse Now, El relevo, Norma Rae, Empieza el espectáculo*

MEJOR PELÍCULA EXTRANJERA

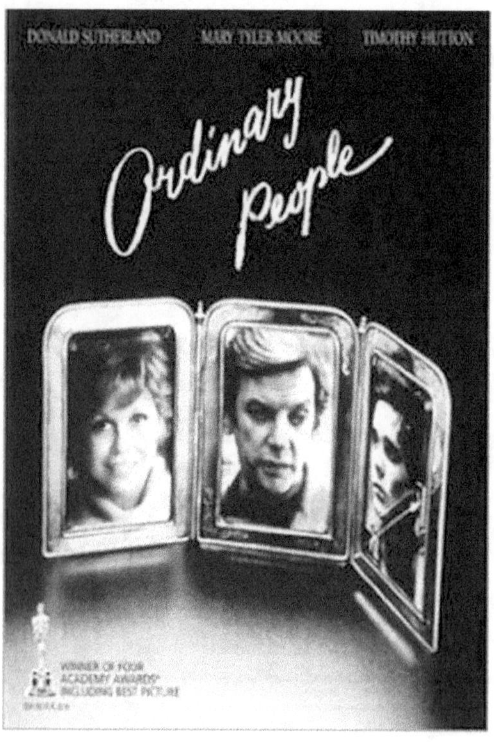

EL TAMBOR DE HOJALATA Por: Volker Shloendorff

Nominadas: *Mamá cumple cien años, Olvidar Venecia, Una vida de mujer, Las señoritas de Wilko*

MEJOR ACTOR

DUSTIN HOFFMAN Por: *Kramer contra Kramer*

Hoffman, que con anterioridad había considerado a los Oscars como despreciables, cambió de opinión cuando le entregaron la estatuilla.

Nominados: Jack Lemmon, Peter Sellers, Roy Scheider, Al Pacino

MEJOR ACTOR SECUNDARIO

MELVYN DOUGLAS Por: *Bienvenido Mr. Chance*

Nominados: Mickey Rooney, Robert Duvall, Frederick

Forrest, Justin Henry

MEJOR ACTRIZ
SALLY FIELD Por: *Norma Rae*
Nominadas: Jane Fonda, Bette Midler, Jill Clayburgh, Marsha Mason

MEJOR ACTRIZ SECUNDARIA
MERYL STREEP Por: *Kramer contra Kramer*
Nominadas: Barbara Carrie, Mariel Hemingway, Jane Alexander

MEJOR DIRECTOR
ROBERT BENTON Por: *Kramer contra Kramer*
Nominados: Francis Ford Coppola, Peter Yates, Bob Fosse, Edouard Molinaro

MEJOR GUIÓN ADAPTADO
ROBERT BENTON Por: *Kramer contra Kramer*

MEJOR GUIÓN ORIGINAL
STEVE TESICH Por: *El relevo*

MEJOR FOTOGRAFÍA
VITTORIO STORARO Por: *Apocalypse Now*

MEJOR SONIDO
WALTER MURCH, MARK BERGER, RICHARD BEGGS Por: *Apocalypse Now*

MEJOR CANCIÓN
MIRA COMO VA de: *Norma Rae*

MEJOR BANDA SONORA
GEORGE DELERUE Por: *Un pequeño romance*

MEJOR BANDA SONORA ADAPTADA
RALPH BURNS Por: *Empieza el espectáculo*

MEJOR MONTAJE
ALAN HEIM Por: *Empieza el espectáculo*

MEJOR VESTUARIO
ALBERT WOLSKY Por: *Empieza el espectáculo*

MEJORES EFECTOS ESPECIALES
H.R. GIGER, CARLO RAMBALDI, BRIAN JOHNSON Por: *Alien, el octavo pasajero*

OSCAR HUMANITARIO
RAY STARK, ROBERT BENJAMIN

OSCAR ESPECIAL
SIR ALEC GUINNESS Por aportar en la pantalla actuaciones memorables y distinguidas. Rescatado del olvido gracias a "La guerra de las galaxias", este sencillo y poco expresivo actor británico demostró que podía ser el más versátil de los actores, y eso sin cambiar su registro facial. Guionista, actor secundario y poseedor del título de Sir, debe parte de su estilo a su intensa formación teatral, aunque en esa época le dijeron que no tenía talento para ser actor.
HAL ELIAS Por su dedicación y servicios distinguidos en la Academia de Artes y Ciencias del Cine.
JOHN O. AALBERG, CHARLES G. CLARKE, JOHN G. FRAYNE En reconocimiento a su excelente trabajo.

El retraso de un día, ocasionado por el atentado fallido al presidente Reagan, no ensombreció el show en el que participaron Irene Cara, Diana Ross y Nicholas Brothers. Con ello pretendían acallar las protestas de otros años hacia las minorías.

MEJOR PELÍCULA

GENTE CORRIENTE ***(Ordinary People)***
La fachada que muestran las personas corrientes queda perfectamente descrita en esta, aparente, sencilla película en la cual debutó como director Robert Redford, tras 18 años de actor.
Sensible y algo monótona, constituyó un éxito de público.

Nominadas: *El hombre elefante, Tess, Toro salvaje,*

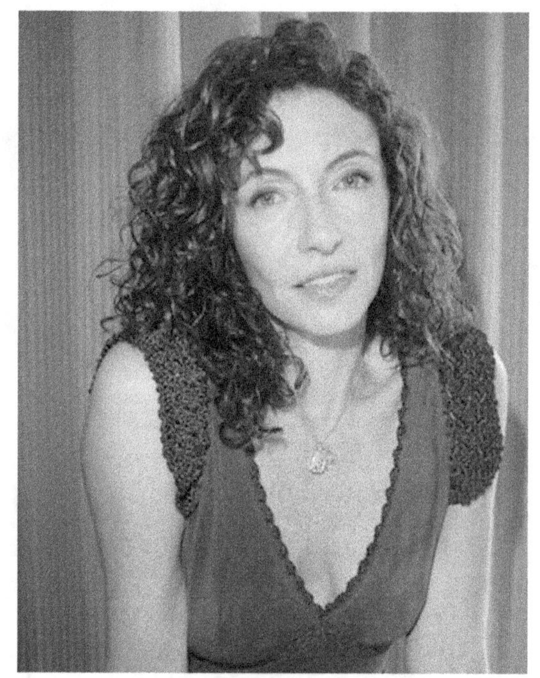

Mary Steenburgen

AÑO 1981

54th Awards: 29 de marzo de 1982, 6:00 p.m.
Lugar: Dorothy Chandler Pavilion, Los Angeles County Music Center
Presentador: Johnny Carson

Quiero ser libre

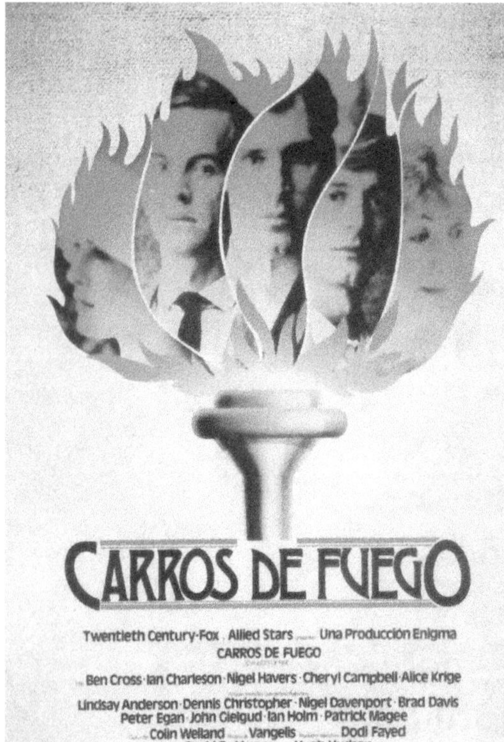

MEJOR PELÍCULA EXTRANJERA
MOSCÚ NO CREEN EN LAS LÁGRIMAS
Por: Vladimir Menshov
Nominadas: *El nido, Kagemusha, la sombra del guerrero, Confidencia, El último metro*

MEJOR ACTOR
ROBERT DE NIRO
Por: *Toro salvaje*
Nominados: Peter O'Toole, John Hurt, Robert Duvall, Jack Lemmon

MEJOR ACTOR SECUNDARIO
TIMOTHY HUTTON Por: *Gente corriente*
Nominados: Joe Pesci, Jason Robards, Judd Hirsch

MEJOR ACTRIZ
SISSY SPACEK Por: *Quiero ser libre*
Nominadas: Mary Tyler Moore, Goldie Hawn, Ellen Burstn, Gena Rowlands

MEJOR ACTRIZ SECUNDARIA

MARY STEENBURGEN Por: *Melvin y Howard*
Nominadas: Eva le Gallienne, Eileen Brennan, Cathy Moriarty, Diana Scarwid

MEJOR DIRECTOR
ROBERT REDFORD Por: *Gente corriente*
Nominados: Roman Polanski, Richard Rush, Martin Scorsese, David Lynch

MARTÍN SCORSESE

Nacido el 17 de noviembre de 1942 en Queens, Nueva York, Scorsese ha trabajado habitualmente como independiente de la industria de Hollywood, haciendo películas con presupuestos relativamente pequeños que atraen a un público bastante especializado, aunque los buenos comentarios de los críticos le han hecho acreedor de bastantes envidias.

En 1972 la actriz Bárbara Hershey le dio una copia de la novela "La Última Tentación de Cristo" para realizar una película, en la cual ella haría de María Magdalena. El filme, realizado en 1988, le dio la oportunidad a Scorsese para dramatizar la figura histórica de Jesús, pero generó mucha controversia, especialmente por parte de los representantes religiosos que le acusaron de blasfemo. Como resultado de estas posturas, algunos teatros y ciertas cadenas de vídeo clubes, se negaron a distribuir la película.

En 1973 la película por la que consiguió cierta popularidad fue "Malas calles", afianzándose con "Taxi Driver"(1976), "New York, New York" (1977), "Toro Salvaje" (1980), "El Rey de la comedia" (1983), "Uno de los nuestros" (1990) y "El cabo del miedo" (1991), mientras que en "Alicia ya no vive aquí" (1974) cambia de rumbo para poner como protagonista a una mujer.

Otra película interesante fue un remake de "El cabo del terror", ahora titulada como "El cabo del miedo" (1991), inicialmente proyectada para ser dirigida por Steven Spielberg, aunque finalmente se quedó como productor ejecutivo.
Nuevamente con su actor preferido Robert De Niro realizó "Casino" (1995), una película bastante acertada sobre el mundo del hampa en las ciudades de Nueva York y Las Vegas, en donde Sharon Stone estaba más atractiva que nunca. Especialmente interesante fue "Gangs of New York" (nominada a la Mejor Película), un relato sobre el Nueva York de 1863, un lugar donde sobrevivir era todo un reto.

MEJOR GUIÓN ADAPTADO
ALVIN SARGENT Por: *Gente corriente*
MEJOR GUIÓN ORIGINAL
BO GOLDMAN Por: *Melvin y Howard*
MEJOR FOTOGRAFÍA
GEOFFREY UNSWORTH, GHISLAIN CLOQUET Por: *Tess*

MEJOR SONIDO
BILL VARNEY, PETER SUTTON, STEVE MASLOW Por: *El imperio contraataca*

MEJOR CANCIÓN
FAMA de: *Fama*
MEJOR BANDA SONORA
MICHAEL GORE Por: *Fama*

MEJOR MONTAJE
THELMA SCHOONMAKER Por: *Toro salvaje*

AÑO 1982

55th Awards: 11 de abril de 1983, 6:00 p.m.
Lugar: Dorothy Chandler Pavilion, Los Angeles County Music Center
Presentadores: Liza Minnelli, Dudley Moore, Richard Pryor, Walter Matthau

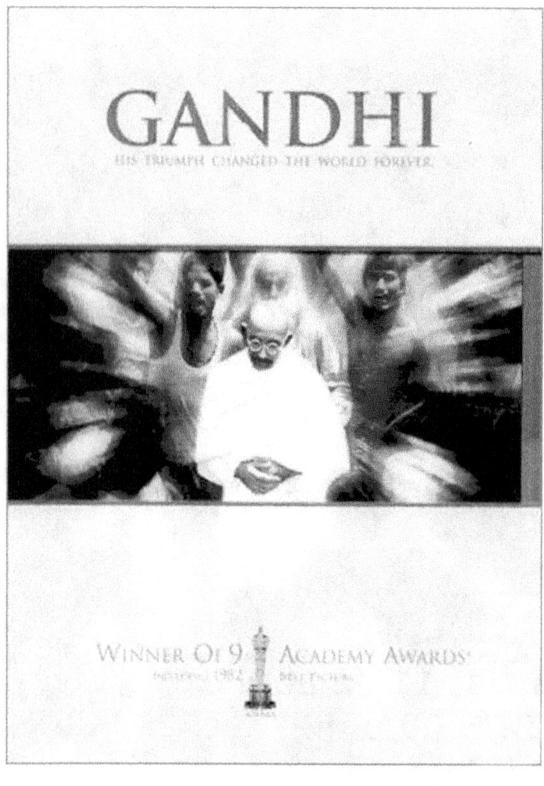

MEJOR VESTUARIO
ANTHONY POWELL Por: *Tess*

MEJORES EFECTOS ESPECIALES
BRIAN JOHNSON, RICHARD EDLUND, RALPH McQUARRIE Por: *El imperio contraataca*

OSCAR ESPECIAL
HENRY FONDA Por ser un actor consumado, en reconocimiento a sus logros inteligentes y su contribución paciente al arte del cine. Cuando recogió su premio preguntó con ironía si es que habían oído que estaba muy enfermo y no querían hacerlo a título póstumo. Moriría un año después.
FRED HYNES Por su excelente servicio y dedicación promocionando las normas de la Academia de Artes y Ciencias del Cine.

MEJOR PELÍCULA

CARROS DE FUEGO (*Chariots of Fire*)

Este filme, el cual nos narra los esfuerzos de dos corredores británicos para competir en las Olimpiadas de París de 1924, fue un fracaso comercial en el estreno, aunque se recuperó posteriormente con la entrega del Oscar. No obstante, parte del éxito fue debido a su banda sonora.

Nominadas: *En busca del arca perdida, Atlantic City, En el estanque dorado, Rojos*

MEJOR PELÍCULA EXTRANJERA
MEPHISTO Por: Istvan Szabo
Nominadas: *Tres hermanos, El hombre de hierro*

MEJOR ACTOR
HENRY FONDA Por: *En el estanque dorado*
Por segunda vez recoge su premio junto al de su amiga Katharine Hepburn. Murió en agosto de ese año.
Nominados: Burt Lancaster, Warren Beatty, Dudley Moore, Paul Newman
MEJOR ACTOR SECUNDARIO
JOHN GIELGUD Por: *Arthur el soltero de oro*
Nominados: Jack Nicholson, Ian Holm, James Coco, Howard E. Rollins

MEJOR ACTRIZ
KATHARINE HEPBURN Por: *En el estanque dorado*
Nominadas: Diane Keaton, Meryl Streep, Marsha Mason, Susan Sarandon
MEJOR ACTRIZ SECUNDARIA
MAUREEN STAPLETON Por: *Rojos*
Nominadas: Elizabeth McGovern, Melinda Dillon, Jane Fonda, Joan Hackett

MEJOR DIRECTOR
WARREN BEATTY Por: *Rojos*
Nominados: Steven Spielberg, Luois Malle, Hugh Hudson, Mark Rydell

MEJOR GUIÓN ADAPTADO
ERNEST THOMPSON Por: *En el estanque dorado*
MEJOR GUIÓN ORIGINAL
COLLIN WELLAND Por: *Carros de fuego*

MEJOR FOTOGRAFÍA
VITTORIO STORARO Por: *Rojos*

MEJOR SONIDO
BILLY VARNEY, STEVE MASLOW, ROY CHARMAN Por: *En busca del arca perdida*
MEJOR CANCIÓN
LO MEJOR QUE USTED PUEDE HACER de: *Arthur, el soltero de oro*
MEJOR BANDA SONORA
VANGELIS PAPATHANASSIUO Por: *Carros de fuego*

MEJOR MONTAJE
MICHAEL KAHN Por: *En busca del arca perdida*

MEJOR VESTUARIO
MILENA CANONERO Por: *Carros de fuego*

MEJOR MAQUILLAJE
RICK BAKER Por: *Un hombre lobo americano en Londres*

MEJORES EFECTOS ESPECIALES

RICHARD EDLUND, KIT WEST, BRUCE BICHOLSON Por: *En busca del arca perdida*

OSCAR HUMANITARIO JEAN HERSHOLT
DANNY KAYE Por su trabajo en la UNICEF y con los niños en general.

OSCARS ESPECIALES
BARBARA STANWYCK Por su gran creatividad y su contribución como actriz de

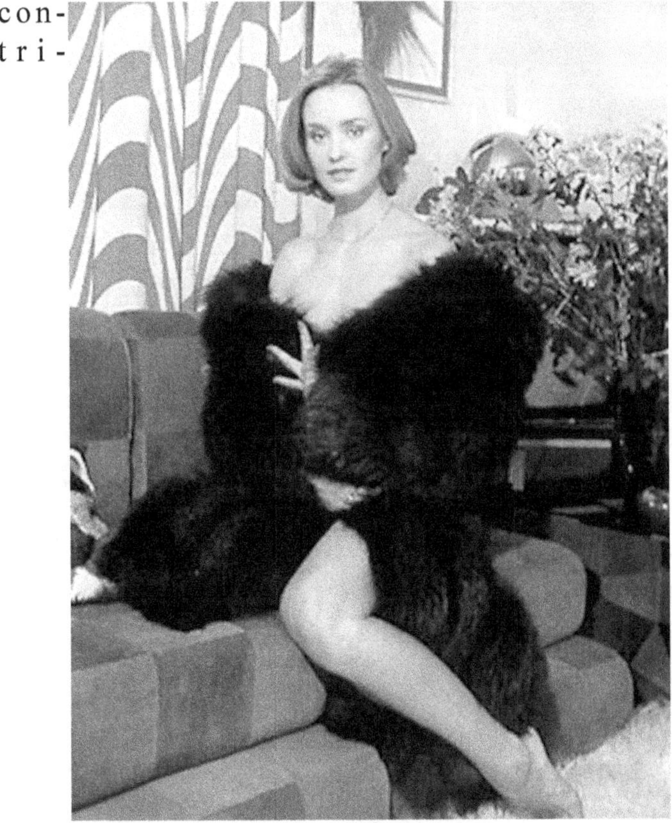

Jessica Lange

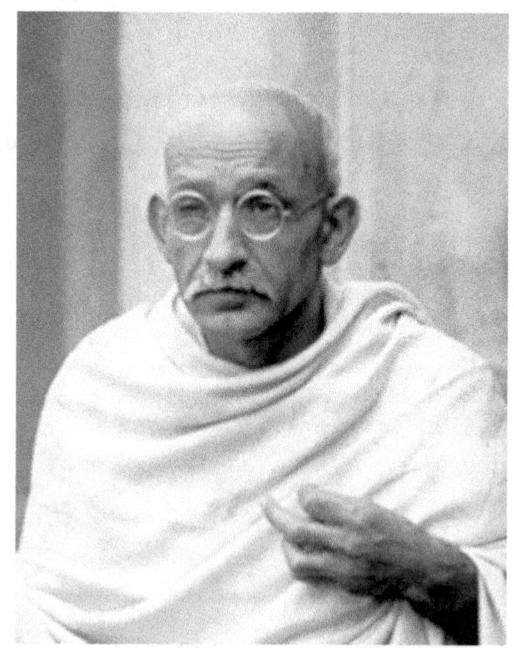

Ben Kingsley

Año 1983

56th Awards: 9 de abril de 1984, 6:00 p.m.
Lugar: Dorothy Chandler Pavilion, Los Angeles County Music Center
Presentador: Johnny Carson

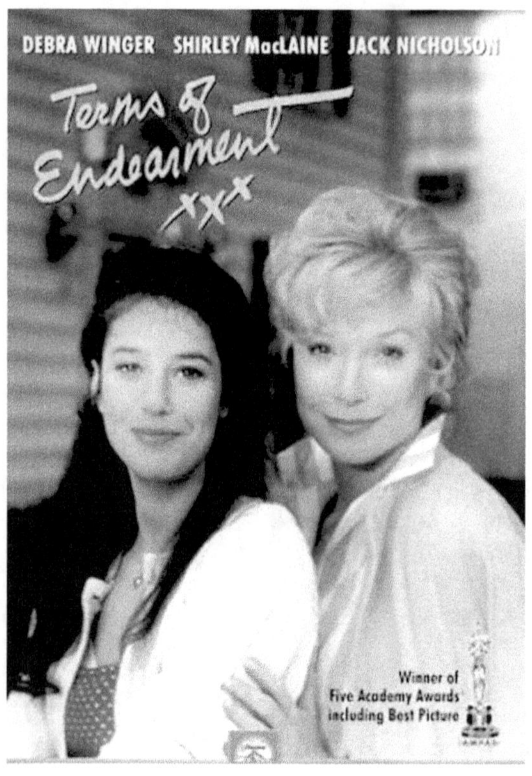

cine.

ALBERT R. BROCCOLI Por sus películas sobre 007 James Bond.

JOSEPH WALKER Por sus contribuciones técnicas que han traído prestigio a la industria del cine. Fue director de fotografía en *Horizontes perdidos* y *¡Qué bello es vivir!*

MEJOR PELÍCULA

GANDHI (*Gandhi)* Ganadora de ocho Oscars, de los once para los que estaba nominada, este canto a la violencia pacífica nos demuestra que hasta los contrasentidos son posibles.
Esta producción británica catapultó a la fama al actor Ben Kingsley, que sería recordado por este filme durante toda su carrera.

Nominadas: *Desaparecido, E.T. El extraterrestre, Tootsie, Veredicto final*

MEJOR PELÍCULA EXTRANJERA
VOLVER A EMPEZAR Por: José Luis Garci

José Luis Garci nos cuenta de modo sencillo y eficaz el otoño del escritor Antonio Miguel Albajara cuando llega a Gijón, su ciudad natal, procedente de Estocolmo, donde acaba de recibir el premio Nóbel. Durante cuarenta años, Albajara ha sido profesor de Literatura Medieval en la Universidad de Berkeley (California), y cuando regresa los recuerdos le afloran en su mente, así como los amores.
Y así, a los acordes de *Begin the Beguine*, los romances otoñales se mezclan con la nostalgia y nos hacen creer que, al final, todos tendremos nuestra época gloriosa.
Nominadas: *El vuelo del águila, Vidas privadas, Alsino y el cóndor, Coup de Torchon*

MEJOR ACTOR
BEN KINGSLEY Por: *Gandhi*
Nominados: Jack Lemmon, Dustin Hoffman, Paul Newman, Peter O'Toole

MEJOR ACTOR SECUNDARIO
LOUIS GOSSET Jr. Por: *Oficial y caballero*
Nominados: James Mason, Robert Preston, Charles Dunning, John Lithgow

MEJOR ACTRIZ
MERYL STREEP Por: *La decisión de Sophie*
Nominadas: Julie Andrews, Debra Winger, Jessica Lange, Sissy Spacek

MEJOR ACTRIZ SECUNDARIA
JESSICA LANGE Por: *Tootsie*
Nominadas: Glenn Close, Teri Garr, Lesley Ann Warren

MEJOR DIRECTOR

RICHARD ATTENBOROUGH Por: *Gandhi*
Nominados: Sidney Lumet, Steven Spielberg, Wolfgang Petersen, Sidney Pollack

MEJOR GUIÓN ADAPTADO
COSTA-BRAVAS, DONALD STEWART Por: *Desaparecido*
MEJOR GUIÓN ORIGINAL
JOHN BRILEY Por: *Gandhi*

MEJOR FOTOGRAFÍA
BILLY WILLIAMS, RONNIE TAYLOR Por: *Gandhi*

MEJOR SONIDO
BUZZ KNUDSON, ROBERT GLASS Por: *E.T. El extraterrestre*
MEJOR CANCIÓN
DONDE NOSOTROS PERTENECEMOS de: *Oficial y caballero*
MEJOR BANDA SONORA
JOHN WILLIAMS Por: *E.T. El extraterrestre*
MEJOR BANDA SONORA ADAPTADA
HENRY MANCINI, LESLIE BRICUSSE Por: *¿Víctor o victoria?*
MEJORES EFECTOS SONOROS
CHARLES L. CAMPBELL, BEN BURTT Por: *E.T. El extraterrestre*

MEJOR MONTAJE
JOHN BLOOM Por: *Gandhi*

MEJOR VESTUARIO
JOHN MOLLO, BHANU ATHAIYA Por: *Gandhi*

AÑO 1984

57th Awards: 25 de marzo de 1985, 6:00 p.m.
Lugar: Dorothy Chandler Pavilion, Los Angeles County Music Center
Presentadores: Jack Lemmon, Candice Bergen, Jeff Bridges, Glenn Close, Michael Douglas, Gregory Hines, William Hurt, Amy Irving, Diana Ross, Tom Selleck, Kathleen Turner

MEJOR MAQUILLAJE

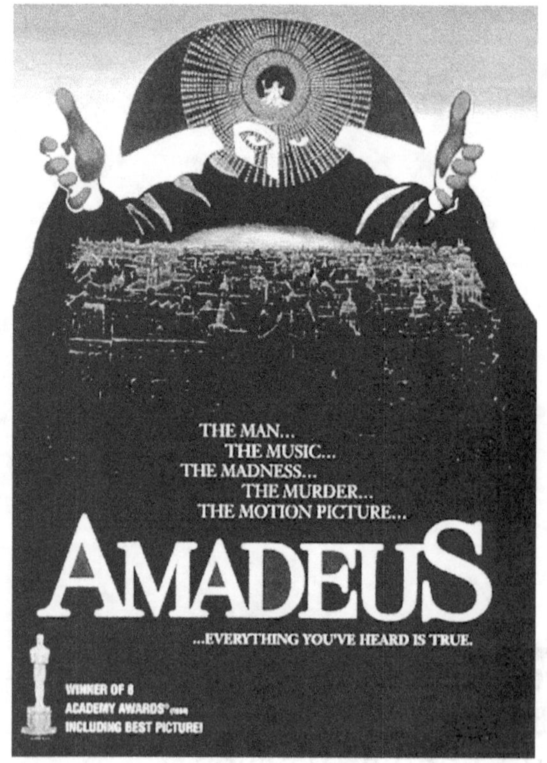

SARAH MONZANI, MICHELE BURKE
Por: *En busca del fuego*

MEJORES EFECTOS ESPECIALES
CARLO RAMBALDI, DENNIS MURYEN, KENNETH F. SMITH
Por: *E.T. El extraterrestre*
OSCAR HUMANITARIO JEAN HERSHOLT
WALTER MIRISCH

OSCAR ESPECIAL
MICKEY ROONEY
Por sus 50 años dedicados a interpretar películas memorables.
JOHN O. AALBERG
Por sus contribuciones técnicas a la industria del cine.

MEJOR PELÍCULA

LA FUERZA DEL CARIÑO ***(Terms of Enderarments)***
Melodrama sentimental con lágrimas incluidas, en una historia que tardó cuatro años en poder filmarse.
Con un presupuesto que se dedicó casi exclusivamente para los actores, contaba igualmente con una buena banda sonora y cierto sentido del humor.
Tuvo una continuación con un éxito discreto.

Nominadas: *Elegidos para la gloria, Gracias y favores, La sombra del actor, Reencuentro*

MEJOR PELÍCULA EXTRANJERA
FANNY Y ALEXANDER Por: Ingmar Bergman
Nominadas: *Carmen, Entre nosotras, Le bal*

MEJOR ACTOR
ROBERT DUVALL Por: *Gracias y favores*
Nominados: Michael Caine, Albert Finney, Tom Courtenay, Tom Conti

MEJOR ACTOR SECUNDARIO
JACK NICHOLSON Por: *La fuerza del cariño*
Nominados: Rip Torn, Charles Durning, John Lithgow, Sam Sheppard

MEJOR ACTRIZ
SHIRLEY MACLAINE Por: *La fuerza del cariño*
Nominadas: Meryl Streep, Julie Walters, Jane Alexander, Julie Walters, Debra Winger

MEJOR ACTRIZ SECUNDARIA
LINDA HUNT Por: *El año que vivimos peligrosamente*
Esta actriz, de aspecto varonil y con una estatura que apenas llega al metro y medio, intentó primeramente ser directora de cine, aunque finalmente las productoras la han tenido en cuenta por sus dotes dramáticas. Ganadora de un premio Tony de teatro, debutó en el cine con el filme "Popeye", aunque saltaría a la fama por su ambigua caracterización en "El año que vivimos peligrosamente", donde interpretaba a un enano indonesio.
Nominadas: Cher, Glenn Close, Alfre Woodward, Amy Irwin

MEJOR DIRECTOR
JAMES L. BROOKS Por: *La fuerza del cariño*
Nominados: Mike Nichols, Peter Yates, Ingmar Bergman

MEJOR GUIÓN ADAPTADO

OSCARS ESPECIALES

JAMES STEWART Por sus 50 años de actuaciones importantes, por sus altos ideales, ambos fuera y dentro de la pantalla, con el respeto y afecto de sus colegas.

NATIONAL ENDOWMENT FOR THE ARTS En reconocimiento de sus 20 años y su compromiso especializado en crear actividades artísticas excelentes en cada área.

KAY ROSE Por los efectos sonoros de *Cuando el río crece*

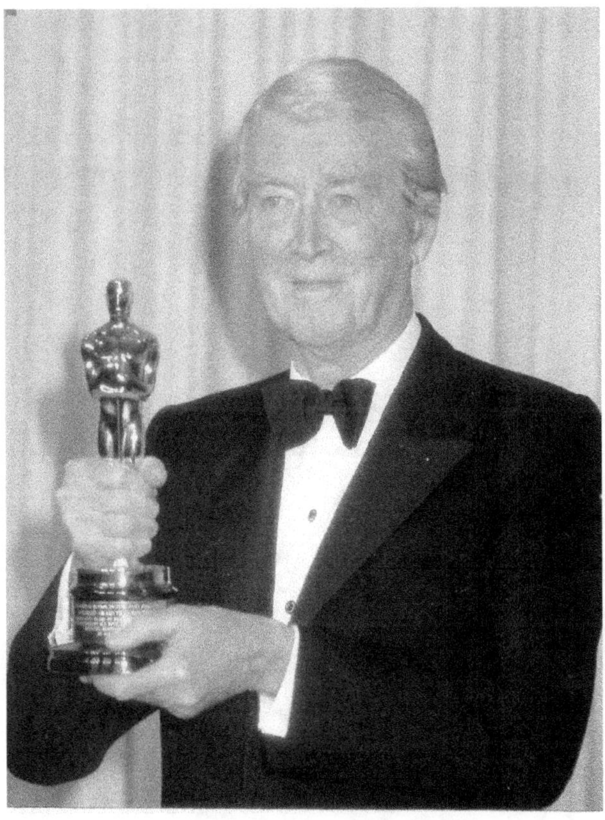

James Stewart

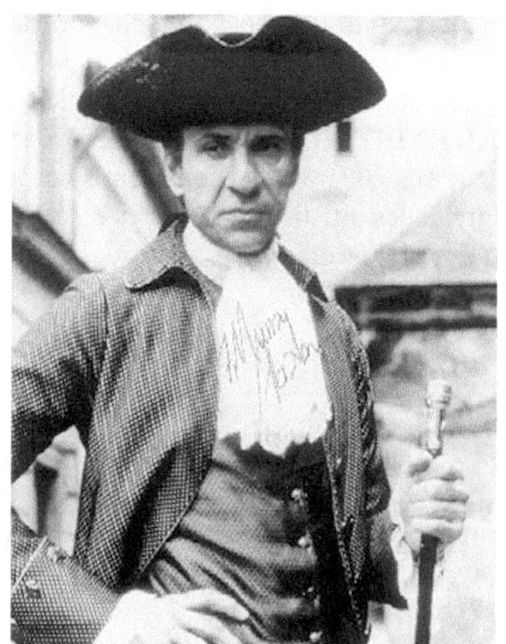

F. Murray Abraham

Año 1985

58th Awards: 24 de marzo de 1986, 6:00 p.m.
Lugar: Dorothy Chandler Pavilion, Los Angeles County Music Center
Presentadores: Alan Alda, Jane Fonda, Robin Williams

JAMES L. BROOKS Por: *La fuerza del cariño*

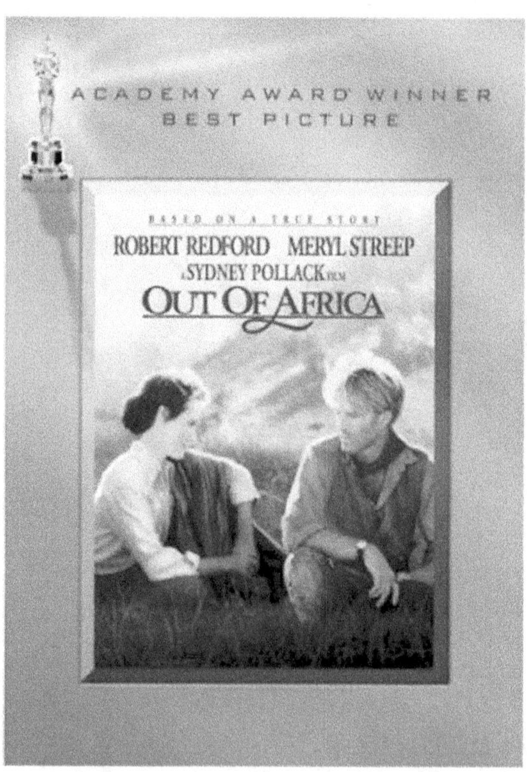

MEJOR GUIÓN ORIGINAL
HORTON FOOTE Por: *Gracias y favores*

MEJOR FOTOGRAFÍA
SVEN NYKVIST Por: *Fanny y Alexander*

MEJOR SONIDO
DONALD O. MITCHELL, RICK KLINE, KEVIN O'CONELL Por: *La fuerza del cariño*
MEJOR CANCIÓN
ESO ES LO QUE YO SIENTO de: *Flashdance*
MEJOR BANDA SONORA ORIGINAL
BILL CONTI Por: *Elegidos para la gloria*
MEJOR BANDA SONORA ADAPTADA
MICHEL LEGRAND, MARILYN BERGMAN Por: *Yentl*
MEJORES EFECTOS SONOROS
JEY BOEKELHEIDE Por: *Elegidos para la gloria*

MEJOR MONTAJE

GLENN FARR, DOUGLAS STEWART, TOM ROLFE
Por: *Elegidos para la gloria*

MEJOR VESTUARIO

MARIK VOSS Por: *Fanny y Alexander*

MEJORES EFECTOS ESPECIALES

RICHARD EDLUND, DENNIS MUREN, KEN RALSTON Por: *El retorno del Jedi*

OSCAR HUMANITARIO

M.J. FRANKOVICH Productor

OSCAR ESPECIAL

HAL ROACH En reconocimiento a su contribución al cine como arte.

DR. JOHN G. FRAYNE Por: su contribución técnica al cine

MEJOR PELÍCULA

AMADEUS ***(Amadeus)***

La película, que retoma la leyenda vienesa sobre la muerte en el siglo XVIII del genio de la música Wolfgang Amadeus Mozart, se inicia desde un manicomio, en donde Salieri, el antiguo compositor de la corte, recuerda lo que ocurrió treinta años antes cuando el joven Mozart empezó a ganarse el favor del emperador austriaco José II.

Rodada en la Checos-lovaquia natal de For-man, parece un escenario correcto, encajando en la época, quizá porque Praga todavía contiene calles, manzanas y edificios que podrían ser idénticos a la Viena de Mozart.

Nominadas: *Los gritos del silencio, Pasaje a la India, En un lugar del corazón, Historia de un soldado*

MEJOR PELÍCULA EXTRANJERA
EL LOCO DE LA DIAGONAL Por: Michael Rambo
Nominadas: *Sesión continua, Detrás de los muros, Camila, Idilio de campaña*

MEJOR ACTOR
F. MURRAY ABRAHAM Por: *Amadeus*
Nominados: Sam Waterston, Jeff Bridges, Albert Finney, Tom Hulce

MEJOR ACTOR SECUNDARIO
HAING S. NGOR Por: *Los gritos del silencio*
Nominados: Pat Morita, John Malkovich, Ralph Richardson, Adolph Caesar

MEJOR ACTRIZ
SALLY FIELD Por: *En un lugar del corazón*
Nominadas: Vanessa Redgrave, Jessica Lange, Sissy Spacek, Judy Davis

MEJOR ACTRIZ SECUNDARIA
PEGGY ASHEROFT Por: *Pasaje a la India*
Nominadas: Glenn Close, Geraldine Page, Christine Lahti, Lindsay Crouse

MEJOR DIRECTOR
MILOS FORMAN Por: *Amadeus*
Nominados: Woody Allen, David Lean, Roland Joffé, Robert Benton

MEJOR GUIÓN ADAPTADO
PETER SHAFFER Por: *Amadeus*

MEJOR GUIÓN ORIGINAL

Año 1986

59th Awards: 31 de marzo de 1987, 6:00 p.m.
Lugar: Dorothy Chandler Pavilion, Los Angeles County Music Center
Presentadores: Chevy Chase, Goldie Hawn, Paul Hogan

ROBERT BENTON Por: *En un lugar del corazón*

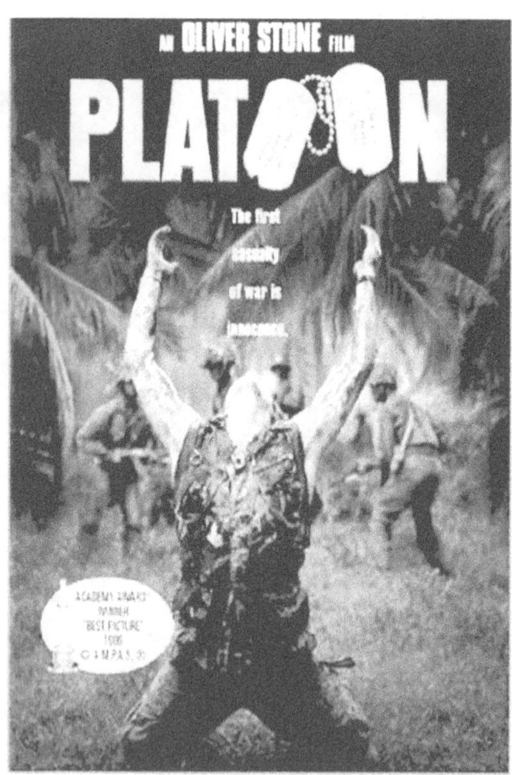

MEJOR FOTOGRAFÍA
CHRIS MENGES Por: *Los gritos del silencio*
MEJOR SONIDO
MARK BERGER, TOM SCOTT, JEY BOEKELHEIDE Por: *Amadeus*
MEJOR CANCIÓN
LA LLAMARÉ PARA DECIRLA QUE LA AMO de: *La mujer de rojo*
MEJOR BANDA SONORA
MAURICE JARRE Por: *Pasaje a la India*
MEJOR BANDA SONORA ADAPTADA
PRINCE Por: *La lluvia púrpura*

MEJOR MONTAJE
JIM CLARK Por: *Los gritos del silencio*

MEJOR VESTUARIO
THEODOR PISTEK Por: *Amadeus*

MEJOR MAQUILLAJE
DICK SMITH Por: *Maquillaje*

MEJORES EFECTOS ESPECIALES
DENNIS MUREN, MICHAEL McALISTER, LORNE PETERSON Por: *Indiana Jones y el Templo maldito*

OSCAR HUMANITARIO JEAN HERSHOLT
LINWOOD G. AWARD
DAVID L. WOLPER
Este productor de cine, teatro y televisión, es artífice de más de 700 películas y ganador de más de 150 premios, entre ellos 2 Oscars, 50 Emmys y 7 Globos de Oro, poseyendo también el premio de honor de la Legión Francesa por sus documentales sobre Jacques Cousteau.

MEJOR PELÍCULA

MEMORIAS DE ÁFRICA *(Out of Africa)*
Teniendo que importar seis leones desde los Estados Unidos, a causa de las restrictivas leyes africanas, Sydney Pollack aportó, además, trajes y muebles originales de esa época.
Aunque algo tediosa, esta historia de amor cuenta con excelentes interpretaciones y una buena banda sonora.

Nominadas: *El honor de los Prizzi, El beso de la mujer araña, El color púrpura, Único testigo*

MEJOR PELÍCULA EXTRANJERA
LA HISTORIA OFICIAL Por: Luiz Puenzo
Nominadas: *Tres solteros y un biberón, Papá está en viaje de negocios, Coronel Redl, Bittere Ernte*

MEJOR ACTOR
WILLIAM HURT Por: *El beso de la mujer araña*

Nominados: Harrison Ford, Jack Nicholson, James Garner, Jon Voight

MEJOR ACTOR SECUNDARIO
DON AMECHE Por: *Cocoon*
Nominados: Klaus María Brandauer, William Hickey, Eric Roberts, Robert Loggia

MEJOR ACTRIZ
GERALDINE PAGE Por: *Viaje a Bountiful*
Nominadas: Meryl Streep, Whoopi Goldberg, Anne Bancroft, Jessica Lange

MEJOR ACTRIZ SECUNDARIA
ANGELICA HUSTON Por: *El honor de los Prizzi*
Nominadas: Meg Tilly, Margaret Avery, Oprah Winfrey, Amy Madigan

MEJOR DIRECTOR
SYDNEY POLLACK Por: *Memorias de África*
Nominados: John Huston, Peter Weir, Akira Kurosawa, Héctor Babenco

MEJOR GUIÓN ADAPTADO
KURT LUEDTKE Por: *Memorias de África*

MEJOR GUIÓN ORIGINAL
EARL E. WALLACE, WILLIAM KELLEY Por: *Único testigo*

MEJOR FOTOGRAFÍA
DAVID WATKIN Por: *Memorias de África*

MEJOR SONIDO
CHRIS JENKIS, GARY ALEXANDER, PETER HANDFORD Por: *Memorias de África*
MEJOR CANCIÓN
DÍGALO, DÍGAME de: *Noches de sol*
MEJOR BANDA SONORA
JOHN BARRY Por: *Memorias de África*
MEJORES EFECTOS SONOROS
CHARLES L. CAMPBELL, ROB RUTLEDGE Por: *Regreso al futuro*

MEJOR MONTAJE
THOM NOBLE Por: *Único testigo*
MEJOR VESTUARIO
EMI WADA Por: *Ran*
MEJOR MAQUILLAJE
MICHAEL WESTMORE, ZOLTAN Por: *Máscara*

MEJORES EFECTOS ESPECIALES
KEN RALSTON, RALPH McQUARRI, DAVID BERRY Por: *Cocoon*

OSCAR HUMANITARIO JEAN HERSHOLT
CHARLES "BUDDY" ROGERS Actor

OSCAR ESPECIAL
PAUL NEWMAN En reconocimiento de sus muchas y memorables actuaciones en la pantalla y por su integridad personal y dedicación.
ALEX NORTH En reconocimiento a su talento artístico inteligente en la creación de música memorable que proporcionaron estupendas películas.
JOHN WHITNEY Por abrir el camino al cine.

MEJOR PELÍCULA

PLATOON ***(Platoon)***

Con un gran éxito de taquilla, la historia de la compañía "Bravo" es un triste episodio para los norteamericanos. Oliver Stone era el director idóneo, pues había servido en Vietnam durante quince meses. Despreciado el guión en América, fue admitido finalmente por los británicos.

Nominadas: *Hijos de un dios menor, Hannah y sus hermanas, La Misión, Una habitación con vistas*

MEJOR PELÍCULA EXTRANJERA
EL ASALTO Por: Fons Rademakers
Nominadas: *Betty Blue, El declive del imperio americano, Hasta la última lágrima, Mi dulce pueblecito*

MEJOR ACTOR
PAUL NEWMAN Por: *El color del dinero*
Este prestigioso actor, nacido el 26 de enero de 1925 en Shaker Heights, Ohio, EE.UU., ha interpretado más de 60 películas, además de ser autor de numerosas obras teatrales, filmes de televisión y cortometrajes. Destacado alumno del Actors Studio, allí conoció a la que sería su gran amor, Joanne Woodward, con la que se casó en 1958 para formar una de las parejas más estables de Hollywood.
Debutó en el cine con "El Cáliz de Plata", tan mala que años después realizó un anuncio de televisión para pedir disculpas por ella. Con el tiempo, Paul Newman ha logrado ser uno de los actores que han sido nominados al Oscar de la Academia en más ocasiones, aunque finalmente fue premiado por un Oscar en 1986 y otros dos por su larga

carrera cinematográfica y por su labor humanitaria.
Entre sus filmes más destacados están, "La gata sobre el tejado de zinc" (1958), Éxodo (1960), "Dos hombres y un destino (1969), "El golpe" (1973), "El coloso en llamas" (1974), "El color del dinero" (1986), y "Camino a la perdición" (2002).

Nominados: Dexter Gordon, Bob Hoskins, William Hurt, James Woods

MEJOR ACTOR SECUNDARIO
MICHAEL CAINE Por: *Hannah y sus hermanas*
Nacido en 1933, este actor inglés altamente versátil, prolífico, de pelo rizado y ligeramente cínico, consiguió ser reconocido por primera vez por su interpretación en

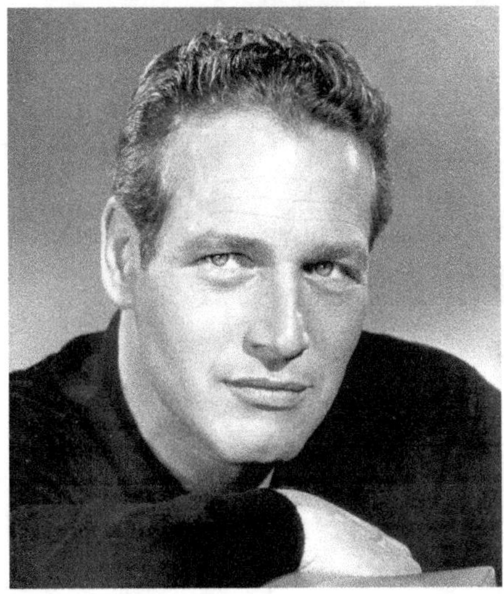

Paul Newman

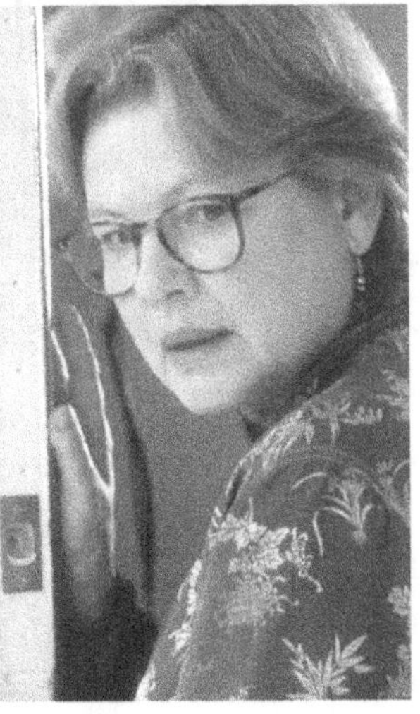

Dianne Weist

"Alfie" (1966). Después consolidó su fama con tres pelí-

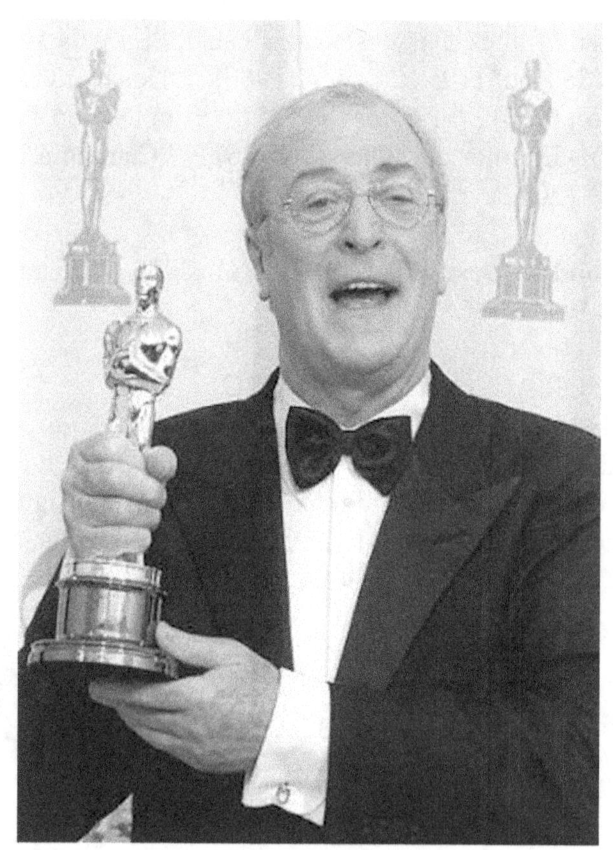

Michael Caine

Año 1987

60th Awards: 11 de abril de 1988, 6:00 p.m.
Lugar: Shrine Civic Auditorium, Los Angeles
Presentador: Chevy Chase

culas menores como "Ipccress" (1965), "Funeral en Berlín" (1966) y "Un cerebro de un billón de dólares" (1967), realizando algunos memorables papeles en películas de misterio, como "La Huella" (1972) y "La Trampa de la Muerte" (1982), así como clásicos que incluyen "El Hombre que pudo Reinar" (1975) y "Educando a Rita" (1983). También trabajó junto a Bob Hoskins en "Mona Lisa" (1986) y en la comedia de Woody Allen "Hannah y sus Hermanas" (1986).

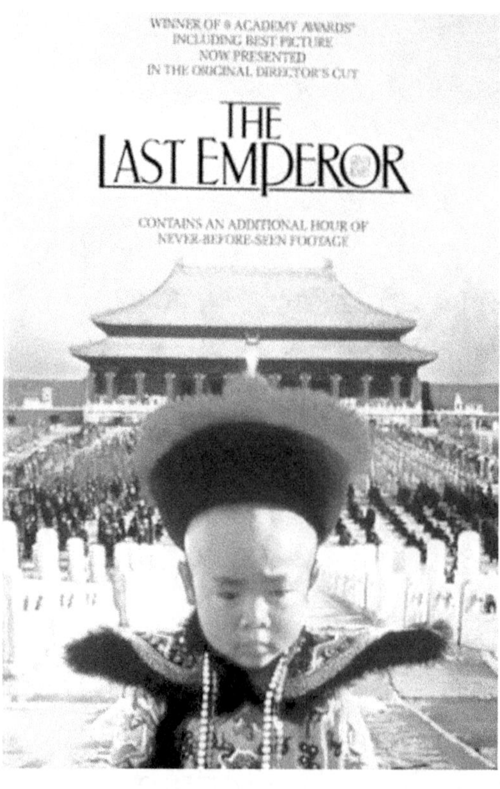

Caine indudablemente parece disfrutar en cualquier papel, incluso en una comedia de tanto éxito como "Lío en Río" (1984), o en la fallida "Tiburón 4: La Venganza" (1987), demostrando un sentido del humor poco sutil en "Un par de Seductores" (1988) y "The Muppet Christmas Carol" (1992). Últimamente ha realizado obras tan dispares como "Las normas de la casa la sidra" (1999), "Miss agente especial" (2000), y "Austin Powers, Miembro de oro" (2002).

Sin considerar todo el material en el cual ha trabajado

(como "En tierra peligrosa", 1994), las interpretaciones de Caine le han situado en un buen lugar entre los actores de prestigio, pero además de su contribución al teatro, el cine y la televisión, ha escrito tres libros y hecho un vídeo titulado: "Michael Caine Action on Film".
Nominados: Tom Berenger, Willem Dafoe, Denholm Elliot, Dennis Hopper

MEJOR ACTRIZ
MARLEE MATIN Por: *Hijos de un dios menor*
Nominadas: Jane Fonda, Sissy Spacek, Kathleen Turner, Sigourney Weaver

MEJOR ACTRIZ SECUNDARIA
DIANNE WIEST Por: *Hannah y sus hermanas*
Nominadas: Piper Laurie, Tess Harper, Mary Elizabeth Mastrantonio, Maggie Smith

MEJOR DIRECTOR
OLIVER STONE Por: *Platoon*
Nominados: David Lynch, Woody Allen, Roland Joffe, James Ivory

MEJOR GUIÓN ADAPTADO
RUTH PRAWER JHABVALA Por: *Una habitación con vistas*
MEJOR GUIÓN ORIGINAL
WOODY ALLEN Por: *Hannah y sus hermanas*

MEJOR FOTOGRAFÍA
CHRIS MENGES Por: La misión
MEJOR DIRECCIÓN ARTÍSTICA
GIANNI QUARANTA, BRIAN SAVEGAR, ELIO

ALTRAMURA Por: *Una habitación con vistas*

MEJOR SONIDO
JOHN DOC WILKINSON Por: *Platoon*
MEJOR CANCIÓN
GIORDIO MORODER de: *Top Gun*
MEJOR BANDA SONORA
HERBIE HANCOCK Por: *Alrededor de la medianoche*
MEJORES EFECTOS SONOROS
DON SHARPE Por: *Aliens*

MEJOR VESTUARIO
JENNY BEAVAN, JOHN BRIGHT Por: *Una habitación con vistas*
MEJOR MAQUILLAJE
CHRIS WALAS Por: *La mosca*

MEJORES EFECTOS ESPECIALES
ROBERT SKOTAK, STAN WILSON, JOHN RICHARSON Por: *Aliens*
OSCAR IRVING THALBERG
STEVEN SPIELBERG
Spielberg nació el 18 de diciembre de 1947, en Cincinnati, OH. Innovador y tremendamente comercial, Steven Spielberg ha cambiado el modo de realizar películas, muchas de las cuales, como es el caso de "Tiburón" (1975), "Encuentros en la Tercera Fase" (1977), y las tres entregas de "Indiana Jones", están entre las mayores producciones en la historia del cine, junto a "E.T. El Extraterrestre" (1982) y "Parque Jurásico" (1993).
En su mayor parte autodidacta, empezó a ser considerado por las productoras gracias a su película rodada para la televisión "El diablo sobre ruedas" (1971), que se estrenó

en Europa en el cine, consiguiendo un gran éxito comercial. La primera película importante fue, "Loca evasión" (1974), seguida de "Tiburón", "Encuentros en la tercera fase", y "1941" (1979), enlazando pronto con "En busca del Arca perdida", con el productor George Lucas, popularizando rápidamente al personaje de Indiana Jones.
Después llegaron "E.T. el extraterrestre", así como "Los Goonies" (Richard Donner, 1985), "El imperio del sol" (1987), y "Regreso al futuro" (como productor), continuando con "Indiana Jones y el templo maldito", "El color púrpura" (1985), "Poltergeist" (escritor y productor-1982), "Indiana Jones y la última cruzada" y "Always" (1989), en la cual daba la última oportunidad a Audrey Hepburn.
Trabajador incansable, ha ejercido como productor en series de televisión como "Cuentos asombrosos" (NBC, 1985-1987), y "Sea Quest DSV", cosechando nuevas críticas por su revisión del mito de Peter Pan en "Hook" (1991), aunque su prestigio subió mucho puntos con el drama "La lista de Schindler" (1993).
A finales de 1994, Spielberg, conjuntamente con David Geffen y un antiguo ejecutivo de Disney, Jeffrey Katzenberg, anunció la formación de "DreamWorks SKG", un nuevo estudio que produciría películas para televisión, multimedia y otros aspectos. Hoy está en venta.
Sus últimos filmes, sin embargo, han tenido un éxito desigual, entre ellos "Amistad" (1997), "Salvar al soldado Ryan" (1998), A.I. inteligencia artificial (2001), "Atrápame si puedes" (2002), "Minority Report" (2002) y "La guerra de los mundos" (2005).

OSCAR ESPECIAL

RALPH BELLAMY Por sus trabajos distinguidos al servicio de su profesión como actor

E.M. LEWIS En agradecimiento por sus servicios para la Academia

MEJOR PELÍCULA

EL ÚLTIMO EMPERADOR (The last Emperor)

La vida del último emperador manchú, desde su infancia hasta que fue recluido en prisión, era inicialmente una serie de televisión de cinco horas.
Rodada en la Ciudad Prohibida, este filme de Bernardo Bertolucci fue objeto de una gran polémica política, aunque reincidió con "El

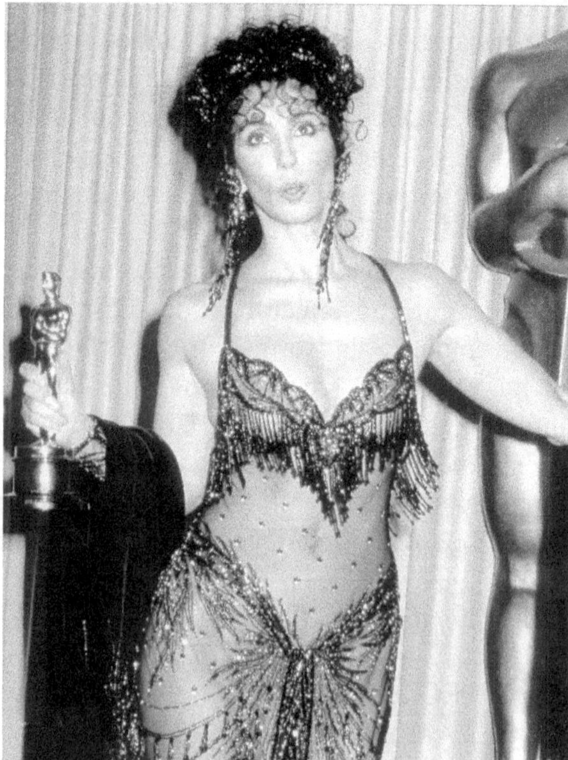

Cher

Año 1988

61st Awards: 20 de marzo de 1989, 6:00 p.m.
Lugar: Shrine Civic Auditorium, Los Angeles
Presentadores:Anjelica Huston, Steven Spielberg...

pequeño Buda".
Nominadas: *Atracción fatal, Esperanza y gloria, Broadcast News, Hechizo de luna*

MEJOR PELÍCULA EXTRANJERA
EL FESTÍN DE BABETTE Por: Gabriel Axel
Nominadas: *Au Revoir Les Enfants, Course Completed, The Family, Pathfinder*

MEJOR ACTOR

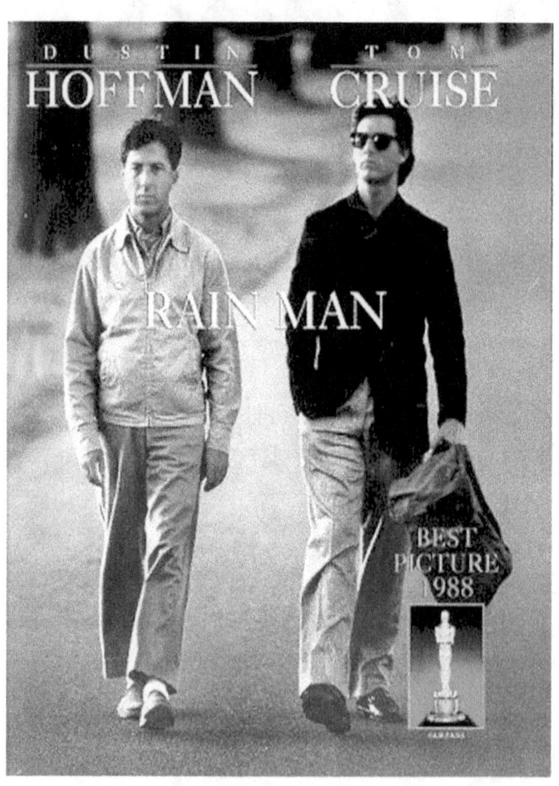

MICHAEL DOUGLAS Por: *Wall Street*
Nominados: William Hurt, Marcello Mastroianni, Jack Nicholson, Robin William

MEJOR ACTOR SECUNDARIO
SEAN CONNERY Por: *Los intocables*
Sean, nacido el 25 de agosto de 1930, no presenta una filmografía uniforme, pues encontramos filmes nefastos como "Los inmortales II" y "Los vengadores", otros con reconocimiento posterior -es el caso de

"El hombre que pudo reinar" y "Robin y Marian"-, o cómicos como "Negocios de familia". Si le gustan los thrillers hay que buscarle en dos obras interesantes, "Los intocables de Elliot Ness" o "La casa Rusia", mientras que si deseamos averiguar su papel más seductor deberemos ver "Cinco días, un verano" o "El primer caballero", aunque en ambas termina perdiendo a favor del competidor. Por último, también se ha movido con cierta habilidad en la ciencia-ficción, tal y como demostró en "Los héroes del tiempo", "Zardoz", "Atmósfera cero" y "La liga de los hombres extraordinarios", películas desiguales pero de visión obligada.
Para muchos aficionados "Nunca digas nunca jamás" fue el primer "James Bond" filmado que vieron, una película que se hizo nada menos que veintiún años después del estreno de "Agente 007 contra el Dr. No." y así no hay manera de conseguir que se enganchen a la saga de 007. No es que sea una mala película, es que supone el declive, el final del héroe, y lo mismo que no es correcto que nos presenten a una dama con los rulos puestos, tampoco lo es conocer a Sean Connery cuando tenía 53 años y odiaba tanto a su personaje que deseaba mutilarlo para siempre. Afortunadamente su maestría como actor es tanta que ni voluntariamente consiguió salir mal parado en su propósito y su legión de fans comenzó de nuevo una carrera ascendente vertiginosa. "Indiana Jones y la última cruzada", "La roca" y "La trampa", son filmes bien resueltos que han contribuido a evitar el envejecimiento cinematográfico del actor.

Nominados: Albert Brooks, Morgan Freeman, Vincent Gardenia, Denzel Washington

MEJOR ACTRIZ

CHER Por: *Hechizo de luna*

Cherilyn Sarkisian nació en 1946, en California, alcanzando gran popularidad cantando en el dúo "Sonny y Cher", teniendo como oponente a su entonces esposo Sonny Bono. Este trabajo le permitió tener su propio programa de televisión, "The Sonny and Cher Comedy Hour" (1971-74) que llegó a ser un éxito.

Cher hizo su estreno en el cine con la película "Wild on the Beach" (1965), pero comenzó a tener un serio reconocimiento durante los años 80, con una nominación al Premio de la Academia como mejor actriz secundaria por "Silkwood" (1983). Después consiguió el premio a la mejor actriz concedido en Cannes por "Máscara" (1985) y el Oscar a la mejor actriz por "Hechizo de Luna" (1987).

Sus numerosas operaciones de cirugía estética, que nunca ha negado, le han proporcionado un físico envidiable a pesar de estar cerca de los sesenta años. También es famosa por sus numerosos romances y por declarar en público que cuando un hombre le gusta se lo lleva a la cama, aunque sea pagándole.

Nominadas: Glenn Close, Holly Hunter, Sally Kirkland, Meryl Streep

MEJOR ACTRIZ SECUNDARIA

OLYMPIA DUKAKIS Por: *Hechizo de luna*

Nominadas: Norma Aleandro, Anne Archer, Anne Ramsey, Ann Sotherm

MEJOR DIRECTOR

BERNARDO BERTOLUCCI Por: *El último emperador*

Nominados: Adrian Lyne, John Boorman, Norman Jewinson, Lasse Hallstrom

MEJOR GUIÓN ADAPTADO
MARK PEPLOE y BERNARDO BERTOLUCCHI
Por: *El último emperador*
MEJOR GUIÓN ORIGINAL
JOHN PATRICK SHANLEY Por: *Hechizo de luna*

MEJOR FOTOGRAFÍA
VITTORIO STORARO Por: *El último emperador*

MEJOR SONIDO
FRANKE PREVITE Por: *Dirty Dancing*
MEJOR CANCIÓN
THE TIME OF MY LIFE de: *Dirty Dancing*
MEJOR BANDA SONORA
RYUICHI SAKAMOTO, DAVID BYRNE y CONG SU
Por: *El último emperador*

MEJOR VESTUARIO
JAMES ACHESON Por: *El último emperador*

MEJOR MAQUILLAJE
RICK BAKER Por: *Harry y los Hendersons*

MEJORES EFECTOS VISUALES
DENNIS MUREN, WILLIAMS GEORGE, HARLEY JESSUP, KENNETH SMITH Por: *El chip prodigioso*

OSCAR IRVING THALBERG
BILLY WILDER Por su extensa trayectoria tanto como director, guionista y productor, galardón que se sumó a los otros cinco Oscars anteriores.

OSCAR ESPECIAL

FRED HYNES Por: su contribución técnica a la industria del cine

Antes los presentadores pronunciaban el famoso "The winner is..." cuando abrían el sobre con el nombre del ganador, pero desde 1988 se utiliza la frase "The Oscar goes to...". La ceremonia fue retransmitida en 91 países –por primera vez en la Unión Soviética- estimándose en mil millones de espectadores la audiencia. La decoración con cuatro millones de tulipanes traídos desde Holanda fue un éxito.

MEJOR PELÍCULA

RAIN MAN *(Rain man)*

Nos encontramos ante una película por la que nadie daba un duro antes de realizarse, mucho menos la productora. Solamente la tenacidad de Dustin Hoffman consiguió que esta sentimental historia se llevara a buen fin contando, además, con la presencia de Tom Cruise, quien había leído el guión cuando estaba rodando "El color del dinero".

Sabemos que Cruise accedió a interpretar esta historia esencialmente por trabajar junto a Hoffman y que en un principio él haría del hermano autista y Dustin del hermano protector. También supimos con posterioridad que el guión hablaba de un subnormal, no de un autista inteligente, y que el papel de Cruise debería estar interpretado por un actor cuando menos veinte años mayor.

La producción estuvo a punto de perecer en su mismo origen, pues el guión no

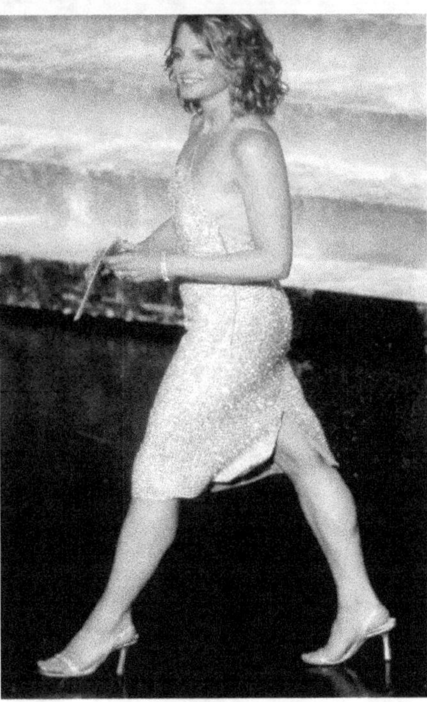

Jodie Foster

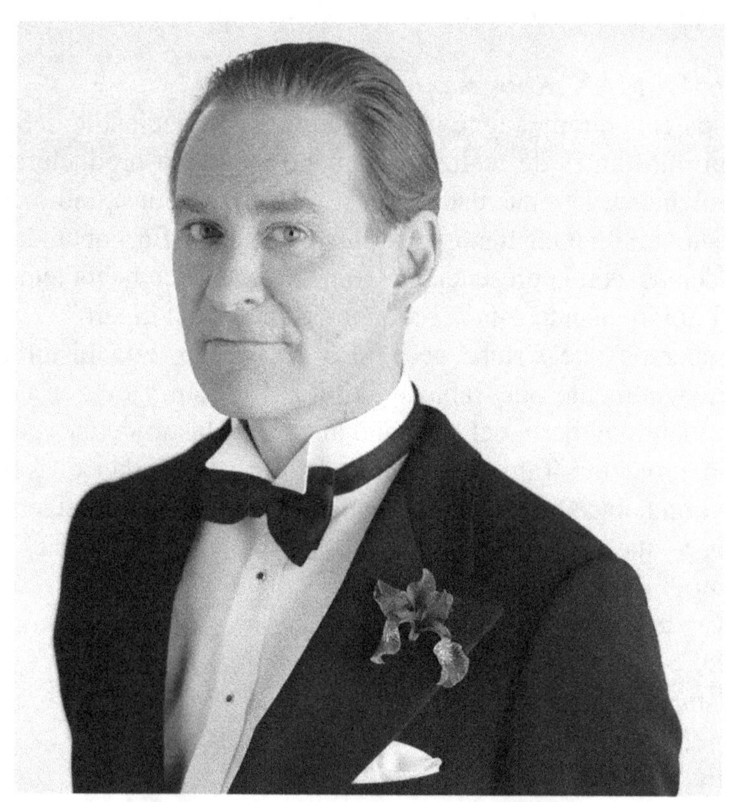

Kevin Kline

AÑO 1989

Awards: 26 de marzo de 1990, 6:00 p.m.
Lugar: Dorothy Chandler Pavilion, Los Angeles County Music Center
Presentador: Billy Crystal

funcionaba, y empezó a circular de un guionista profesional a otro sin encontrar la forma definitiva. También pasaron por él tres directores, entre ellos, Steven Spielberg y Sydney Pollack, hasta que por fin Levinson aceptó (también interpretó un brevísimo papel como psicólogo afectado).

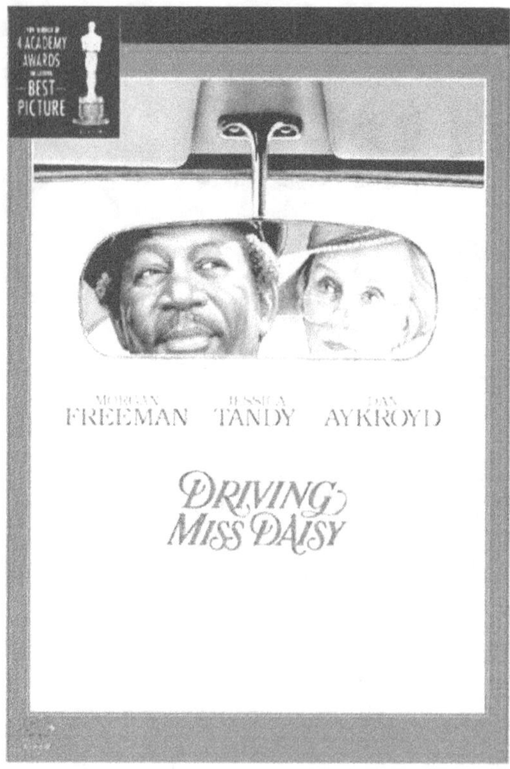

Finalmente, el filme recogió Oscars a la mejor película, al mejor actor (Dustin Hoffman), al mejor director (Barry Levinson) y al mejor guión (Ronald Bass, Barry Morrow).
Nominadas: *Armas de mujer, El turista accidental, Las amistades peligrosas, Arde Mississipi*

MEJOR PELÍCULA EXTRANJERA
PELLE EL CONQUISTADOR Por: Billie August
Nominadas: *Mujeres al borde de un ataque de nervios, Hanussenel adivino, Salaam Bombay!, El profesor de música*

MEJOR ACTOR
DUSTIN HOFFMAN Por: *Rain Man*
Hoffman nació el 8 de agosto de 1937 en Los Angeles,

California. Su familia era originalmente de Rumania, aunque se habían trasladado inicialmente a Chicago, y antes de que Dustin naciera su padre se estableció definitivamente en Los Angeles.

Dustin tuvo su primer papel como Tiny Tim en una obra escolar titulada "A Christmas Carol", aunque esa experiencia le empujó a dedicarse mejor a la música. Posteriormente y ante un nuevo fracaso artístico, cambió nuevamente de idea y asistió a las clases de actores que impartían en el teatro de Pasadena. Una vez trasladado a Nueva York, trabajó durante diez años como actor suplente en una gran variedad de papeles.

Su gran oportunidad le llegó cuando fue requerido en un casting para una película dirigida por Mike Nichols titulada "El Graduado", por la cual fue nominado para un premio de la Academia como el mejor actor. Sus co-estrellas eran Ana Bancroft y Katherine Ross.

Su siguiente papel fue el personaje de Ratso Rizzo en la película "Cowboy de medianoche", en donde también consiguió un gran éxito junto a Jon Voight. Dustin y Jon Voight fueron ambos nominados para un Premio de la Academia por sus papeles en este filme. Otros títulos fueron, "Hook", "Esfera", "Mad City", "Estallido", "La cortina de humo", "Sleepers", "Héroe por accidente" y "Los padres de él".

Nominados: Gene Hackman, Tom Hanks, Edward James Olmos, Max von Sydow

MEJOR ACTOR SECUNDARIO

KEVIN KLINE Por: *Un pez llamado Wanda*

Nominados: Sir Alec Guinness, Martin Landau, River Phoenix, Dean Stockwell

MEJOR ACTRIZ
JODIE FOSTER Por: *Acusados*
Nominadas: Glenn Close, Melanie Griffith, Meryl Streep, Sigourney Weaver

MEJOR ACTRIZ SECUNDARIA
GEENA DAVIS Por: *El turista accidental*
Esta mujer de casi dos metros de altura, nacida en 1957 en Wareham, MA, se ha convertido en una de las actrices más cotizadas de Hollywood, especialmente desde que trabajó con Ridley Scott en "Thelma y Louise". También ha demostrado estar capacitada para el drama ligero, pues su encanto se despliega igualmente en comedias extrañas, como "Bitelchus" (1988), "Fletch" (1985) y "Quick Change" (1990).

Davis hizo su debut como la chica que comparte un cuarto con el travestido Dustin Hoffman en "Tootsie" (1982) y desde ese momento su carrera cinematográfica empezó a ascender, siendo especialmente notable el remake de "La Mosca" (1986), junto a Jeff Goldblum, volviendo a trabajar con él en la delirante comedia musical de ciencia-ficción "Las chicas de La Tierra son fáciles" (1989), y antes en "Transilvania 6-5000". Curiosamente, ambos fueron marido y mujer en la vida real, aunque ahora están divorciados.

Después realizó "El Turista Accidental" (1988), con la cual consiguió un Oscar como la mejor actriz secundaria, aunque su mayor triunfo fue en "Thelma y Louise" (1991), en donde tuvo como compañera a Susan Sarandon. Después hizo "Ellas dan el golpe", "Héroe por accidente" (1992) y "Angie" (1994), un sonoro fracaso, lo mismo que ocurrió con "La isla de las cabezas cortadas" (1995) y "Stuart Little, un ratón en la familia" (1999), aunque en este caso la taquilla funcionó mejor.

AÑO 1990

63rd Awards: 25 de marzo de 1991, 6:00 p.m.
Lugar: Shrine Civic Auditorium, Los Angeles
Presentador: Billy Crystal

Experta en tiro al arco olímpico, ha fundado su propia productora.

Nominadas: Sigourney Weaver, Michelle Pfeiffer, Joan Cusack, Frances McDormand

MEJOR DIRECTOR

BARRY LEVINSON Por: *Rain Man*

Nominados: Charles Crichton, Martin Scorsese, Mike Nichols, Alan Parker

MEJOR GUIÓN ADAPTADO

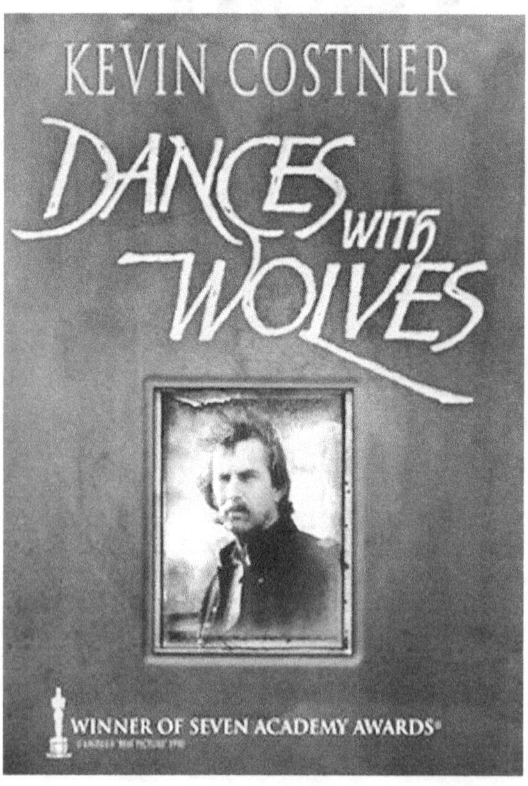

CHRISTOPHER HAMPTON Por: *Las amistades peligrosas*

MEJOR GUIÓN ORIGINAL

RONALD BASS y BARRY MORROW Por: *Rain Man*

MEJOR FOTOGRAFÍA

PETER BIZIOU Por: *Arde Mississipi*

MEJOR CANCIÓN

CARLY SIMON, MUSIC & LYRICS de: *Let the River Run*

MEJOR SONIDO

LES FRESHOLTZ, DICK ALEXANDER, VERN POORE y WILLIE BURTON Por: *Bird*

MEJOR BANDA SONORA

DAVE GRUSIN Por: *Un lugar llamado milagro*

MEJOR VESTUARIO
JAMES ACHESON Por: *Las amistades peligrosas*

MEJOR MAQUILLAJE
VE NEILL, STEVE LA PORTE y ROBERT SHORT
Por: *Bitelchús*

MEJORES EFECTOS SONOROS
CHARLES L. CAMBELL y LOUIS L. EDDEMAN
Por: *¿Quién engañó a Roger Rabbit?*
MEJORES EFECTOS VISUALES
KEN RALSTON, RICHARD WILLIAMS, EDWARD JONES Por: *¿Quién engañó a Roger Rabbit?*

OSCAR ESPECIAL
THE NATIONAL FILM BOARD OF CANADA En su 50 aniversario, por su dedicación y originalidad artística.
RICHARD WILLIAMS Por sus trabajos en el cine de animación.
OSCAR CIENTÍFICO Y TÉCNICO
EASTMAN KODAK COMPANY Por su trabajo fundamental en estos primeros 100 años de cine
GORDON HENRY COOK Por sus lentes zoom que contribuyeron a una mejor calidad cinematográfica.

Todos los invitados cantaron en directo "Over the rainbow", del filme *El mago de Oz*. Un corte en la transmisión vía satélite dejó a Anjelica Huston sin poder presentar el video de "Mi pie izquierdo".

MEJOR PELÍCULA

PASEANDO A MISS DAISY ***(Driving Miss Daisy)***
Sorpresivo éxito de taquilla de esta sencilla historia ambientada en la Atlanta de 1945.
Consangrando definitivamente a .Jessica Tandy y Morgan Freeman, el filme obtuvo 9 nominaciones y 4 premios.

Nominadas: *Nacido el cuatro de julio, El club de los poetas muertos, Campo de sueños, Mi pie izquierdo*

MEJOR PELÍCULA EXTRANJERA
CINEMA PARADISO Por: Giuseppe Tomatore
Nominadas: *La pasión de Camille Claudel, Jesús de*

AÑO 1991

64th Awards: 30 de marzo de 1992, 6:00 p.m.
Lugar: Dorothy Chandler Pavilion, Los Angeles County Music Center
Presentador: Billy Crystal

Montreal, Días de fiesta, Lo que le pasó a Santiago

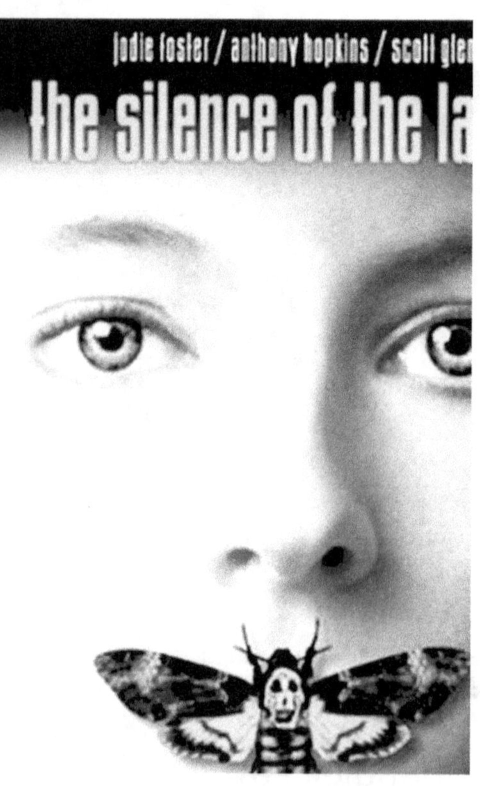

MEJOR ACTOR
DANIEL DAY-LEWIS
Por: *Mi pie izquierdo*
Nominados: Kenneth Branagh, Tom Cruise, Morgan Freeman, Robin Williams

MEJOR ACTOR SECUNDARIO
DENZEL WASHINGTON Por: *Tiempos de gloria*
Nominados: Danny Aiello, Dan Aykroyd, Marlon Brando, Martin Landau

MEJOR ACTRIZ
JESSICA TANDY Por: *Paseando a Miss Daisy*
Nominadas: Isabelle Adjani, Pauline Collins, Jessica Lange, Michelle Pfeiffer

MEJOR ACTRIZ SECUNDARIA
BRENDA FRICKER Por: *Mi pie izquierdo*
Nominadas: Anjelica Huston, Lena Olin, Dianne Wiest, Julia Roberts

MEJOR DIRECTOR
OLIVER STONE Por: *Nacido el cuatro de julio*

Nominados: Woody Allen, Peter Weir, Kenneth Branagh, Jim Sheridan

MEJOR GUIÓN ADAPTADO

ALFRED UHRY Por: *Paseando a Miss Daisy*

MEJOR GUIÓN ORIGINAL

TOM SCHULMAN Por: *El club de los poetas muertos*

MEJOR FOTOGRAFÍA

FREDDIE FRANCIS Por: *Tiempos de gloria*

MEJOR SONIDO

DONALD O. MITCHELL, GREGG C. RUDLOFF, ELLIOT TYSON y RUSSELL WILLIAMS II Por: *Tiempos de gloria*

MEJOR CANCIÓN

UNDER THE SEA de: *La sirenita*

MEJOR BANDA SONORA

ALAN MENKEN Por: *La sirenita*

MEJOR MAQUILLAJE

MANLIO ROCCHETTI, LYNN BARKER, KEVIN HANEY Por: *Paseando a Miss Daisy*

MEJORES EFECTOS SONOROS

BEN BURTT, RICHARD HYMNS Por: *Indiana Jones y la última cruzada*

MEJORES EFECTOS VISUALES

JOHN BRUNO, DENNIS MUREN, HOYT YEATMAN y DENNIS SKOTAK Por: *Abyss*

OSCAR JEAN HERSHOLT A LA PRODUCCIÓN

HOWARD W. KOCH Productor de *La extraña pareja*

OSCAR ESPECIAL

AKIRA KUROSAWA Por su inspiración y delicadeza en proporcionar entretenimiento al público, influyendo en las gentes de todo el mundo.

PREMIO GORDON SAWYER AL DISEÑO ÓPTICO

PIERRE ANGENIEUX Por su contribución técnica a la industria del cine.

La conmemoración de los 100 años del cine fue el lema del certamen que se inició con un discurso de Karl Malden, presidente de la Academia. Después se estableció conexión con París para mostrar el mismo lugar en el cual los hermanos Lumiere trabajaban y exhibir fragmentos de sus primeras películas. El Pájaro Loco también tuvo su pequeño show, pues ese año cumplía sus cincuenta años.

MEJOR PELÍCULA

BAILANDO CON LOBOS *(Dances with wolves)*

Kevin Costner será recordado eternamente por este filme en donde hacía la triple función de actor, coproductor y director, en el cual nos narra de manera intimista y con recursos poco habituales en un western, una epopeya en los días decadentes del dominio indio.

Nominadas: *Ghost, más allá del amor, El padrino III, Uno de los nuestros, Despertares.*

MEJOR PELÍCULA EXTRANJERA
VIAJE A LA ESPERANZA Por: Xavier Koller
Nominadas: *Cyrano de Bergerac, The Nasty Girl, Open Doors, Ju Dou*

MEJOR ACTOR
JEREMY IRONS Por: *El misterio von Bulow*
Nominados: Kevin Costner, Richard Harris, Gérard Depardieu, Robert De Niro

MEJOR ACTOR SECUNDARIO
JOE PESCI Por: *Uno de los nuestros*
Nominados: Bruce Davinson, Andy García, Graham Greene, Al Pacino

MEJOR ACTRIZ
KATHY BATES Por: *Misery*
Nominadas: Joanne Woodward, Julia Roberts, Anjelica Huston, Meryl Streep
MEJOR ACTRIZ SECUNDARIA
WHOOPI GOLDBERG Por: *Ghost, más allá del amor*
Nominadas: Mary McDonnell, Annette Bening, Lorraine Bracco, Diane Ladd

MEJOR DIRECTOR
KEVIN COSTNER Por: *Bailando con lobos*
Nominados: Francis Ford Coppola, Martin Scorsese, Stephen Freas, Barbet Schroeder

MEJOR GUIÓN ADAPTADO
MICHAEL BLAKE Por: *Bailando con lobos*
MEJOR GUIÓN ORIGINAL
BRUCE JOEL RUBIN Por: *Ghost, más allá del amor*

MEJOR FOTOGRAFÍA
DEAN SEMLER Por: *Bailando con lobos*

MEJOR SONIDO
RUSSELL WILLIAMS, JEFFREY PERKINS, BILL W. BENTON Por: *Bailando con lobos*
MEJOR CANCIÓN
SOONER OR LATER de: *Dick Tracy*
MEJOR BANDA SONORA
JOHN BARRY Por: *Bailando con lobos*
MEJORES EFECTOS SONOROS
CECELIA HALL, GEORGE WATTERS II Por: *La caza del octubre rojo*

MEJOR VESTUARIO
FRANCA SQUARCIAPINO Por: *Cyrano de Bergerac*
MEJOR MAQUILLAJE
JOHN CAGLIONE, DOUG DREXTER Por: *Dick Tracy*

MEJORES EFECTOS VISUALES
ERIC BREVIG, ROB BOTTIN, ALEX FUNKE y TIM MCGOVERN

OSCAR IRVING THALBERG
RICHARD D. ZANUCK Productor
DAVID BROWN

OSCARES ESPECIALES
STEFAN KUDELSKI Por su contribución en los primeros días del cine sonoro, generando una técnica imprescindible para su desarrollo.
SOFÍA LOREN Por toda su carrera
MYRNA LOY Actriz

MEJOR PELÍCULA

EL SILENCIO DE LOS CORDEROS ***(The silence of the lambs)***

El director Jonathan Demme, consciente de los riesgos al disponer de un argumento tan absurdo, asumió dirigirla tratando de imprimir un ritmo y suspense inéditos. La primera escena con Hopkins es de lo mejor de toda la película, y nos muestra al personaje de Hannibal Lecter, no solamente un malvado asesino, sino alguien que en su interior esconde una mente prodigiosa y una persona que no siente ninguna pena por estar encerrado, alejado de un mundo lleno de estúpidos.

Jodie Foster inevitablemente aparece eclipsada, tanto por el personaje de Hannibal como por el propio Hopkins, pero su firmeza y sobriedad aportan el corazón de la película. Pero a pesar de estos puntos débiles, la película tiene muchas cualidades, la mayoría muy destacadas, lo que ha ocasionado que sea ya un clásico en el cine de terror, aportando escenas sumamente equilibradas en los momentos de mayor ansiedad.

Recibió un Oscar a la mejor película *(*Edward Saxon, Kenneth Utt y Ron Bozman*),* Oscar al mejor actor (Sir Anthony Hopkins), Oscar a la mejor actriz (Jodie Foster), Oscar al mejor director (Jonathan Demme) y un Oscar al mejor guión (Ted Tally).

Nominadas: *La bella y la bestia, Bugsy, JFK, El príncipe de las mareas*

MEJOR PELÍCULA DE HABLA NO INGLESA

MEDITERRÁNEO Por: Gabriele Salvatore

Nominadas: *Children of Nature, Escuela elemental, The*

Ox, La linterna roja

MEJOR ACTOR

SIR ANTHONY HOPKINS Por: *El silencio de los corderos*

Nacido en 1937 con el nombre de Phillip Anthony Hopkins en Port Talbot, South Wales, es considerado a menudo como el sucesor de Richard Burton, aunque Hopkins era ya un actor famoso en el Teatro Nacional británico mucho antes de dedicarse al cine. De la mano de otro no menos magnífico actor, Sir Laurence Olivier, consiguió interpretar las obras de

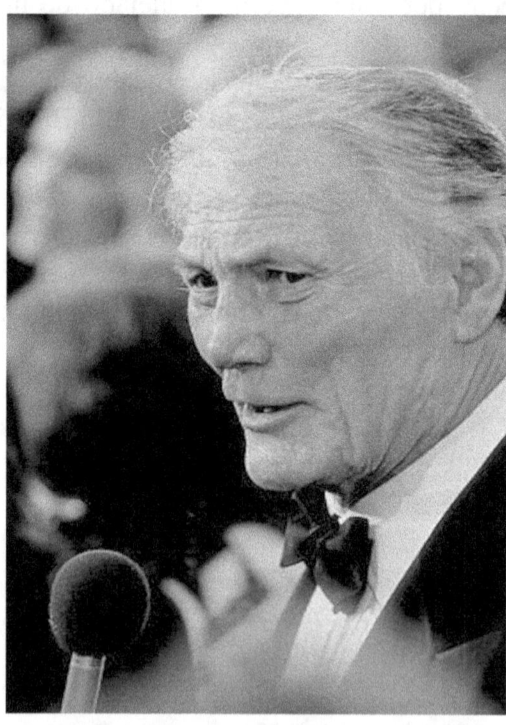

Jack Palace

Shakespeare durante los años 60. En 1964 hizo su primera

Año 1992

65th Awards: 29 de marzo de 1993, 6:00 p.m.
Lugar: Dorothy Chandler Pavilion, Los Angeles County Music Center
Presentador: Billy Crystal

aparición con "Julio César" y posteriormente alcanzó gran éxito en "Pravda", "Madame Butterfly" y "El rey Lear". Durante tres años de trabajo intenso se dedicó al teatro británico, consiguiendo gran renombre cuando hizo "Marco Antonio y Cleopatra".

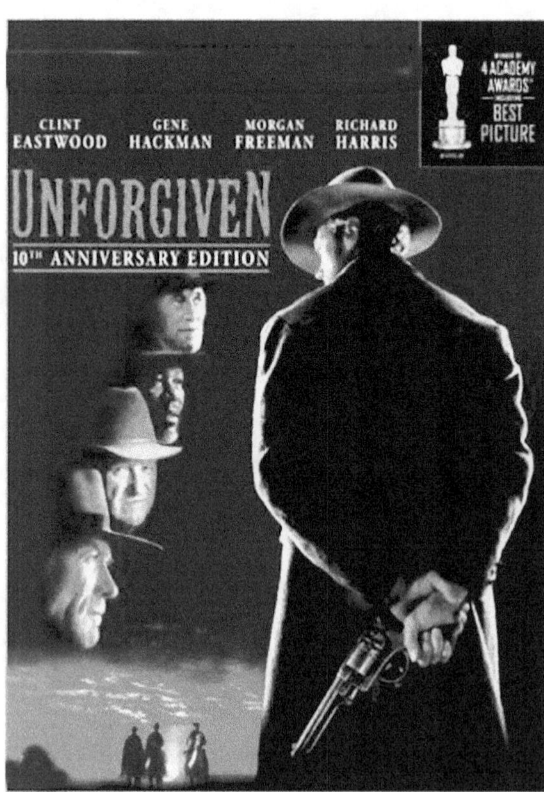

Su primera película fue "El león en invierno" en 1968, junto a Peter O'Toole y Katharine Hepburn, interpretando el personaje de Ricardo Corazón de León, aunque siguió trabajando en los teatros de Broadway con la obra "Equus".

Su gran salto a la fama lo logró con el papel de Hannibal Lecter, el inteligente asesino en serie, en la película dirigida por Jonathan Demme "El silencio de los corderos" (1991), que le proporcionó su primer Oscar como el Mejor Actor del año. Desde entonces siguió ya imparable su ascenso al estrellato como actor cuando interpretó a Val Helsing, el mítico cazavampiros, en la adaptación de Ford Coppola de la obra de Bram Stoker "Drácula" (1992).

Actuación igualmente importante fue como el padre herido en la epopeya familiar norteamericana "Leyendas de pasión" (1995), junto a Brad Pitt, filme que realizó unas semanas antes de encarnar al 37th Presidente norteamericano, Richard Nixon, en la polémica obra de Oliver Stone "Nixon" (1995).
Hopkins dirigió con bastante acierto "August" (1996), y posteriormente encarnó al pintor Pablo Picasso, en el biopic "Sobrevivir a Picasso" dirigido por James Ivory en 1996. También realizó igualmente una interpretación memorable en "El balneario de Battle Creek" (1996), en donde interpreta la vida real del inventor de los célebres cereales "Kellog", así como "Corazones en Atlántida".
Nominados: Nick Nolte, Warren Beatty, Robert De Niro, Robin Williams

MEJOR ACTOR SECUNDARIO
JACK PALACE Por: *Cowboys de ciudad*
Nominados: Tommy Lee Jones, Harvey Keitel, Ben Kingsley, Michael Lerner

MEJOR ACTRIZ
JODIE FOSTER Por: *El silencio de los corderos*
Nominadas: Geena Davis, Laura Dern, Bette Midler, Susan Sarandon
MEJOR ACTRIZ SECUNDARIA
MERCEDES RUEHL Por: *El rey pescador*
Nominadas: Jessica Tandy, Diane Ladd, Juliette Lewis, Kate Nelligan

MEJOR DIRECTOR
JONATHAN DEMME Por: *El silencio de los corderos*
Nominados: John Singleton, Barry Levinson, Oliver

Stone, Ridley Scott

MEJOR GUIÓN ADAPTADO
TED TALLY Por: *El silencio de los corderos*
MEJOR GUIÓN ORIGINAL
CALLIE KHOURI Por: *Thelma & Louise*

MEJOR FOTOGRAFÍA
ROBERT RICHARDSON Por: *JKF, caso abierto*

MEJOR SONIDO
TOM JOHNSON, GARY RYDSTROM, GARY SUMMERS y LEE ORLOFF Por: *Terminator II, el juicio final*
MEJOR CANCIÓN
LA BELLA Y LA BESTIA de: *La bella y la bestia*
MEJOR BANDA SONORA
ALAN MENKEN Por: *La bella y la bestia*
MEJORES EFECTOS SONOROS
GARY RYDSTROM, GLORIA BORDERS Por: *Terminator 2, el juicio final*

MEJOR VESTUARIO
ALBERT WOLSKY Por: *Bugsy*
MEJOR MAQUILLAJE
STAN WINSTON, JEFF DAWN Por: *Terminator II*
MEJORES EFECTOS VISUALES
DENNIS MUREN, STAN WINSTON, ROBERT SKOTAK Por: *Terminator 2*

OSCAR HONORÍFICO
SATYAJIT RAY Por su reconocimiento como maestro en el arte del cine, su humanidad, y su influencia en el espectador de todo el mundo.

OSCAR ESPECIAL

RAY HARRYHAUSEN Por sus avances técnicos y visuales en la industria del cine.

Este experto en efectos especiales, cuyos procedimientos para generar animaciones movimiento a movimiento, y su sistema Dynamation, nos trajeron a dinosaurios, gorilas gigantes y esqueletos vivos hasta nuestros ojos en gran cantidad de películas, se hizo famoso por filmes como "Hace un millón de años", "El Séptimo Viaje de Sinbad" y "Jason y los Argonautas".

Harryhausen está particularmente orgulloso de "El gran gorila" (Mighty Joe Young) en el que ejerció como ayudante de su maestro, Willis O'Brien, sintiéndose especialmente satisfecho de la escena de la jaula del león, cuando el gorila empuja la jaula; incluso fue felicitado por John Ford. Con esta película ganaron el Oscar a los mejores efectos especiales y proporcionó a Harryhausen una carrera larga y próspera. En 1960 se fue a Londres para realizar "Los viajes de Gulliver" y "La Isla Misteriosa", y ya nunca más volvió. En 1981, después de completar "Lucha de Titanes" y otros asuntos menos populares, Harryhausen se retiró.

GEORGE LUCAS

George Lucas, nacido el 14 de mayo de 1944, en Modesto, CA, ha logrado una sorprendente línea de éxitos comerciales, con sorprendentemente pocas películas como director. Casi sin ayuda alcanzó cierto prestigio en el decenio de 1960 con "American Graffiti" (1973), aunque su popularidad le llegó bruscamente con la trilogía de "La Guerra de las Galaxias", en la cual combinaba adecuadamente aven-

turas, naves espaciales y malvados tradicionales.
Amigo personal de Francis Ford Coppola, fue precisamente él quien se encargó de respaldar la primera película de Lucas, "THX-1138" (1971), una expansión de un corto de unos 20 minutos que había rodado cuando era estudiante.
Lucas alegó que quiso restaurar las películas de romance y acción habituales, que consideraba se habían desarrollado demasiado intelectualmente. Así, "La Guerra de las Galaxias" se distingue por su dinamismo en las escenas de acción, donde los efectos especiales llegaron al estado de arte, la producción fue cuidadosamente considerada y bien diseñada, con un ritmo grandioso, y se eludió cualquier punto temático serio. Ganador de una fortuna con la primera entrega de "Star Wars" (400 millones de dólares inicialmente), demostró ser un empresario avispado cuando se quedó con los derechos del merchandising de juguetes, cajas de comida, camisetas, juegos y otros recuerdos, consiguiendo los fondos necesarios para instalar su propia productora, Lucasfilm Ltd., en Marin, California.
También ha producido otras películas con un éxito variable, desde las lucrativas aventuras de Indiana Jones (en asociación con Steven Spielberg), a los desastrosos (económicamente hablando) "Howard" (1986), "Willow" (1988) y "Tucker" (1988). Desde la mitad de los años 80, Lucas ha continuado expandiendo su visión del futuro en el cine a través de su rancho Skywalker, un compuesto rústico cerca de Lucasfilm, además del ILM, el innovador sistema de efectos visuales especiales, así como el Skywalker Sound, la perfección del sonido grabado mediante ordenador. No menos importantes son Pixar, una compañía dedicada al desarrollo y evolución de imágenes generadas por computadora, y LucasArts, que desarrolla y autoriza que numerosos proyectos.

Año 1993

66th Awards: 21 de marzo de 1994, 6:00 p.m.
Lugar: Dorothy Chandler Pavilion, Los Angeles County Music Center
Presentadora: Whoopi Goldberg

La posterior trilogía, la precuela de Star Wars, no consiguió entusiasmar por igual, ni siquiera a las nuevas generaciones. No obstante, el éxito comercial fue intenso.

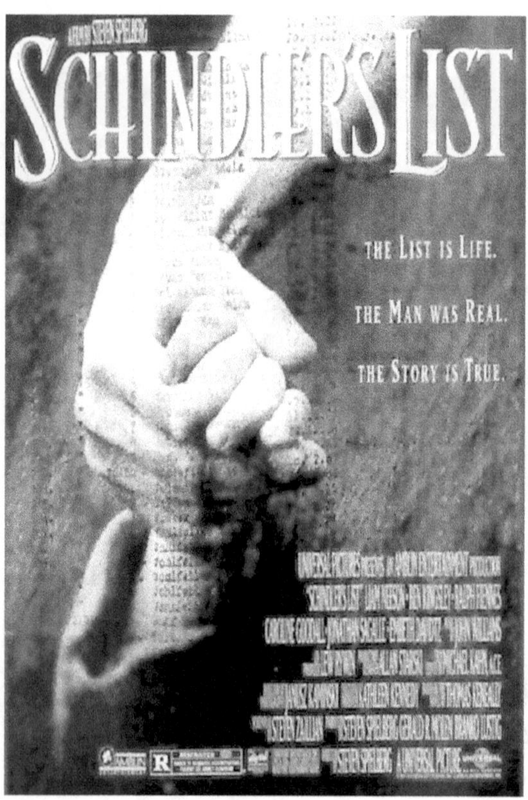

MEJOR PELÍCULA

SIN PERDÓN *(Unforgiven)*
La dirección de Eastwood, con una buena fotografía de Jack Green, nos muestra un pueblo del Oeste totalmente

diferente. Muchas de las escenas están rodadas en exteriores para que los personajes parezcan oscuros y solamente los podamos ver gracias al brillo que sale de las ventanas. Eastwood había comprado esta historia hace años y no la quiso hacer hasta que fuera más experto, dado el fuerte dramatismo que tenía. El hecho de que los cuatro actores principales (Eastwood, Hackman, Freeman, y Harris), rondaran los sesenta años, no fue inconveniente para que "Sin perdón" fuera un éxito de taquilla y ganara un Oscar a la mejor película, además de otro al Oscar al mejor actor secundario (Gene Hackman), al mejor director (Clint Eastwood), y al mejor filme editado (Joel Cox).

Nominadas: *Regreso a Howard End, Juego de lágrimas, Esencia de mujer, Algunos hombres buenos*

MEJOR PELÍCULA DE HABLA NO INGLESA
INDOCHINA Por: Regis Wargnier
Nominadas: *Close to Eden, Daens, Schtonk, Urga el territorio del amor*

MEJOR ACTOR
AL PACINO Por: *Esencia de mujer*
Nominados: Robert Downey Jr., Clint Eastwood, Stephen Rea, Denzel Washington

MEJOR ACTOR SECUNDARIO
GENE HACKMAN Por: *Sin perdón*
Eugene Allen Hackman nació el 30 de junio de 1930 en San Bernardino, California, y ahora es aclamado como el "Atípico ciudadano de Hollywood", un formidable actor americano que consiguió poco a poco convertirse en una estrella.

Su primera aparición importante en el cine fue en "Lilith" (1964) con Warren Beatty, quien impresionado por la actuación del actor en su primera película, le requirió para que hiciese el papel de Buck Barrow en "Bonnie and Clyde" (1967), siendo nominado al Oscar al mejor actor secundario, consiguiendo una nueva nominación en 1970 por el filme "I never sang for my father".

Desde "French connection" (1971), su trayectoria ha consistido en desplegar una serie de personajes creíbles pero complejos, como se puede ver en "El espantapájaros" (1973), "La conversación" (1974) y "El jovencito Frankenstein" (1974). También es conocido por el público juvenil por su retrato como Lex Luthor en "Supermán" (1978), y sus habilidades cómicas en "Un tiro por la culata" (1990), mientras que su papel como un buen agente del FBI en "Arde Mississipi" (1988), le proporcionó otra nominación al Oscar.

La película "Sin perdón" proporcionó a Hackman uno de los personajes más fascinantes de su carrera, en el papel de Bill Daggett, el alguacil sonriente e implacable de Big Whiskey, consiguiendo ser admitido sin paliativos en el papel de perverso. Con este trabajo consiguió ganar un Oscar al mejor actor secundario.

Nominados: Al Pacino, Jaye Davidson, Jack Nicholson, David Paymer

MEJOR ACTRIZ

EMMA THOMPSON Por: *Regreso a Howards End*

Nominadas: Catherine Deneuve, Mary McDonnell, Michelle Pfeiffer, Susan Sarandon

MEJOR ACTRIZ SECUNDARIA

MARISA TOMEI Por: *My Cousin Vinny*

Año 1994

67th Awards: 27 de marzo de 1995, 6:00 p.m.
Lugar: Shrine Auditorium, Los Angeles
Presentador: David Letterman

Nominadas: Judy Davis, Joan Plowrigth, Vanessa Redgrave, Miranda Richardson

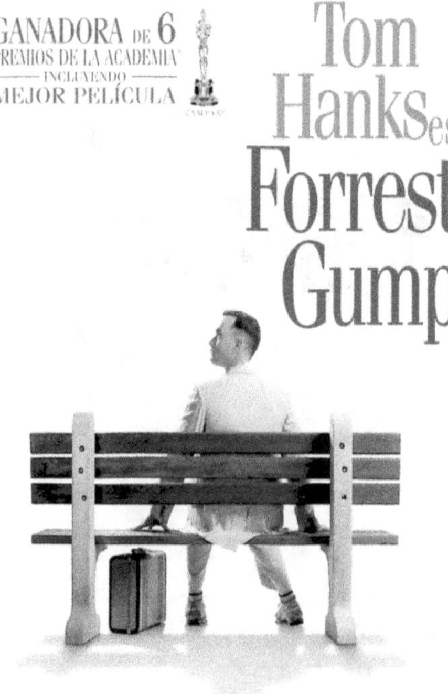

MEJOR DIRECTOR
CLINT EASTWOOD
Por: *Sin perdón*
Nominados: Neil Jordan, James Ivory, Robert Altman, Martin Brest

MEJOR GUIÓN ADAPTADO
RUTH PRAWER JHABVALA Por: *Regreso a Howards End*
MEJOR GUIÓN ORIGINAL
NEIL JORDAN Por: *Juego de lágrimas*

Jordan nació en 1950, en Condado Sligo, Irlanda, y se le considera un respetado escritor y director de cine, inicialmente autor popular de historias cortas malhumoradas, turbulentas y novelas que tratan sobre la pasión, la sexualidad y los cambios de la última generación en su Irlanda nativa.

Empezó en el cine con el director John Boorman en "Excalibur" (1981), después realizó "En compañía de lobos" (1984), una revisión del popular cuento Caperucita roja, "Mona Lisa" (1986), e intentó conquistar nuevos mercados en Hollywood con "El hotel de los fantasmas"

(1988), y "Nunca fuimos ángeles" (1989), pero con resultados negativos.
De regreso a Inglaterra trabajó en "Amor a una extraña" (1991), y un año después realizó el guión de "Juego de lágrimas", una película que solamente tuvo una modesta distribución, pero por la cual ganó seis nominaciones al Oscar y un premio al mejor guión.
Jordan volvió de nuevo a triunfar en el cine de Hollywood cuando dirigió el best-seller de Ana Rice, "Entrevista con el vampiro", y posteriormente "Michael Collins" (1966).

MEJOR FOTOGRAFÍA
PHILIPPE ROUSSELOT Por: *El río de la vida*

MEJOR SONIDO
CHRIS JENKINS, DOUG HEMPGILL, MARK SMITH Por: *El último Mohicano*

MEJOR CANCIÓN
WHOLE NEW WOR LD de: *Aladdin*

MEJOR BANDA SONORA
ALAN MENKEN Por: *Aladdin*
MEJOR VESTUARIO
EIKO ISHIOKA Por: *Drácula de Bram Stoker*

MEJOR MAQUILLAJE
GREG CANNOM, MATTHEW W. MUNGLE, MICHELE BURKE Por: *Drácula de Bram Stoker*

MEJORES EFECTOS SONOROS
TOM C. McCARTHY, DAVID E. STONE Por: *Drácula de Bram Stoker*

MEJORES EFECTOS VISUALES
KEN RALSTON, DOUG CHIANG, TOM WOODRUFF, DOUG SMYTHE Por: *La muerte os sienta tan bien*

OSCAR HUMANITARIO JEAN HERSHOLT
AUDREY HEPBURN Como reconocimiento póstumo por su trabajo como embajadora de la UNICEF por todo el mundo. El premio fue recogido por su hijo Sean Hepburn Ferrer.
ELIZABETH TAYLOR Por su trabajo a favor de las víctimas y enfermos del SIDA. Su gran amistad con el actor Rock Hudson, muerto de SIDA después de una larga enfermedad, fue el detonante para esta labor humanitaria.

OSCAR ESPECIAL
FEDERICO FELLINI En reconocimiento por su maestría contando historias en el cine.

MEJOR PELÍCULA

LA LISTA DE SCHINDLER *(Schindler´s list)*
Siete Oscars recogió esta historia sobre un empresario afiliado al partido nazi, quien gracias a su trabajo como director de una fábrica consiguió elaborar una lista que salvó de la muerte a 1.000 judíos.
Rodada en Polonia, es una buena película y una adecuado documental.

Nominadas: *En el nombre del padre, El piano, El fugitivo, Lo que queda del día*

MEJOR PELÍCULA EXTRANJERA
BELLE EPOQUE Por: Fernando Trueba
Nominadas: *The Scent Green papaya, The Wedding Banquet, Hedd Wyn, Adiós a mi concubina*

MEJOR ACTOR
TOM HANKS Por: *Philadelphia*
Nominados: Liam Nelson, Sir Anthony Hopkins, Laurence Fishburne, Daniel Day-Lewis
MEJOR ACTOR SECUNDARIO
TOMMY LEE JONES Por: *El fugitivo*
Nominados: Pete Postlethwaite. John Malkovich, Ralph Fiennes, Leonardo DiCaprio

MEJOR ACTRIZ
HOLLY HUNTER Por: *El piano*
Nominadas: Debra Winger, Emma Thompson, Stockard Channing, Angela Bassett

MEJOR ACTRIZ SECUNDARIA
ANNA PAQUIN Por: *El piano*
Nominadas: Emma Thompson, Winona Ryder, Rosie Pérez, Holly Hunter

MEJOR DIRECTOR
STEVEN SPIELBERG Por: *La lista de Schindler*
Nominados: Robert Altman, James Ivory, Jane Champion, Jim Sheridan

MEJOR GUIÓN ADAPTADO

OSCARS ESPECIALES

CLINT EASTWOOD Por su perseverancia y alta calidad en la producción de películas.

MICHEANGELO ANTONIONI Como reconocimiento a su maestría y buen estilo visual

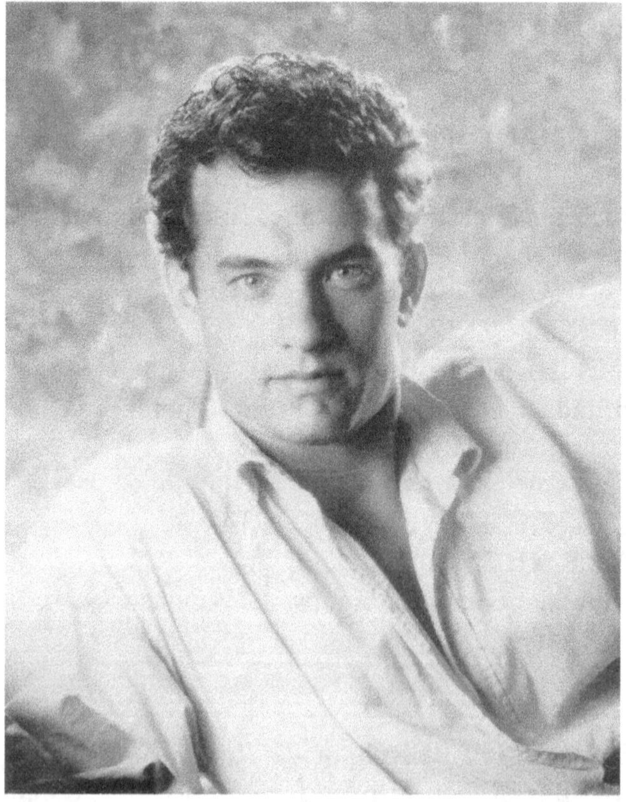

Tom Hanks

Año 1995

68th Awards: 25 de marzo de 1996, 6:00 p.m.
Lugar: Dorothy Chandler Pavilion, Los Angeles County Music Center
Presentadora: Whoopi Goldberg

STEVEN ZAILLAN Por: *La lista de Schindler*

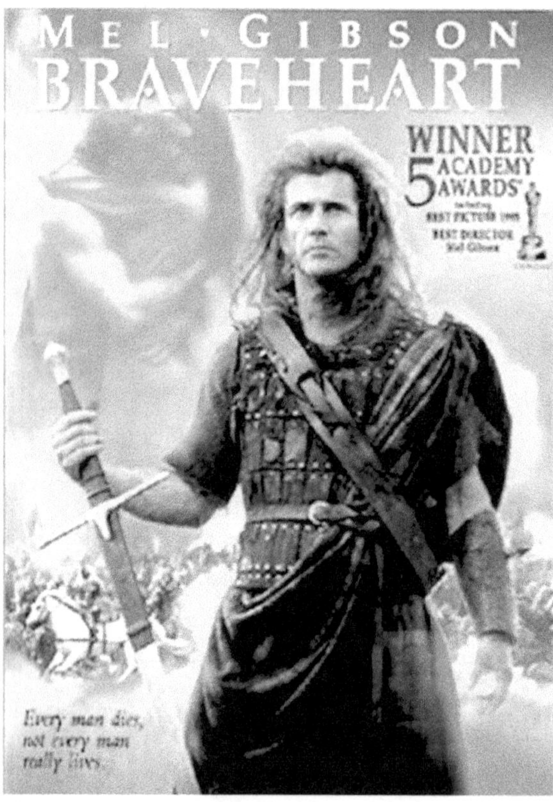

MEJOR GUIÓN ORIGINAL
JANE CAMPION Por: *El piano*

MEJOR FOTOGRAFÍA
JANUSZ KAMINSKI Por: *La lista de Schindler*

MEJOR SONIDO
GARY SUMMERS, GARY RYDSTROM, RON JUDKINS Por: *Jurassic Park*
MEJOR CANCIÓN
STREETS OF PHILADELPHIA de: *Philadelphia*
MEJOR BANDA SONORA
JOHN WILLIAMS Por: *La lista de Schindler*
MEJORES EFECTOS SONOROS
GARY RYDSTROM, RICHARD HYMMS Por: *Jurassic Park*

MEJOR VESTUARIO
GABRIELLA PESCUCCI Por: *La edad de la inocencia*

MEJOR MAQUILLAJE
GREG CANNOM, VE NEILL, YOLANDA TOUSSIENG Por: *Señora Doubtfire*

MEJORES EFECTOS VISUALES
DENNIS MUREN, STAN WILSTON, PHILL TIPPET, MICHAEL LANTIERI Por: *Jurassic Park*

OSCAR HUMANITARIO JEAN HERSHOLT
PAUL NEWMAN Por sus humanitarios trabajos
PETRO VLAHOS Por sus logros técnicos en la industria del cine

OSCAR ESPECIAL
DEBORAH KERR En reconocimiento a su elegancia y sensibilidad mostradas en numerosos filmes. Dotada de una belleza serena y con un cuerpo aparentemente frágil, esta refinada y bien educada mujer consiguió ser nominada al Oscar en seis ocasiones. Es recordada especialmente por sus trabajos en "De aquí a la eternidad" y "El rey y yo", en la cual demuestra su capacidad para el musical, faceta en la que no reincidiría.

MEJOR PELÍCULA

FORREST GUMP ***(Forrest Gump)***
Nos encontramos con una película absolutamente diferente a todo lo conocido y en eso radica la mayor parte de su atractivo global. No hay posibilidad para encontrar referencias de ella en el pasado y ni siquiera podemos encajarla en un género concreto.
El guión de Eric Roth parece sumamente sencillo pero es

tan rico en circunstancias y personajes que llega a ser complejo, aunque totalmente asimilable desde el primer minuto. Su héroe, interpretado por Tom Hanks, es un hombre completamente decente de quien se dice tiene un Cociente Intelectual de 75, aunque a medida que le conocemos llegamos a la conclusión que es más inteligente que quien le realizó el test.

La película, además, cuenta retazos de la historia norteamericana entre los años 50 a los 80, con cierta ironía, pero con respeto. Tom Hanks era el único actor que podía interpretar el papel y es ya imposible imaginar a nadie más como Forrest, lo mismo que es imposible imaginar a otro vaquero como John Wayne. Hanks consigue dignificar a su personaje y logra una actuación equilibrada a medio camino entre la comedia y la tristeza, provocando en el espectador risas y deseos de meditar.

El director, Robert Zemeckis, tiene gran experiencia con los efectos especiales y aquí logra, mediante sencillos efectos de digitalización, poner a Forrest con Kennedy y John Lennon, entre otros. En una escena, por ejemplo, Forrest está de pie al lado de la puerta de la escuela con George Wallace, y le enseña a Elvis cómo girar sus caderas. Después visita la Casa Blanca dos o tres veces, y allí está el presentador Dick Cavett con John Lennon. Otra escena con unos efectos especiales extraordinarios es cuando le vemos asistiendo a una gran concentración por la paz en el Vietnam, justo en el centro de Washington. También se usan efectos especiales para lograr que veamos sin piernas a su amigo del Vietnam, el teniente de Forrest (Gary Sinise).

Recibió un Oscar a la mejor película, Oscar al mejor actor (Tom Hanks), Oscar al mejor director (Robert Zemeckis), Oscar al mejor guión (Eric Roth), Oscar al mejor filme editado (Arthur Schmidt), Oscar a los mejores efectos visuales (Ken Ralston, George Murphy, Stephen Rosenbaum, Allen may).

Nominadas: *Quiz Show, Pulp Fiction, Cuatro bodas y un funeral, The Shawshank Redemption*

MEJOR PELÍCULA EXTRANJERA
QUEMADO AL SOL Por: Nikita Mikhalkov
Nominadas: *Farinelli, Before the Rain, Fresa y chocolate, Eat Drink Man Woman*

MEJOR ACTOR
TOM HANKS Por: *Forrest Gump*
Nominados: John Travolta, Paul Newman, Morgan Freeman, Nigel Hawthorne

MEJOR ACTOR SECUNDARIO
MARTIN LANDAU Por: *Ed Wood*
Nominados: Gary Sinise, Paul Scofield, Chazz Palminteri, Samuel L. Jackson

MEJOR ACTRIZ
JESSICA LANGE Por: *Blue Sky*
Nominadas: Jodie Foster, Susan Sarandon, Winona Ryder, Miranda Richardson

MEJOR ACTRIZ SECUNDARIA
DIANNE WIEST Por: *Balas sobre Broadway*
Nominadas: Jennifer Tilly, Uma Thurman, Helen Mirren, Rosemary Harris

MEJOR DIRECTOR

ROBERT ZEMECKIS Por: *Forrest Gump*
Nominados: Robert Redford, Quentin Tarantino, Woody Allen, Krysztof Kieslowski

MEJOR GUIÓN ADAPTADO
ERIC ROTH Por: *Forrest Gump*
MEJOR GUIÓN ORIGINAL
QUENTIN TARANTINO, ROGER AVARY Por: *Pulp Fiction*

MEJOR FOTOGRAFÍA
JOHN TOLL Por: *Leyendas de pasión*
MEJOR SONIDO
GREGG LANDAKER, STEVE MASLOW, BOB BEEMER, DAVID MACMILLAN Por: Speed

MEJOR CANCIÓN
CAN YOU FEEL THE LOVE TONIGHT de: *El rey León*

MEJORES EFECTOS SONOROS
STEPHEN HUNTER FLICK Por: *Speed*

MEJOR MONTAJE
ARTHUR SCHMIDT Por: *Forrest Gump*

MEJOR DIRECCIÓN ARTÍSTICA
KEN ADAM, CAROLYN SCOTT Por: *The Madness of King George*

MEJOR VESTUARIO
LIZZY GARDINER, TIM CHAPPEL Por: *Las aventuras de Priscilla, reina del desierto*

Año 1996

69th Awards: 24 de marzo de 1997, 6:00 p.m.
Lugar: Shrine Auditorium, Los Angeles
Presentador: Billy Crystal

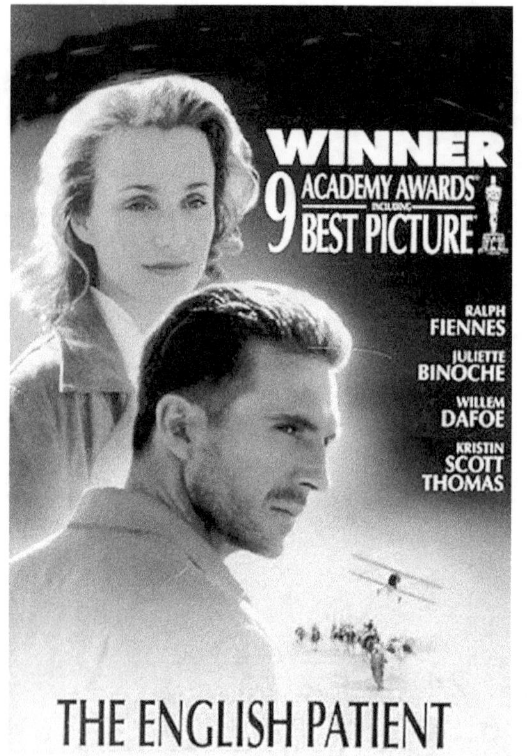

MEJOR MAQUILLAJE
RICK BAKER, VE NIELL, YOLANDA TOUSSIENG Por: *Ed Wood*

MEJORES EFECTOS VISUALES
KEN RALSTON, GEORGE MURPHY, STEPHEN ROSENBAUM, ALLEN HALL Por: *Forrest Gump*

OSCAR HUMANITARIO
QUINCY JONES Por sus humanitarios esfuerzos

MEJOR PELÍCULA

BRAVEHEART ***(Braveheart)***

El filme tenía un presupuesto de 60 millones de dólares, aumentados pronto hasta los 70, lo que obligó a Mel Gibson a renunciar a su salario como actor y director para poder seguir financiando la película. No obstante, la bancarrota era ya inevitable y Gibson tuvo que prestar de su propio patrimonio nada menos que 15 millones de dólares. El estreno en Estados Unidos fue también muy problemático, siendo retirada bruscamente de las salas de cine para ser recalificada de nuevo por su excesiva violencia, y repuesta un mes después con el cartel de no-recomendada

para menores.
La mayoría de los espectadores van a recordar esta película por las frecuentes escenas de batalla, sangrientas y violentas. Simplemente desde un punto de vista técnico, Braveheart muestra un trabajo inteligente en el manejo de hombres y caballos de esta tremenda guerra. Desplegando lo que parecen miles de hombres montados a caballo, así como soldados de a pie, arqueros y elementos de asalto, Gibson posee habilidad suficiente para que no confundamos las escenas y veamos con claridad las batallas. El resultado final es que la estrategia militar que nos muestra es fácil de entender, y por ello disfrutamos de las tácticas militares, aunque hay algunos errores históricos.
Normalmente, cuando un actor se mete a director es frecuente que tenga los mejores planos y que termine llevándose a la cama a la chica más guapa, pero ahora Gibson prefiere un mal final para que no le acusen de ególatra. No obstante, sus delirios le llevaron a gastar los 70 millones de dólares y con ese dinero es muy fácil realizar una buena película.
Premiada con un Oscar a la mejor película, Oscar a la Mejor Dirección (Mel Gibson), Oscar a la Mejor Fotografía (John Toll), Oscar al Mejor maquillaje (Peter Frampton, Paul Pattison, Lois Burwell) y Oscar a los Mejores Efectos de Sonido (Lon Bender, Per Hallberg)

Nominadas: *Babe, El cartero, Sentido y sensibilidad, Apolo 13*

MEJOR PELÍCULA EXTRANJERA
ANTONIA'S LINE: Por: Antonia's Line
Nominadas: *All Things fair, Dust of life, El hombre de las estrellas, El Quatrihlo*

MEJOR ACTOR
NICOLAS CAGE Por: *Leaving Las Vegas*
Nominados: Richard Dreyfuss, Anthony Hopkins, Sean Penn, Massimo Troisi

MEJOR ACTOR SECUNDARIO
KEVIN SPACEY Por: *Sospechosos habituales*
Nominados: James Cromwell, Ed Harris, Brad Pitt, Tim Roth

MEJOR ACTRIZ
SUSAN SARANDON Por: *Pena de muerte*
Susan Tomaling, nacida en 1946 en Nueva York, se hizo popular con sus papeles de mujer vulgar que ejerce la violencia en "Thelma & Louise" (1991), y como profesional independiente en "Light Sleeper, the Client" (1991). Sobresalió también como madre anegada en "Mujercitas" y tuvo como oponente a Robert Redford en la obra de George Roy Hill "El Carnaval de las águilas" (1975), aunque algunos aficionados la recuerdan mejor por su trabajo en "The Rocky Horror Picture Show" (1975).
También ha aportado candidez y decisión como la camarera de un casino en la aplaudida "Atlantic City" (1980), siendo igualmente interesante las escenas de amor lésbico con la vampira Catherine Deneuve en "El Ansia" (1983). Otros filmes importantes son: "Las Brujas de Eastwick" (1987); "Los Búfalos de Durham", "Los enredos de la vida", y "El Asesino del Calendario" (todas en 1988). Después hizo "Una árida Estación Blanca" (1989); "Pasión sin Barreras" (1990); "El Juego de Hollywood", "El aceite de la vida", y "Ciudadano Bon Roberts" (todas en 1992), "Al caer el sol" (1999) y "A cualquier otro lugar" (1998).

AÑO 1997

70th Awards: 23 de marzo de 1998, 6:00 p.m.
Lugar: Shrine Auditorium, Los Angeles
Presentador: Billy Cristal

Nominadas: Elisabeth Shue, Sharon Stone, Meryl Street, Emma Thompson

MEJOR ACTRIZ SECUNDARIA
MIRA SORVINO Por: *Poderosa Afrodita*
Nominadas: Joan Allen, Kathleen Quinlan, Mare Winningham, Kate Winslet

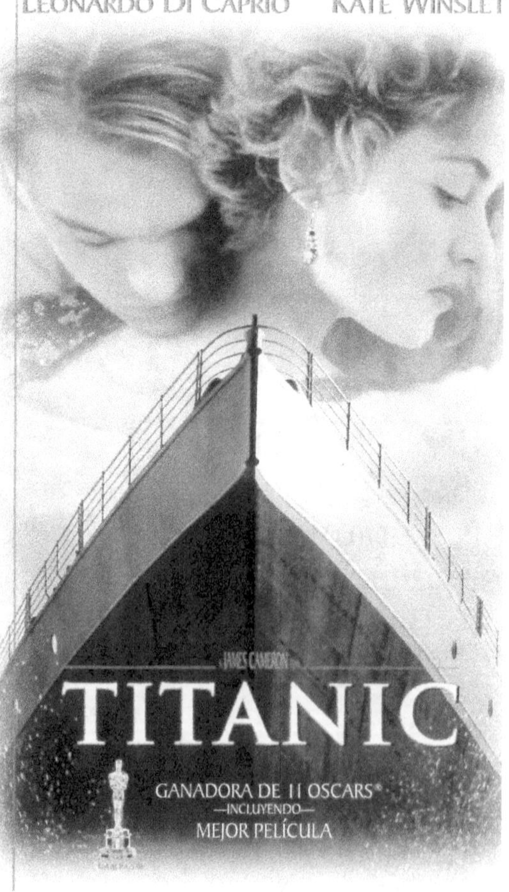

MEJOR DIRECTOR
MEL GIBSON Por: *Braveheart*
Nominados: Mike Figgis, Chris Noonan, Michael Radford, Tim Robbins

MEJOR GUIÓN ADAPTADO
EMMA THOMPSON Por: *Sentido y sensibilidad*
MEJOR GUIÓN ORIGINAL
CHRISTOPHER MCQUARRIE Por: *Sospechosos habituales*

MEJOR FOTOGRAFÍA
JOHN TOLL Por: *Braveheart*

MEJOR SONIDO
R. DIOR, S. PEDERSON, S. MILLAN, D. MACMILLAN Por: *Apolo 13*

MEJOR CANCIÓN
COLORS OF THE WIND de: *Pocahontas*

MEJOR BANDA SONORA
LUIS BACALOV Por: *El Cartero*

MEJOR BANDA SONORA DE COMEDIA
ALAN MENKEN Por: *Pocahontas*

MEJORES EFECTOS SONOROS
LON BENDER, PER HALLBERG Por: *Braveheart*

MEJOR MONTAJE
MIKE HILL, DAN HANLEY Por: *Apolo 13*

MEJOR VESTUARIO
JAMES ACHESON Por: *Restauración*

MEJOR MAQUILLAJE
PETER FRAMPTON, PAUL PATTISON, LOIS BURWELL Por: *Braveheart*

MEJOR DIRECCIÓN ARTÍSTICA
EUGENIO ZANETTI Por: *Restauración*

MEJORES EFECTOS VISUALES
S.E. ANDERSON, C. GIBSON, N. BOANLAH, J. COX
Por: *Babe, el cerdito valiente*

OSCAR HONORÍFICO

KIRK DOUGLAS En reconocimiento a sus 50 años de creatividad y fuerte moral en el desarrollo de películas.

JOHN LASSETER Autor de obras como *"Toy Story", "Buscando a Nemo", "Bichos" y "Monstruos, S.A."*

Los creadores de "Toy Story" animaron la velada cuando sacaron sus enormes muñecos al escenario para recoger el premio a la mejor animación por ordenador.

CHUCK JONES En reconocimiento a la creación de dibujos animados clásicos. Es el autor del Coyote, Correcaminos y Marvin el Marciano, entre otros, y responsable de los *Looney Tunes.*

DONALD C. ROGERS Por su contribución técnica a la industria del cine.

MEJOR PELÍCULA

EL PACIENTE INGLÉS *(The english patient)*

Adaptada de la compleja novela de Michael Ondaatje, esta película nos cuenta una historia romántica, en ocasiones confusa y aburrida, en la cual se mezclan con acierto el romanticismo y los sentimientos. Con numerosos "flash backs", y un ambiente que trata de recrear el cine clásico, estuvo avalada por un gran éxito comercial.

Nominadas: *Fargo, Shine, Jerry Maguire, Secretos y mentiras*

MEJOR PELÍCULA DE HABLA NO INGLESA

KOLYA Por: Jan Sverak

Nominadas: *A Chef in Love, The Other Side of Sunday,*

Prisoner of the Mountains, Ridicule

MEJOR ACTOR
GEOFFREY RUSH Por: *Shine*
Nominados: Tom Cruise, Ralph Fiennes, Woody Harrelson, Billy Bob Thornton
MEJOR ACTOR SECUNDARIO
CUBA GOODING Jr. Por: *Jerry Maguire*
Nominados: Edward Norton, James Woods, Armin Müller-Stahl, William H. Macy

MEJOR ACTRIZ
FRANCES McDORMAND Por: *Fargo*
Nominadas: Brenda Blethyn, Diane Keaton, Kristin Scott Thomas, Emily Watson

MEJOR ACTRIZ SECUNDARIA
JULIETTE BINOCHE Por: *El paciente inglés*
Nominadas: Joan Allen, Lauren Bacall, Barbara Hershey, Marianne Jean-Batiste

MEJOR DIRECTOR
ANTHONY MINGHELLA Por: *El paciente inglés*
Nominados: Joel Coen, Milos Forman, Scott Hicks, Mike Leigh

MEJOR GUIÓN ADAPTADO
BILLY BOB THORNTON Por: *Sling Blade*
MEJOR GUIÓN ORIGINAL
ETHAN JOEL COEN Por: Fargo

MEJOR FOTOGRAFÍA
JOHN SLADE Por: *El paciente inglés*

MEJOR SONIDO
WALTER MURCH, MARK BERGER, DAVID PARKER, CHRIS NEWMAN Por: *El paciente inglés*
MEJOR BANDA SONORA DE COMEDIA
RACHEL PORTMAN Por: *Emma*
MEJOR BANDA SONORA DE DRAMA
GABRIEL YARED Por: *El paciente inglés*
MEJORES EFECTOS SONOROS
BRUCE STAMBLER Por: *Los demonios de la noche*

MEJOR MONTAJE
WALTER MURCH Por: *El paciente inglés*
MEJOR VESTUARIO
ANN ROTH Por: *El paciente inglés*
MEJOR MAQUILLAJE
RICK BAKER, DAVID LEROY ANDERSON Por: *El profesor chiflado*

MEJORES EFECTOS VISUALES
VOLKER ENGEL, DOUGLAS SMITH, CLAY PINNEY, JOSEPH VISKOCIL Por: *Independence Day*
Sorprendente fue la labor de este plantel de especialistas, quienes con muy poco dinero, gran habilidad e imaginación, consiguieron hacernos creer que los extraterrestres asolaban nuestro planeta. Utilizando maquetas, decorados sencillos, transparencias a la vieja usanza y nada de tecnología digital, marcaron una senda para los efectos especiales que, desdichadamente, el uso y abuso de los ordenadores no ha sabido aprovechar.

OSCARES ESPECIALES
MICHAEL KIDD, SAUL ZAENTZ El primero coreó-

grafo y actor; el segundo, productor.

OSCAR IRVING THALBERG

SAUL ZAENTZ

OSCAR AL MÉRITO TECNOLÓGICO

IMAX CORPORATION

Esta fue la segunda ceremonia más larga de su historia, y por primera vez se retransmitió por Internet. Hubo un momento especialmente interesante, cuando se llamó a

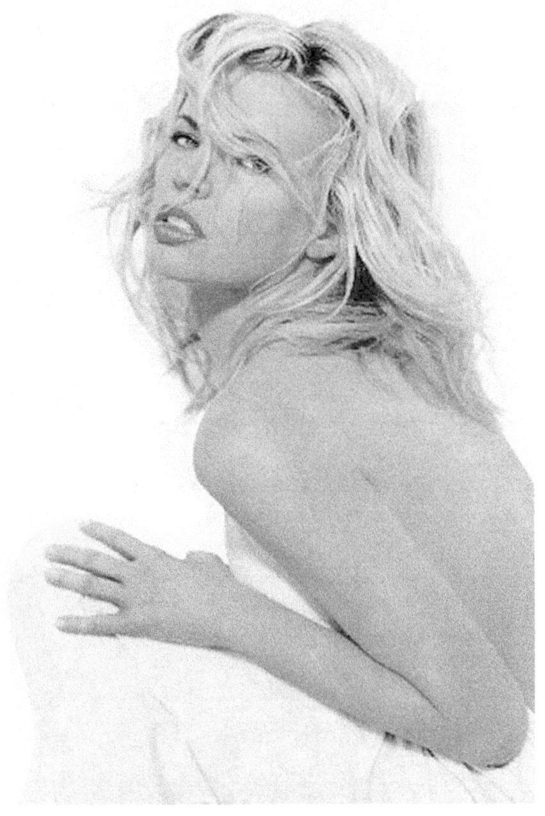

actores *Kim Bassinger*

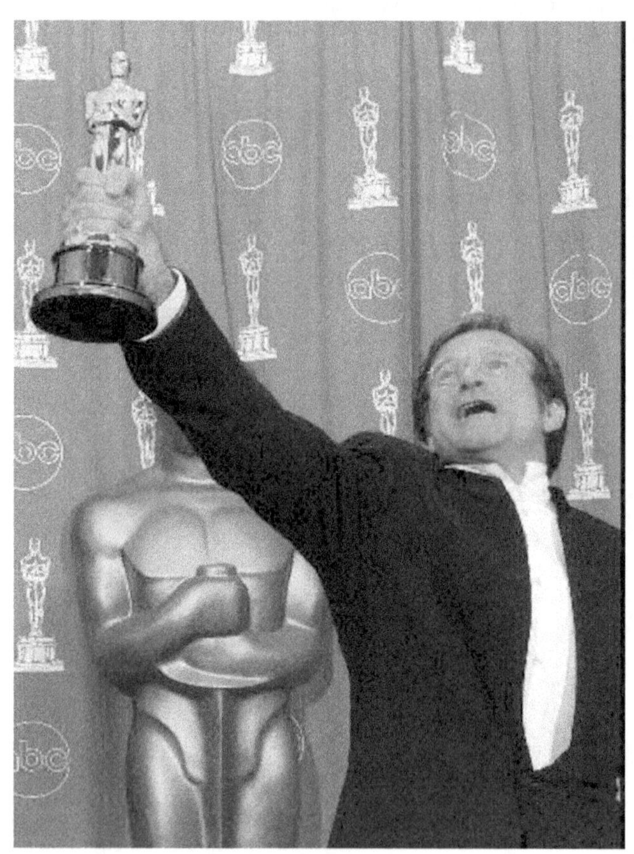

Robin Williams

AÑO 1998

71st Awards: 21 de marzo de 1999, 5:30 p.m.
Lugar: Dorothy Chandler Pavilion, Los Angeles County Music Center
Presentadora: Whoopi Goldberg

emblemáticos para mostrar “El álbum familiar de los ganadores de un Oscar”.

MEJOR PELÍCULA

TITANIC ***(Titanic)***

Nominadas:
L.A. Confidential, Good Will Hunting, In Company of Men, Boogie Nights

La sobradamente conocida historia sobre el desastre del gran buque Titanic, alcanza aquí su mayor esplendor gracias a los buenos efectos especiales. Aunque la historia romántica no nos convence, ya que las diferencias entre buenos y malos llegan a ser cargantes, el buen ritmo y la tensión mantenida después de la media hora inicial, justifican su éxito comercial.

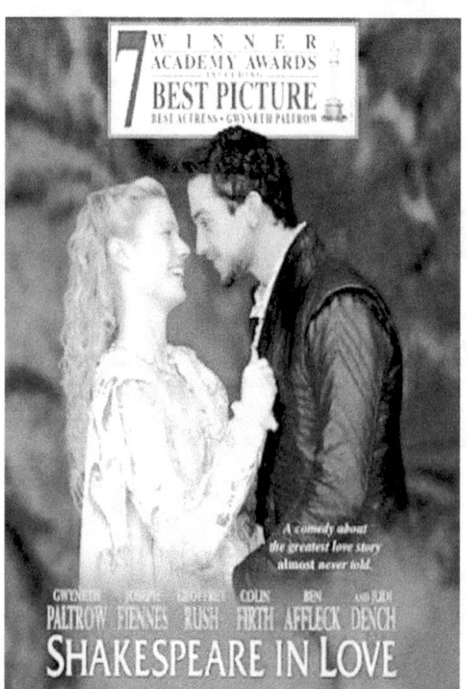

Nominadas: *Mejor Imposible, Full Monty, El Indomable Will Hunting, L.A. Condidential.*

MEJOR PELÍCULA EN HABLA NO INGLESA
CARÁCTER Por: Mike Van Diem
Nominadas: *Beyond Silence, Four days in September, Secrets of the Herat, The*

Thief

MEJOR ACTOR

JACK NICHOLSON Por: *Mejor imposible*

John Joseph Nicholson nació en 1937 en Neptuno, Nueva York. Asiduo colaborador de Roger Corman, con quien hizo numerosas películas, fue tomado en consideración cuando realizó "Buscando mi destino" (1969), por la cual fue nominado al Oscar. La característica que dio origen al descubrimiento de Nicholson fue precisamente su papel de varón clásico, sin refinamientos, y un amante de las mujeres que no tenía razón alguna para ser romántico o tierno: su aspecto de maníaco le daba el suficiente atractivo.

Después tuvo el acierto de trabajar con directores como Mike Nichols en "Conocimiento carnal" (1971), con Hal Ashby en "El último deber" (1973) y con Román Polanski en "Chinatown" (1974), consiguiendo ser nominado al mejor actor en dos ocasiones, y recibir el premio por su trabajo en el filme de Milos Forman "Alguien voló sobre el nido del cuco" (1975).

Con Stanley Kubrick, interpretó a un escritor enloquecido en la película "El resplandor" (1980) y para Michelangelo Antonioni, retrató a un reportero americano que vive una revolución en "El reportero" (1975), siendo igualmente importantes sus trabajos en "Missouri" (1976), "Rojos" (1981), "La fuerza del cariño" (1983), "Al filo de la noticia" (1987); y "Tallo de hierro" (1987).

Más desequilibradas y criticadas fueron sus interpretaciones en "Las brujas de Eastwick" (1987), "Batman" (1989), "Algunos hombres buenos", "Hoffa" (1992) y "Lobo" (1994). Con "¡Mars Attacks!" (1996) y "Mejor Imposible" (1997) consolidó su fama en la comedia.

Las escenas que comparte son en ocasiones tan reales

como su vida, especialmente cuando trabaja con Anjelica Huston (su ex novia.) Ha estado casado con Jennifer Warren y en los últimos años le hemos visto unido a Rebecca Brousard.

Nominados: Matt Damon, Leonardo Di Caprio, Aaron Eckhard, Peter Fonda

MEJOR ACTOR SECUNDARIO
ROBIN WILLIAMS Por: *El indomable Will Hunting*
Nominados: Ben Affleck, Rupert Everett, Tobey Maguire, Burt Reynolds

MEJOR ACTRIZ
HELEN HUNT Por: *Mejor imposible*
Nominadas: Helena Bonham Carter, Judi Dench, Julia Roberts, Kate Winslet

MEJOR ACTRIZ SECUNDARIA
KIM BASINGER Por: *L. A. Confidential*
Nominadas: Alison Elliot, Frances Fisher, Julianne Moore, Gloria Stuart

MEJOR DIRECTOR
JAMES CAMERON Por: *Titanic*
Nacido el 16 de agosto de 1954, en Kapuskasing, Ontario, Canadá, se le considera un experto en cine de alta tecnología que comenzó a ser popular en el decenio de 1980 con sus sorprendentes visiones apocalípticas en "Alien", "Terminador" y "Abyss", poniendo, además, su sello distintivo en los efectos especiales.
Cameron recibió su primer encargo como director en la película "Piraña, 2" (1981), un filme que ha intentado olvi-

Año 1999

72nd Awards: 26 de marzo de 2000, 6:00 p.m.
Lugar: Dorothy Chandler Pavilion, Los Angeles County Music Center
Presentador: Billy Crystal

dar, pero la publicidad le recuerda que se trata de su primera película. Poco después conseguiría su primer gran éxito al volver a Los Angeles para escribir un guión sobre un robot del futuro llamado Terminator, que generaría la película del mismo título que dirigiría con acierto.
Trabajando como productor, director y escritor, Cameron rápidamente se estableció como uno de los principales autores de la ciencia-ficción, continuando así el camino marcado por George Lucas y Steven Spielberg en las películas de los años 70, pero consiguiendo aportar un nuevo sentido a este tipo de cine.
En 1989 se casó con Kathryn Bigelow, una mujer especialista en cine de acción con la cual produjo una película mediocre sobre el mundo del surfing en 1991. Después de esta obra se separaron y Cameron se unió a su actriz principal Linda Hamilton, con quien tuvo una hija en 1993.

Nominados: Peter Cattaneo, Atom Egoyan, Curtis Hanson, Gus Van Sant

MEJOR GUIÓN ADAPTADO
CURTIS HANSON, BRIAN HELGELAND Por: *L.A. Confidential*

MEJOR GUIÓN ORIGINAL
MATT DAMON, BEN AFFLECK Por: *El indomable Will Hunting*
MEJOR FOTOGRAFÍA
RUSSELL CARPENTER Por: *Titanic*

MEJOR SONIDO
GARY RYDSTROM, TOM JOHNSON, GARY SUMMERS, MARK ULANO Por: *Titanic*

MEJOR CANCIÓN
MY HEART WILL GO ON de: *Titanic*
MEJOR BANDA SONORA DE COMEDIA
ANNE DUDLEY Por: *Full Monty*

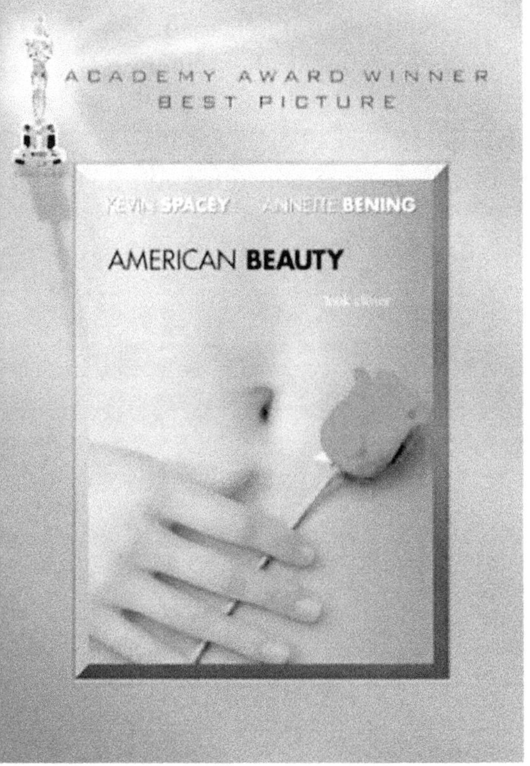

MEJORES EFECTOS SONOROS
TOM BELFORT, C. BOYES Por: *Titanic*

MEJOR MONTAJE
C. BUFF, J. CAMERON, R.A. HARRIS Por: *Titanic*

MEJOR VESTUARIO
DEBORAH LYNN SCOTT Por: *Titanic*

MEJOR MAQUILLAJE
RICK BAKER, DAVID LEROY ANDERSON Por: *Hombres de negro*

MEJORES EFECTOS VISUALES
ROBERT LAGATO, MARK A. LASOLFT, THOMAS L. FISHER, MICHAEL KANFER Por: *Titanic*

OSCAR ESPECIAL
SYANLEY DONEN Por toda una vida dedicada al cine. Este actor, director y productor nació el 13 de abril de 1924 en Columbia, Carolina del Sur, alcanzando gran renombre

por filmes tan exquisitos como “Bodas reales” y “Una cara de Ángel” con Fred Astaire, “Dos en la carretera” y “Charada” con Audrey Hepburn, y “Saturno 3”, con Kirk Douglas. Sin embargo, los aficionados le recuerdan aún mejor por su binomio con Gene Kelly, con quien realizó “Cantando bajo la lluvia”, “Levando anclas” y “Un día en Nueva York”,

En 1993, Donen intentó volver a relanzar el cine musical con el filme “Las zapatillas rojas”, aunque constituyó un fracaso.

Roberto Benigni protagonizó uno de los momentos más divertidos en la historia de la gala, celebrada por primera vez en domingo. Ese año se llevó el premio al mejor actor y a la película de habla no inglesa por "La vida es bella". Cuando Sofía Loren abrió el sobre y leyó su nombre, el director italiano saltó por encima de los asientos y se plantó de un salto en el escenario. El problema es que no se pudo extender mucho, pues los premiados solamente contaban con 30 segundos para dar las gracias.
También hubo momentos entrañables, como cuando se proyectó un video presentado por John Travolta en homenaje a Frank Sinatra, y otro dedicado a Stanley Kubrick de la mano de Steven Spielberg.

MEJOR PELÍCULA

SHAKESPEARE IN LOVE *(Shakespeare in love)*
Trece nominaciones y siete Oscars obtuvo este desigual filme que relata una historia de amor en la Inglaterra del siglo XVI. Sin embargo, la lucha de estas dos compañías de teatro, necesitó 900 millones de dólares gastados en publicidad para que los espectadores acudieran a verla.
Nominadas: *La delgada línea roja, La vida es bella, Salvar al soldado Ryan, Elizabeth*

MEJOR PELÍCULA DE HABLA NO INGLESA

LA VIDA ES BELLA Por: Roberto Benigni
Nominadas: *Estación central de Brasil, Bachecha-ye Aseman, El abuelo, Tango*

MEJOR ACTOR

ROBERTO BENIGNI Por: *La vida es bella*
Nominados: Tom Hanks, Ian McKellen, Nick Nolte, Edward Norton

MEJOR ACTOR SECUNDARIO

JAMES COBURN Por: *Affliction*
Nominados: Robert Duvall, Ed Harris, Geoffrey Rush, Billy Bob Thornton

MEJOR ACTRIZ

GWYNETH PALTROW Por: *Shakespeare in love*
Nominadas: Cate Blanchett, Meryl Streep, Fernanda Montenegro, Emily Watson

MEJOR ACTRIZ SECUNDARIA

JUDI DENCH Por: *Shakespeare in love*
Nominadas: Kathy Bates Brenda Blethyn Rachel Griffiths Lynn Redgrave

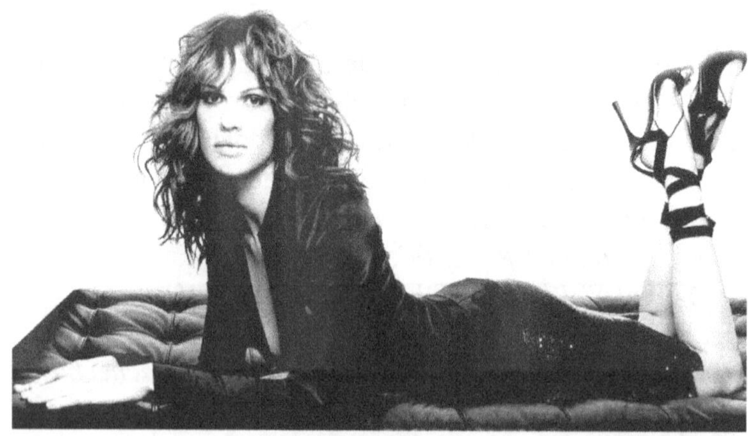

Hillary Swank

MEJOR DIRECTOR

AÑO 2000

73rd Awards: 25 de marzo de 2001, 5:30 p.m.
Lugar: Shrine Auditorium y Expo Center
Presentador: Steve Martin

STEVEN SPIELBERG Por: *Salvar al soldado Ryan*
Empecinado en apartarse del cine de ciencia-ficción, precisamente el tema que le proporcionó sus mejores éxitos, Spielberg nos lleva ahora a un ambiente bélico similar a "El día más largo". Con muchos más efectos especiales que entonces, aunque con menos actores famosos para apoyar la historia, nos regala veintidós excepcionales minutos iniciales dedicados al desembarco en la playa de Omaha el 6 de junio de 1944.

Apoyándose en el estilo documental habitual en los filmes de guerra, incorpora prácticamente al espectador en la contienda, haciendo que incluso tengamos que apartarnos frecuentemente para que no nos salpique la sangre y nos acierten con un obús.

Nominados: Roberto Benigni John Madden, Terrence Malick, Peter Weir

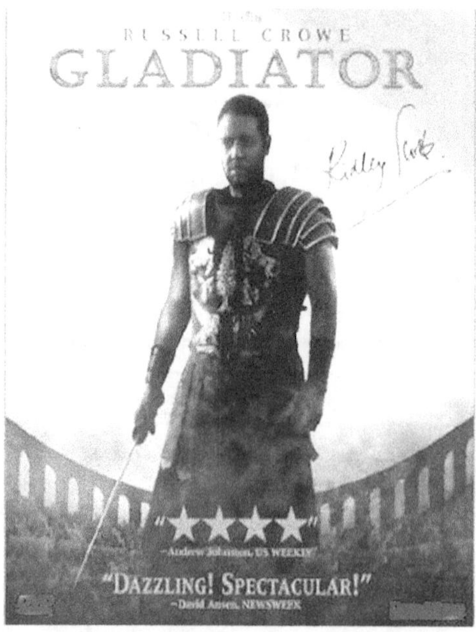

MEJOR GUIÓN ADAPTADO
BILL CONDON Por: *Dioses y monstruos*
MEJOR GUIÓN ORIGINAL
M. NORMAN y T. STOPPARD Por: *Shakespeare in love*
MEJOR FOTOGRAFÍA
JANUSZ KAMINSKI Por: *Salvar al soldado Ryan*
MEJOR SONIDO
RYDSTROM, SUM-

MERS, NELSON, JUDKINS Por: *Salvar al soldado Ryan*

MEJOR BANDA SONORA DE COMEDIA MUSICAL

STEPEHN WARBECK Por: *Shakespeare In love*

MEJORES EFECTOS SONOROS

G. RYDSTROM, HYMNS Por: *Salvar al soldado Ryan*

MEJOR MONTAJE

MICHAEL KAHN Por: *Salvar al soldado Ryan*

MEJOR VESTUARIO

SANDY POWELL Por: *Shakespeare in love*

MEJOR MAQUILLAJE

JENNY SHIRCORE Por: *Shakespeare in love*

MEJORES EFECTOS VISUALES

HYNEK, BROOKS, ROBERTSON, MACK Por: *Más Allá de los sueños*

OSCAR ESPECIAL

ELIA KAZAN, NORMAN JEWISON

Esta entrega pasará a la historia por el "Peeedrooo" de Penélope Cruz cuando mencionó a Almodóvar como ganador, y por el repaso al santoral del director manchego cuando agradeció el premio.

Nuevamente, la ceremonia se inauguró con un montaje de escenas de películas clásicas nominadas en otras ediciones, en las que se había incluido digitalmente al presentador Billy Cristal, en una ocasión con Don Corleone en "El Padrino" y en otra cantando en "West Side Store".

Ese año, una remesa de 55 estatuillas fue robada de un muelle de carga semanas antes de la gala. La mayoría fueron recuperadas gracias a Willie Fulgear, un ciudadano desconocido, que las encontró cerca de un vertedero en el barrio coreano de Los Angeles. En agradecimiento, la Academia le dejó asistir a la ceremonia como invitado especial.

Con pocos cambios sobre lo habitual, y tan larga como las anteriores, las gracias de Billy Crystal ayudaron a hacer más llevadera la entrega, lo mismo que la presencia de Roberto Benigni, el cual aseguró que "la Academia amenaza con detenerme si les vuelvo a arruinar el mobiliario", en referencia al año anterior. La sonrisa burlona de Jack Nicholson, que presentó el Oscar honorario a su amigo Warren Beatty diciendo, "Por respeto a la edad del galardonado y al estado de buena esperanza de su esposa, prometo no hacer bromas sexuales", así como la presencia en la sala de Willie Fulgear, el héroe anónimo que se encontró los Oscar robados en el contenedor de la basura, fueron la excusa perfecta para las bromas de la noche.

Una de las grandes ganadoras fue "Matrix", película que ya había obtenido el respaldo del público meses atrás.

MEJOR PELÍCULA

AMERICAN BEAUTY *(American Beauty)*

Los varones son ahora objeto de las insidias femeninas, en esta historia sobre homosexualidad, droga, adulterio y mirones.

Dirigida por un novato San Mendes, quien había ganado cierto prestigio con el musical "Caba-ret", la historia de este hombre acosado por sus sueños y despreciado por su triunfadora mujer, caló hondo en los espectadores.

Nominadas: *The Cider House Rules, The Green Mille, The Insider, The Sixth Senser*

Año 2001

74th Awards: 24 de marzo de 2002, 5:30 p.m.
Lugar: Kodak Theatre, Hollywood & Highland
Presentadora: Whoopi Goldberg

MEJOR PELÍCULA DE HABLA NO INGLESA

TODO SOBRE MI MADRE Por: Pedro Almodóvar

No esperaba Almodóvar salir premiado con este modesto filme, pero el reconocimiento de la Academia hizo que el cine español empezara a ser considerado en todo el mundo. No obstante, echamos en falta una mayor sensibilidad en la historia.

Nominadas: *Caravan, La vida prometida, Solomon and Gaenor, Ander The Sun*

MEJOR ACTOR

KEVIN SPACEY Por: *American beauty*

Nominados: Russell Crowe, Richard Farnsworth, Sean Penn, Denzel Washington

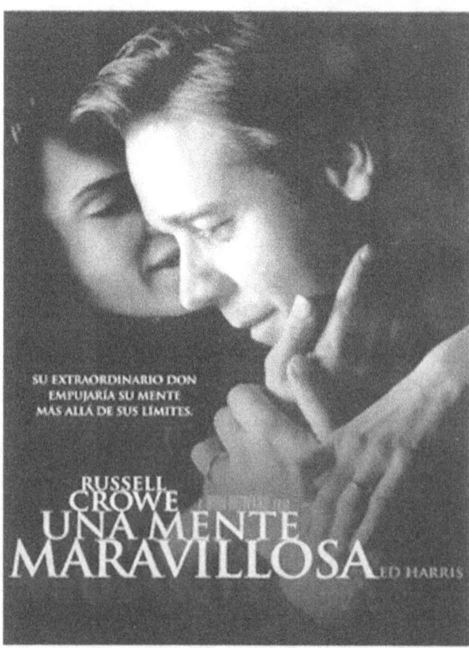

MEJOR ACTRIZ

HILLARY SWANK

Por: *Boys don't cry*

Nacida el 30 de julio de 1974 en Lincoln, Nebraska (Estados Unidos), con el nombre de Hilary Ann Swank, esta guapa mujer de 1'70 m comenzó a actuar de adolescente gracias a la mediación de la productora Suzy Sachs, quien la introdujo en el mundo del teatro.

En 1997 participó en

la serie de televisión "Sensación de vivir", debutando en la pantalla grande en la película "Buffy, la cazavampiros" (1992), título dirigido por Fran Rubel Kuzui, al que siguió "El nuevo Karate Kid" (1994). Su actuación en "Boys don't cry" (1999) supuso su primer gran éxito cinematográfico, consiguiendo el Oscar y el Globo de Oro por su interpretación.
En 1997 se casó con el actor Chad Lowe, hermano Rob Lowe. A Chad lo conoció mientras rodaba la película "Días tranquilos" (1997). "Premonición", "Insomnio" (2002, y "El núcleo" (2003), son otros de sus últimos filmes.
Nominadas: Annette Bening, Meryl Streep, Julianne Moore, Janet McTeer

MEJOR DIRECTOR
SAM MENDES Por: *American beauty*
Nominados: Spike Jonze, Lasse Hallstrom, Michael Mann, M. Nigth Shyamalan
MEJOR GUIÓN ADAPTADO
JOHN IRVING Por: *Las normas de la Casa de la Sidra*
MEJOR GUIÓN ORIGINAL
ALAN BALL Por: *American beauty*

MEJOR FOTOGRAFÍA
CONRAD L. HALL Por: *American Beauty*

MEJOR SONIDO
REITZ, RUDLOFF, CAMPBELL, LEE Por: *Matrix*
MEJOR CANCIÓN ORIGINAL
PHILL COLLINS de: You'll be in my Herat (Tarzán)

MEJORES EFECTOS SONOROS

DANE A. DAVIS Por: *Matrix*

MEJOR MONTAJE
ZACH STAENBERG Por: *Matrix*

MEJOR VESTUARIO
LINDY HEMMING Por: *Topsy Turvy*
MEJOR MAQUILLAJE
BLUNDELL, PROUD Por: *Topsy Turvy*

MEJORES EFECTOS VISUALES
GAETA, SIRRS, COURTLEY, THUM Por: *Matrix*
La película aporta como novedad técnica el *bullet time*, un truco de cámara que produce impactantes efectos al rodar a 12.000 fotogramas por segundo. Copiado posteriormente hasta la saciedad, este filme supuso un antes y un después en los efectos especiales, así como en la forma de presentar las escenas de lucha, en donde los cables son capaces de hacer realizar a los actores cosas imposibles.
OSCAR ESPECIAL
ANDRZEJ WAJDA
Nacido en Polonia en 1926, ha sido siempre un cineasta involucrado en la situación política de su país. Algunas de sus obras, como "El hombre de mármol" (1977) o "El hombre de hierro" (1981), describen la creciente agitación política de su país en la posguerra.

PREMIO IRVING THALBERG
WARREN BEATTY
El hermano de Shirley MacLaine recibió este premio por su carrera como actor, realizador y productor, siendo recordadas "Rojos" y "Esplendor en la hierba".

La gala duró cuatro horas y la Academia anunció que premiaría al discurso más corto con un equipo de TV. Pero a Julia Roberts no le tentó esa idea, ya que cuando subió al escenario dijo: "Qué demonios, yo ya tengo tele, y como no sé si voy a volver a estar aquí arriba en toda mi vida, me voy a tomar el tiempo que necesite para agradecer el premio a quien quiera". El equipo se lo llevó Michael Dudok de Wit, quien algo más prudente habló durante 18 segundos cuando recogió el Oscar al mejor corto de animación. El presentador Steve Martin leyó una supuesta nota del FBI en la que se decía que Tom Hanks era el responsable de las amenazas de secuestro recibidas por Russell Crowe días antes de la gala (los dos estaban nominados al mejor actor). Hanks siguió la broma, puso cara de avergonzado y le murmuró a su mujer: "Te dije que lo iban a descubrir".

MEJOR PELÍCULA

GLADIATOR *(Gladiador)*
Apoyada en un guión sólido, aunque deformando sensiblemente la verdadera historia, nos llevan hasta el gran general romano Máximo, quien regresa victorioso con sus legiones del campo de batalla. Debe heredar la corona otorgada por un agonizante Marco Aurelio, aunque ello ocasiona los celos de Comodo, que ordena su ejecución. Afortunadamente Máximo se escapa y aunque convertido en esclavo se entrena como gladiador y vuelve a Roma

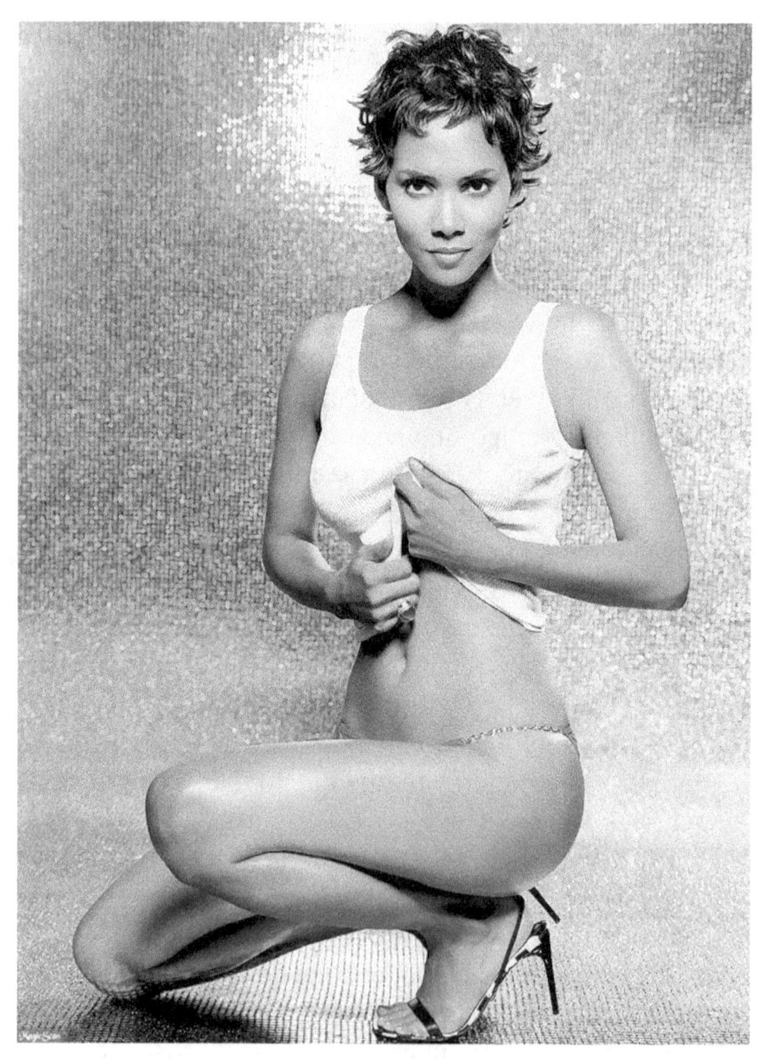

Halle Berry

Año 2002

75th Awards: 23 de marzo de 2003
Lugar: Kodak Theatre de Hollywood
Presentador: Steve Martin

decidido a vengar la muerte de su familia matando al nuevo emperador Comodo.

Nominadas: *Traffic, Erin Brockovich, Tigre y Dragón, Chocolat*

MEJOR PELÍCULA DE HABLA NO INGLESA
TIGRE Y DRAGÓN Por: Ang Lee
Nominadas: *Amores Perros, Divided We Fall, Everybody Famous!, The Taste of Others*

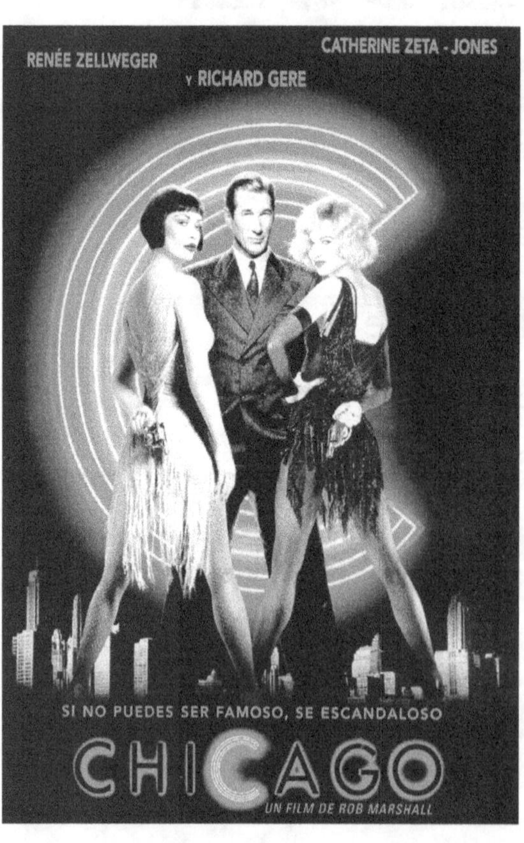

MEJOR ACTOR
RUSSELL CROWE Por: *Gladiator*
Nominados: Tom Hanks, Javier Bardem, Ed Harris, Geoffrey Rush

MEJOR ACTOR SECUNDARIO
BENICIO DEL TORO Por: *Traffic*
Nominados: Jeff Bridges, Willem Dafoe, Albert Finney, Joaquim Phoenix

MEJOR ACTRIZ
JULIA ROBERTS Por: *Eric Brockovich*
Nominadas: Juliette Binoche, Ellen Burstyn, Joan Allen, Laura Linney

MEJOR ACTRIZ SECUNDARIA
MARCIA GAY HARDEN Por: *Pollock*
Nominadas: Judi Dench, Kate Hudson, Frances McDormand, Julie Walters
MEJOR DIRECTOR
STEVEN SODERBERGH Por: *Traffic*
Nominados: Stephen Daldry, Ang Lee, Ridley Scott, Steven Soderbergh (Erin Brockovich)

MEJOR GUIÓN ADAPTADO
STEPHEN GAGHAN Por: *Traffic*
MEJOR GUIÓN ORIGINAL
CAMERON CROWE Por: *Casi famosos*

MEJOR FOTOGRAFÍA
PETER PAU Por: *Tigre y dragón*

MEJOR SONIDO
SCOTT MILLAN, BOB BEERNER, KEN WESTON Por: *Gladiator*
MEJOR BANDA SONORA ORIGINAL
TAN DUN Por: *Tigre y dragón*

MEJOR MONTAJE SONORO
JON JOHNSON Por: *U-571*

MEJOR MONTAJE
STEPHEN MIRRIONE Por: *Traffic*

MEJOR VESTUARIO
JANTY YATES Por: *Gladiator*
MEJOR MAQUILLAJE

RICK BAKER, GAIL RYAN Por: *El Grinch*

MEJORES EFECTOS VISUALES

TIM BURKE, NEIL CORBOULD, ROB HARVEY, JOHN NELSON Por: *Gladiator*

Varias mujeres han participado en la gran noche de los Oscars presentando parte de la gala, pero hasta 2002 Whoopi Goldberg es la única que ha actuado como maestra de ceremonias en exclusiva.

La cantante Björk, que estuvo nominada al Oscar a la mejor canción original por "Bailando en la oscuridad", acudió a la gala con un curioso vestido en forma de cisne, y en su paso por la alfombra roja se lo levantó y "puso" un huevo.

Judi Dench y Kate Winslet optaron al Oscar por interpretar a un mismo personaje en distintos momentos de su vida en "Iris" (2001). Era la segunda vez que sucedía: la propia Winslet fue nominada junto a Gloria Stuart por encarnar a la protagonista de "Titanic" (1997). Otros personajes animados han participado también en la gala: en 2002 pudimos ver cómo algunos protagonistas de las películas de animación nominadas (Shrek, Sulley, Jimmy Neutron...) estaban sentados entre los asistentes, a la espera de saber quién de ellos se llevaba el Oscar.

MEJOR PELÍCULA

UNA MENTE MARAVILLOSA (***A beautiful mind***)

La sencilla historia de este genio matemático, posiblemente un es-quizofrénico, ganó el aplausos de todos.

Nominadas: *Gosford Park, In the bedrom, The Lord of*

the Rings: The Fellowship of the Ring, Moulin Rouge

MEJOR PELÍCULA DE HABLA NO INGLESA
EN TIERRA DE NADIE Por: Danis Tanovic
Nominadas: *Amélie, Elling, Lagaan, Son of the Bride*

MEJOR ACTOR
DENZEL WASHINGTON Por *Training day*
Nominados: Russell Crowe, Sean Penn, Will Smith, Tom Wilkinson

MEJOR ACTOR SECUNDARIO
JIM BROADBENT Por: *Iris*
Nominados: Ethan Hawke, Ben Kingsley, Ian McKellen, Jon Voight

MEJOR ACTRIZ
HALLE BERRY Por: *Monster's ball*
Nominadas: Judi Dench, Nikole Kidman, Sissy Spacek, Renée Zellweger

MEJOR ACTRIZ SECUNDARIA
JENNIFER CONNELLY Por: *Una mente maravillosa*
Nominadas: Helen Mirren, Maggie Smith, Marisa Tomei, Kate Winslet

MEJOR DIRECTOR
RON HOWARD, por *Una mente maravillosa*
Nacido el 1 de marzo de 1954 en Duncan, Oklahoma, este anterior niño-actor es también un reconocido productor y director. Como actor realizó un papel memorable como el hijo de Lauren Bacall y el mítico John Wayne en "El último pistolero" (1976), aunque sería como director cuando mejoró su categoría profesional con títulos como "1, 2, 3

Splash" (1984), "Pisa a fondo" (1986), "Cocoon" (1985) y "Willow" (1988).

En recientes años, Howard ha consolidado su reputación, pues varios de sus proyectos han conseguido muy buenas recaudaciones, como "¡Dulce hogar... a veces!", "Llamaradas" (1991), y "Un horizonte muy lejano" (1992). Howard recibió buen trato de la prensa, aunque no de taquilla, por su película "Detrás de la noticia" (1994), un comedia sobre el periodismo. También probó suerte en una historia real basada en una misión espacial, con "Apolo 13" (1995), un hecho histórico que casi acabó en tragedia.

Nominados:

Ridley Scott, Robert Altman, Peter Jackson, David Lynch

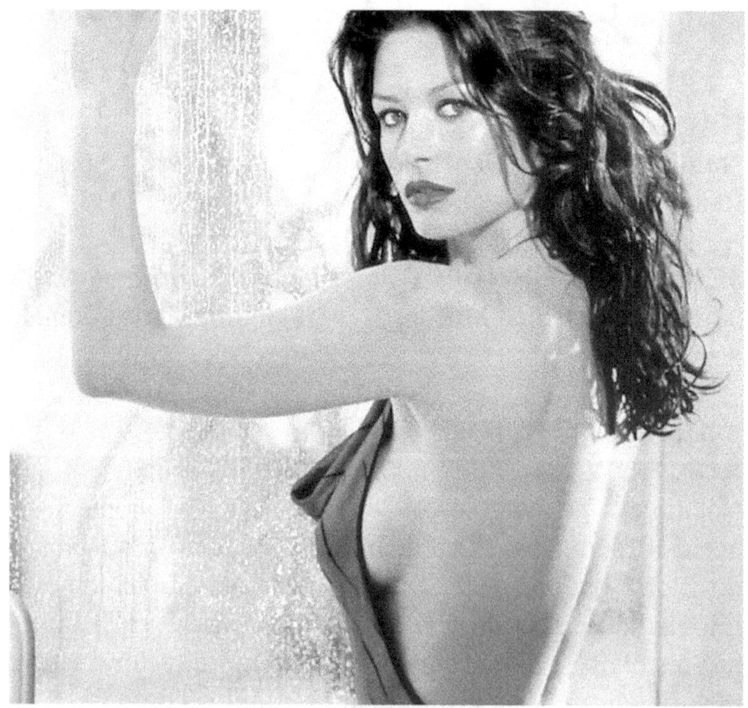

Catherine Zeta-Jones

AÑO 2003

76th Awards: 29 de febrero de 2004, 17,30
Lugar: Kodak Theatre de Hollywood
Presentadores: Billy Crystal, Nicole Kidman, Catherine Zeta Jones, Tom Hanks, Colin Farrell, Oprah Winfrey, Steven Spielberg, Will Smith, Jack Black, Will Ferrell, Jude Law, Charlize Theron, Jim Carrey, Eugene Levy, Cathrine O'Hara, Robin Williams, Julianne Moore, Renée Zellweger, Tom Cruise, Julia Roberts, Tim Robbins, Sandra Bullock, John Travolta, Susan Sarandon.

El ganador de tres premios Emmy, Louis J. Horvitz, dirigió nuevamente la retransmisión televisiva de la gala de entrega de los Oscar.

Dos meses antes de que se celebrasen los premios, una copia de una película enviada a uno de los votantes -el actor Carmine Caridi- fue filtrada por Internet. El filme en cuestión era "Something´s Gotta Give (Cuando menos te lo esperas) de Sony Pictures, protagonizada por Jack Nicholson y Diane Keaton. Por si fuera poco, la Academia perdió las papeletas enviadas a los académicos europeos, y se tuvo que retrasar el plazo de entrega unos días.

El precio que se pagó por la publicidad durante la retransmisión de la gala ascendió a 1,5 millones de dólares por anuncio, superando la cifra del año anterior que fue de 1,4 millones.

El productor de la ceremonia de entrega de los Oscars, Joe Roth, garantizó que el retraso de cinco segundos en la retransmisión televisiva no fue utilizado para censurar posicionamientos políticos y se refirió a que cualquier reivindicación similar a la que el año pasado realizó el documentalista Michael Moore, no quedará en la sala de edición.

La Academia celebró una fiesta paralela para presenciar los Oscars en Le Cirque de Nueva York a la que estuvieron invitados todos los miembros de la Academia de la costa Este.

MEJOR PELÍCULA

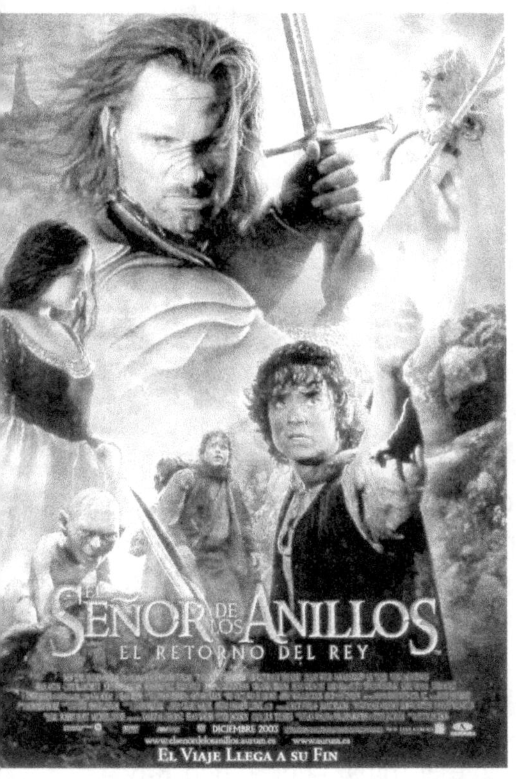

EL SEÑOR DE LOS ANILLOS: EL RETORNO DEL REY *(The Lord of the Rings: The return of the King)*

La historia nos lleva hasta las fuerzas de Sauron preparadas para asaltar Minas Tirith, la capital de Gondor, en un intento de acabar con la Raza de los Hombres. Indudablemente necesitan un rey, pues el anciano regidor Senescal ha llegado a su fin, siendo Aragorn el predestinado.

Galardonada nada menos que con 11 estatuillas (las mismas que consiguió Ben-Hur), esta última entrega de "El señor de los anillos" nos demuestra que el cine es capaz de ofrecer un espectáculo sublime y, al mismo tiempo, dotarlo de seriedad, buen hacer y un cuidado esmerado de todos los detalles. Nunca hasta entonces una película había sido aplaudida con tanta unanimidad, habiendo entrado ya en la historia del cine con letras doradas.

Nominadas: *Lost in translation, Master and Commander: The Far Side of the World, Mystic River, Seabiscuit.*

MEJOR PELÍCULA EN HABLA NO INGLESA

LAS INVASIONES BÁRBARAS Por: Denys Arcand

Nominadas: *Evil, The twilight samurai, Twin sisters, Zelary*

MEJOR DIRECTOR

PETER JACKSON Por: *The Lord of the Rings: The Return of the King*

Peter Jackson nació el 31 de octubre de 1961 en Pukerau Bay (Nueva Zelanda), siendo el hijo único de una pareja de inmigrantes ingleses, quienes le regalaron en 1969 una cámara Super-8 para que rodara diversas aventuras junto a sus amigos. Su primer filme como aficionado tuvo como tema la Segunda Guerra Mundial, y como plató unos agujeros en el jardín de su casa. En esta película también puso de manifiesto su afición por los efectos especiales, pues para los disparos de las armas practicaba pequeños agujeros en la película y así daba la impresión del fogonazo del disparo. A los 9 años de edad, parece ser que quedó fascinado con la visión de "King Kong" (1933), filme que siempre ha considerado como su película favorita, inclinándose desde entonces por el género fantástico y la ciencia-ficción, admirando profundamente el trabajo del mítico Ray Harryhausen.

En 1995 Bob Zemeckis se puso en contacto con Peter para que escribiese un guión para "Historias de la cripta" (Tales from the Crypt). En un par de semanas Peter y Fran Walsh tenían terminado el guión, pero a Bob le gustó tanto que en vez de un capitulo corto le ofreció hacer el filme "Agárrame esos fantasmas".

Entre su filmografía hay que destacar: "Mal gusto" (1987), en donde haría también el papel principal, "Braindead: tu madre se ha comido a mi perro" (1992),

"Criaturas celestiales" (1994), y "Agárrame esos fantasmas" (1996), además de la trilogía sobre "El señor de los anillos". Su último filme es el remake de "King Kong".

Nominados: Fernando Meirelles, Peter Weir, Sofia Coppola, Clint Eastwood.
Fernando Meirelles, cuando supo que era nominado, preguntó si la Academia se ha vuelto loca por adoptar esta decisión.

MEJOR ACTOR
SEAN PENN Por: *Mystic River*
Nominados: Johnny Depp, Ben Kingsley, Jude Law, Bill Murray

MEJOR ACTOR DE REPARTO
TIM ROBBINS por *Mystic River*
Nominados: Alec Baldwin, Benicio Del Toro, Djimon Hounsou, Ken Watanabe

MEJOR ACTRIZ
CHARLIZE THERON Por: *Monster*
Nominadas: Keisha Castle-Hughes, Diane Keaton, Samantha Morton, Naomi Watts

MEJOR ACTRIZ DE REPARTO
RENÉE ZELLWEGER Por: *Cold Mountain*
Nominadas: Shohreh Aghdashloo, Patricia Clarkson, Marcia Gay Harden, Holly Hunter

MEJOR MONTAJE
JAMIE SELKIRK Por: *The Lord of the Rings: The Return of the King*

MEJOR DIRECCIÓN ARTÍSTICA
GRANT MAJOR, DAN HENNAH, ALAN LEE Por: *The Lord of the Rings: The Return of the King*

MEJOR DIRECTOR DE FOTOGRAFÍA
RUSSELL BOYD Por: *Master and Commander: The Far Side of the World*

MEJORES EFECTOS VISUALES
JIM RYGIEL, JOE LETTERI, RANDALL WILLIAM COOK, ALEX FUNKE Por: *The Lord of the Rings: The Return of the King*

MEJOR PELÍCULA DE ANIMACIÓN
ANDREW STANTON Por: Buscando a Nemo

MEJOR VESTUARIO
NGILA DICKSON, RICHARD TAYLOR Por: *The Lord of the Rings: The Return of the King*

MEJOR MONTAJE
JAMIE SELKIRK Por: *El señor de los anillos: el retorno del Rey*

MEJOR BANDA SONORA ORIGINAL
HOWARD SHORE Por: *The Lord of the Rings: The Return of the King*

MEJOR CANCIÓN ORIGINAL
INTO THE WEST, DE FRAN WALSH, HOWARD SHORE, ANNIE LENNOX (música y letra) de: *El señor de los anillos: el retorno del Rey*

MEJOR SONIDO
CHRISTOPHER BOYES, MICHAEL SEMANICK, MICHAEL HEDGES, HAMMOND PEEK Por: *The Lord of the Rings: The Return of the King*

MEJORES EFECTOS SONOROS
RICHARD KING Por: *Master and Commander: The Far Side of the World*

MEJOR GUIÓN ORIGINAL
SOFIA COPPOLA Por: *Lost in Translation*
MEJOR GUIÓN ADAPTADO
FRAN WALSH, PHILIPPA BOYENS, PETER JACKSON Por: *The Lord of the Rings: The Return of the King*

MEJOR MAQUILLAJE
RICHARD TAYLOR, PETER KING Por: *The Lord of the Rings: The Return of the King*

PREMIOS HONORÍFICOS
PETER D. PARKS, especialista en microfotografía, recibió el premio **Gordon E. Swayer** como reconocimiento a su contribución individual al desarrollo técnico de la cinematografía.

BLAKE EDWARDS en reconocimiento a su labor como guionista, director y productor de películas como *La pantera rosa, Días de vino y rosas* o *Desayuno con diamantes.* Sentado en una silla de ruedas, recogió su premio realizando una veloz carrera que asombró al público.

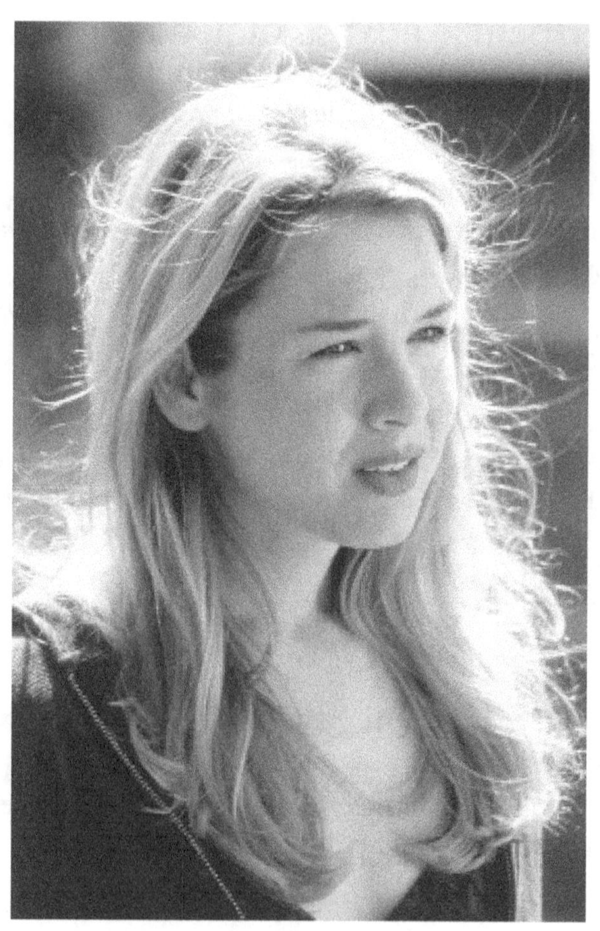

Renée Zellweger

AÑO 2004

77th Awards: 27 de febrero de 2005, 17,00
Lugar:Kodak Theatre de Hollywood
Presentador: Chris Rock

Presentada la ceremonia por un locuaz Chris Rock, quien con sus interminables chistes terminó por aturdir y aburrir a los espectadores de la sala (no sabemos si ocurrió igual con los televidentes), logró sus mejores cotas de importunismo cuando sacó algunos chistes sobre Bush, siendo coreado solamente por sus opositores. Afortunadamente salió en escena Robin Williams, más comedido en su ironía, pero sobradamente más eficaz y adecuado, quien con su espléndida forma física logró aportar un poco de ritmo al lánguido festival. También es de agradecer el cóctel de damas que pugnaban por lucir el mejor y más amplio escote trasero, llegando en ocasiones a dejarnos ver unas redondeces finales que presagiaban paraísos inalcanzables para la mayoría de los mortales.

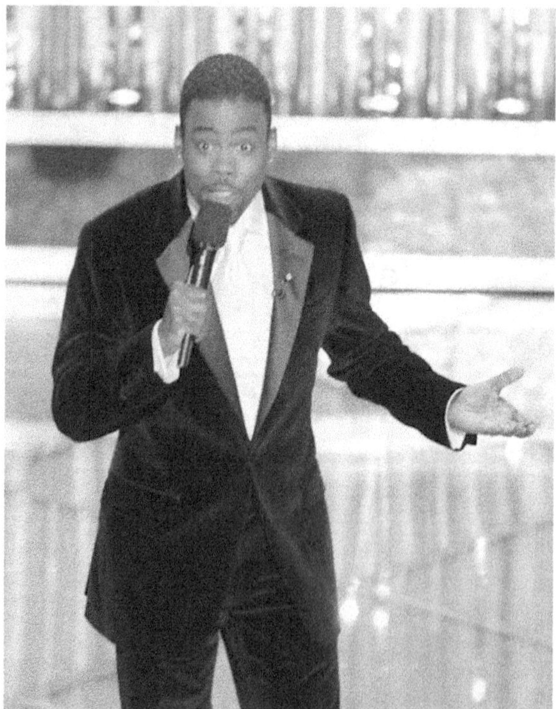

Chris Rock

MEJOR PELÍCULA

MILLION DOLLAR BABY Por: Clint Eastwood

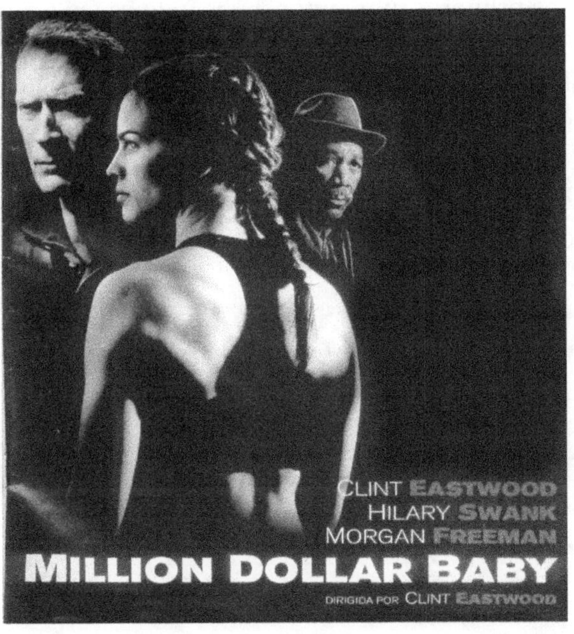

Dirigida por un eficaz Clint Eastwood, quien está acompañado por el también veterano actor Morgan Freeman, nos recrean un mundo poco habitual, como es el de las mujeres en el mundo del boxeo, aparentemente tan conflictivo como el de los varones. Ella es Maggie Fitzgerald, una menuda y risueña mujer que no tiene otra obsesión en la vida que dedicarse profesionalmente al boxeo femenino. Con unos modestos triunfos como aval, acude en busca de Frankie Dunn, a quien considera el mejor preparador del mundo, pidiéndole que la entrene para lograr convertirla en la nueva campeona. Sin embargo, él ha perdido su capacidad para relacionarse con la gente y tampoco desea entrenar a una mujer, consciente de que el mundo del cuadrilátero es mucho más duro de lo que esa joven presiente.

Y así nos llevan a un ambiente de sudor, violencia y dolor, con un final poco deseable, pero que logra apasionarnos desde los primeros momentos, pues todo es tan sincero que nos parece hasta cierto punto familiar, muy creíble. La estrella del filme debería ser Eastwood o en su defecto Freeman, pero la figura exenta de maquillaje de Hilary Swank nos encandila desde que la vemos por vez primera pegando torpemente al saco pesado, y termina anulando al resto de sus compañeros, incluso sobrepasa en interés al buen logrado guión.

Nominadas: *El aviador, Descubriendo Nunca Jamás, Ray, Entre copas.*

MEJOR DIRECTOR

CLINT EASTWOOD Por: *Million Dollar Baby*

Nominados: Taylor Hackford, Mike Leigh, Alexander Payne, Martin Scorsese.

MEJOR ACTOR

JAMIE FOXX Por: *Ray*

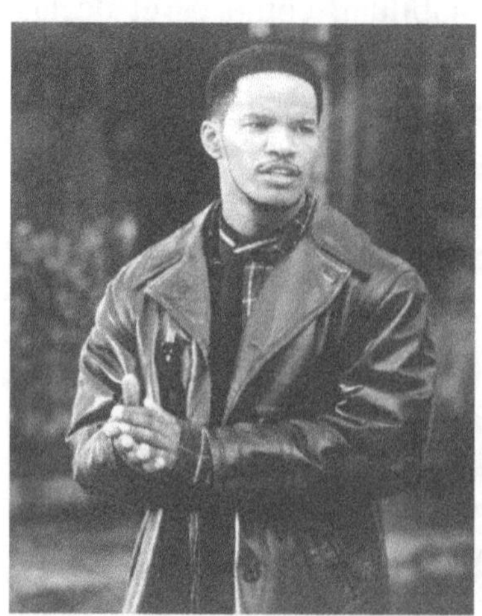

Es difícil saber qué resultado hubiera tenido este filme sin el trabajo de Jamie Foxx, músico y actor, que fue capaz de hacemos creer que el músico ciego todavía seguía vivo. Después de trabajar con Tom Cruise en el film *Collateral*, por el que recibió las mejores críticas de su carrera, tuvo que bajar más de 15 kilos de peso y accedió a que sus párpados fueran pegados durante las 14 horas de rodaje diario, algo que le hizo padecer varios ataques de pánico durante los primeros días.

Foxx conoció en persona a Ray Charles varias semanas antes de que se iniciara el rodaje en un estudio de grabación en Los Ángeles, y según recuerda, el músico invitó a Foxx a sentarse junto a él en el teclado para improvisar una serie de melodías. El actor se desenvolvió con soltura con ritmos como el blues y el soul pero no logró dominar los sonidos del jazz. Por eso Charles no ocultó su frustración y criticó con dureza al actor. "Ray no sólo lo estaba probando como pianista sino también como persona. Finalmente Jamie se dio cuenta y ambos se abrazaron. Creo que fue en ese momento que Ray le dio su bendición para interpretar a su persona en la pantalla", afirmó el director sobre el músico, quien falleció el en junio de 2004.

Foxx tocó todas las melodías de la película él mismo en el piano, pero prefirió no imitar la voz del músico. Asimismo, evitó tener mayor contacto con Charles para no caer en la tentación de interpretar al "viejo" Ray en vez del hombre entre 18 y 49 años en el que se basa el film.

Nominados: Don Cheadle, Johnny Depp, Leonardo DiCaprio, Clint Eastwood.

MEJOR ACTRIZ

HILLARY SWANK Por: *Million Dollar Baby*

Desde aquellos años en que competía en los Juegos Olímpicos Júnior, que le permitieron conseguir el principal papel en *Kárate Kid* (1994) (de malos resultados artísticos pero no económicos) hasta hoy, esta nativa de Bellingham, Estados Unidos, oculta su verdadera edad (31) bajo un rostro y figura propia de una adolescente. Ella fue la heroína en *El núcleo* (2003), una epopeya catastrofista en la cual maneja con destreza una gigantesca perforadora, aunque su mayor triunfo sería en *Los chicos también lloran* (1999), de nuevo en un papel andrógino que le valió recibir el Oscar a la Mejor Actriz. Su sueldo fue humillante, apenas 3.000 dólares, pero al año siguiente ya había conseguido llegar a los 3 millones de dólares, ganado además un Globo de Oro.

Nominadas: Annette Bening, Catalina Sandino Moreno, Imelda Staunton, Kate Winslet.

MEJOR ACTOR DE REPARTO

MORGAN FREEMAN Por: *Million Dollar Baby*

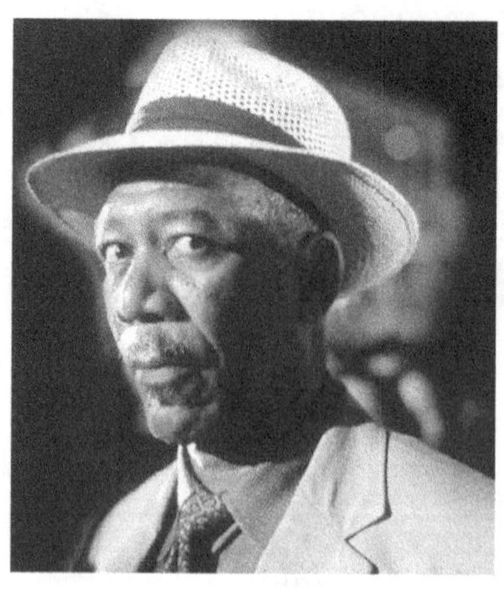

Este veterano actor negro nacido en la mítica ciudad de Memphis en 1937, consiguió destacar en todo el mundo por su acertado papel de chofer en el filme *Paseando a Miss Daisy* (1989), aunque mucho antes le vimos bastante más curtido en *Brubaker* (1980.) Antiguo miembro de las fuerzas aéreas norteamericanas, dio un giro a su vida cuando aprendió baile en San Francisco, consiguiendo ciertos trabajos en Broadway y la televisión. Posee dos nominaciones al Oscar, una al premio Tony y tres premios Obie.

Nominados: Alan Alda, Thomas Haden Church, Jamie Foxx, Clive Owen

MEJOR ACTRIZ DE REPARTO

CATE BLANCHETT Por: *El aviador*

Nominadas: Laura Linney, Virginia Madsen, Sophie Okonedo, Natalie Portman.

MEJOR PELÍCULA DE HABLA NO INGLESA

MAR ADENTRO Por: Alejandro Amenábar

Con un tema polémico -la eutanasia- y no especialmente aplaudido en los Estados Unidos, Amenábar nos demuestra que es capaz de gustar por igual en su tierra y en el extranjero. Dotado de un carácter tranquilo y una apariencia inofensiva, este director consigue llevar a los actores siempre al mejor terreno, evitando que sobreactúen (lo que en Javier Bardem parecía un imposible), conectando con el público mediante una fórmula siempre eficaz: la sencillez y el buen gusto.

Nominadas: *Los chicos del coro, El hundimiento, As It is in Heaven, Yesterday*

MEJOR GUIÓN ADAPTADO

ALEXANDER PAYNE Y JIM TAYLOR Por: *Entre copas*

MEJOR GUIÓN ORIGINAL

CHARLIE KAUFMAN, MICHEL GONDRY y PIERRE BISMUTH Por: *¡Olvídate de mí!*

MEJOR FOTOGRAFÍA

ROBERT RICHARDSON Por: *El aviador*

MEJOR MONTAJE DE SONIDO

MICHAEL SILVERS y RANDY THOM Por: *Los increíbles*

MEJOR BANDA SONORA ORIGINAL
JAN A.P. KACZMAREK Por: *Descubriendo Nunca Jamás*

MEJOR CANCIÓN
AL OTRO LADO DEL RÍO de: *Jorge Drexler*
Es la primera vez que una canción en español logra este premio y fue interpretada en el festival por Antonio Banderas, asombrándonos por su gran capacidad para desafinar sin el menor rubor. Incluso recibió los aplausos que le correspondían a Drexler, quien cuando recogió el trofeo esbozó a pelo una corta estrofa de la melodía. Nobleza obliga, aunque tampoco estuvo muy afortunado, o es que quizá la canción no nos pareció gran cosa.

MEJORES EFECTOS VISUALES
JOHN DYKSTRA, SCOTT STOKDYK, ANTHONY LAMOLINARA y JOHN FRAZIER Por: *Spiderman II*

MEJOR MONTAJE
THELMA SCHOONMAKER Por: *El aviador*

MEJOR DIRECCIÓN ARTÍSTICA
DANTE FERRETI y FRANCESCA LO SCHIAVO Por: *El aviador*

MEJOR DISEÑO DE VESTUARIO
SANDY POWELL Por: *El aviador*

MEJOR MAQUILLAJE
LEMONY SNICKET Por: *Una serie de desafortunadas desdichas*

MEJOR PELÍCULA DE ANIMACIÓN

BRAD BIRD Por: *Los increíbles*

OSCAR ESPECIAL

SYDNEY LUMET

Nacido el 25 de junio de 1924 en Philadelphia, Lumet es uno de los directores más importantes de la historia del cine estadounidense, tal y como afirmaba el presidente de la Academia, Frank Pierson, cuando anunció su elección para el Oscar de honor.

Justo reconocimiento a un hombre que ha sido candidato en cuatro ocasiones y que nos ha aportado títulos como *Serpico* (1973), *Network: un mundo implacable* (1976) o *12 hombres sin piedad* (1957), sin olvidar los más recientes como *Gloria* (1998), *En estado crítico* (1997), *La noche cae sobre Manhattan* (1996) o *Negocios de familia* (1989).

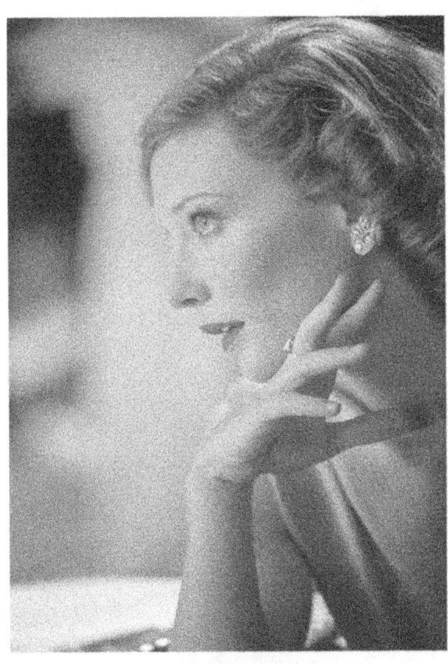

Cate Blanchett

AÑO 2005

78th Awards: 5 de marzo de 2006, 17,00
Lugar:Kodak Theatre de Hollywood
Presentador: Jon Stewart

Fue presentada el sábado 5 de marzo de 2006 en el Kodak Theatre de Hollywood y Highland, y retransmitida por la cadena ABC Televisión Network a las 5 p.m, con la llegada a través de la alfombra roja desde las 4 p.m. Para muchos, lo mejor es precisamente esa entrada triunfal, convertida ya en un desfile de modelos, especialmente por el que lucen las actrices, quienes rivalizan por el escote más generoso. Denominado ya como "Star Style" o el "Star Style at the Academy Awards", recientemente estos diseñadores muestran ya sus diseños junto con los mejores modistos, ofreciendo así al público un avance de lo que se llevará ese próximo año.

Ese año y por primera vez, la Academia dispuso de dos carteles anunciadores, "Black Tuxedo" y "White Gloves". En total se han impreso 50.000 anuncios.

La ceremonia estuvo presentada por el comediante Jon Stewart, presentador del programa "The Daily Show". Entre las decenas de estrellas estuvieron presentes Marc Anthony y Jennifer López, esta última presentando una de las canciones que se interpretaron en la noche.

Stewart, habitualmente bastante gracioso, mostró carecer de eso que llaman suerte de principiante en su primera actuación como anfitrión de la entrega anual de los premios de la Academia. Su usualmente impecable mezcla de picardía y modestia fracasaron en la entrega del Oscar. El resto del espectáculo fue ampliamente insípido.

En medio de la ceremonia hubo algunos intentos ocasionales de ingenio, como cuando los presentadores del premio al mejor maquillaje Will Ferrell y Steve Carell subieron al escenario uno con la cara roja y el otro pálido y con pestañas postizas.

El galardonado actor Jack Nicholson, junto a Jake Gyllenhaal, Eric Bana, Samuel L. Jackson, Ben Stiller,

John Travolta y Ziyi Zhang, colaboraron en la presentación de la 78 ceremonia. A estos presentadores se unieron Hilary Swank, Jamie Foxx, Morgan Freeman, Jessica Alba, Owen Wilson, Luke Wilson, Jennifer Aniston, Tom Hanks, Sandra Bullock, Keanu Reeves, Will Ferrell, Queen Latifah, Terrence Howard, Meryl Streep, Will Smith, Steve Carell, Nicole Kidman, Chris "Ludacris" Bridges, Uma Thurman, Charlize Theron, Naomi Watts, Lily Tomlin, Reese Witherspoon, George Clooney, Jennifer Lopez y Salma Hayek.

Y en otro intento cómico, Tom Hanks demostró la nueva estrategia de la Academia para acelerar los discursos de aceptación. Los músicos del evento no sólo le rodearon en el escenario, sino que le atacaron físicamente para asegurarse de que fuera breve. Desde el instante en que los ganadores comenzaban a hablar, la orquesta empezaba a tocar como para tratar de sacarlos del escenario incluso antes de que llegaran a abrir la boca.

MEJOR PELÍCULA

CRASH De: Paul Haggis

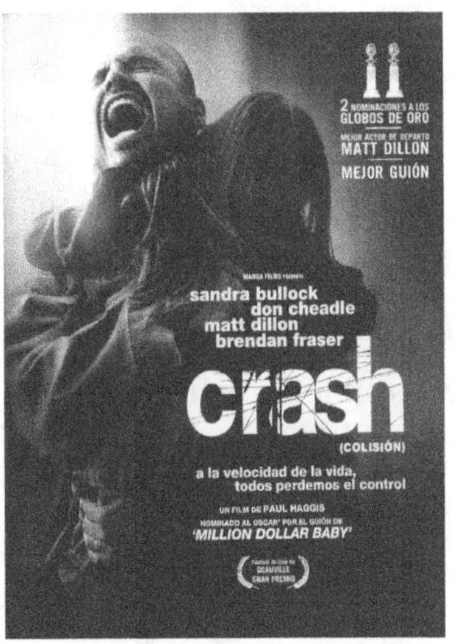

Este filme independiente, realizado con un pequeño presupuesto de siete millones de dólares, más cinco invertidos en la campaña publicitaria, no había conseguido apenas resultados económicos en taquilla y ni siquiera aparecía como una de las favoritas del Oscar. El propio Jack Nicholson,

cuando leyó el ganador, no pudo ocultar su asombro. Dirigida por el guionista de Million Dolar Baby, consigue unir adecuadamente a una serie de personajes aparentemente sin conexión, mediante una estupenda puesta en escena, un buen guión, y unas escenas de acción en las calles de Los Ángeles delirantes.
Nominadas: *Brokeback Mountain, Capote, Godd Nigth, and Godd Luck, Munich*

MEJOR DIRECTOR

ANG LEE Por: *Brokeback Mountain*
Ang Lee nació en Pingtun, Taiwán, el 23 de octubre de 1954. Ahora es considerado como un tradicional director chino que ha sabido adaptarse a las peculiaridades del cine norteamericano, mezclando la modernidad con la tradición. Su educación americana le ha permitido obtener en sus filmes cierto tono de comedia ligera que marca una ruptura con el realismo trágico que caracteriza el cine de Taiwán tras el fin del período de ley marcial en los años 1990. Fue el primero en introducir temas homosexuales en el cine asiático, y también fue pionero en las películas de artes marciales de gran presupuesto de Hollywood.
Estudiante en la universidad de Illinois y con un master en la escuela de arte Tisch de la universidad de Nueva York, dónde en 1984 realizó una película titulada Fine Line como tesis, fue compañero de clase de Spike Lee. En 2001 fue profesor visitante en la universidad de Dartmouth y allí estrenó Tigre y Dragón.
Sus últimas películas, Hulk y Brokeback Mountain, han sido alabadas por su originalidad artística. Por esta última, ganó el León de Oro del Festival de Venecia de 2005.

Nominados: Bennett Miller, Paul Haggis, George Clooney, Steven Spielberg

MEJOR ACTOR

PHILIP SEYMOUR HOFFMAN Por: Capote

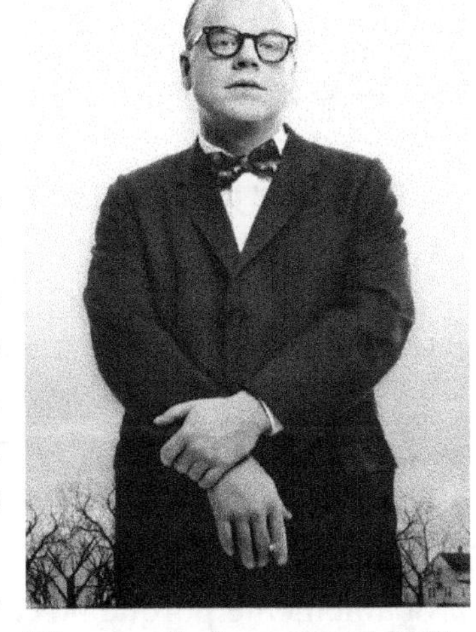

Productor ejecutivo del filme premiado, ha sido galardonado hasta ese momento con 18 premios al mejor Actor, y nominado a un Emmy. Es miembro y codirector de la Compañía de Teatro Labyrinth, habiendo dirigido varias obras de teatro, una de ellas aclamada en el Festival de Edimburgo. Su afición al alcohol estuvo a punto de truncar su carrera artística. Entre su filmografía destacamos Esencia de mujer (1992), El gran Lebowski (1998), Patch Adams (1998) y Coul Montain (2003)

Nominados: Terrence Howard, Heath Ledger, Joaquin Phoenix, David Strathairn.

MEJOR ACTRIZ

REESE WITHERSPOON Por: *En la cuerda floja*

Nominadas: Judi Dench, Felicity Huffman, Keira Knightley, Charlize Theron

MEJOR ACTOR DE REPARTO

GEORGE CLOONEY Por: *Syriana*

Nominados: Matt Dillon, Paul Giamatti, Jake Gyllenhaal, William Hurt, Jake Gyllenhaal

MEJOR ACTRIZ DE REPARTO

RACHEL WEISZ Por: *El jardinero fiel*

Nominadas: Amy Adams, Catherine Keener, Frances McDormand, Michelle Williams

MEJOR PELÍCULA EXTRANJERA

TSOTSI Sudáfrica

Nominadas: Don't Tell, Joyeux Noël, Paradise Now, Sophie Scholl - The Final Days

MEJOR GUIÓN ADAPTADO

BROKEBACK MOUNTAIN

MEJOR GUIÓN ORIGINAL

CRASH

MEJORES EFECTOS VISUALES

KING KONG

No estuvo muy acertado Peter Jackson con este remake, probablemente porque no es lo mismo disponer de un texto de Tolkien, que de otro elaborado para el cine. Los efectos especiales son notorios, igual que los sonoros, aunque ahora, desde que sabemos que todo es producto de los informáticos, nos dejan un poco fríos. De todas maneras, tres Oscars no son poco.

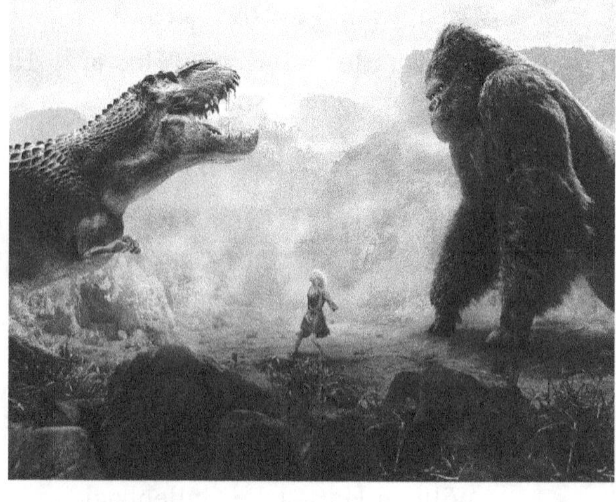

MEJOR DIRECCIÓN ARTÍSTICA
MEMORIAS DE UNA GEISHA

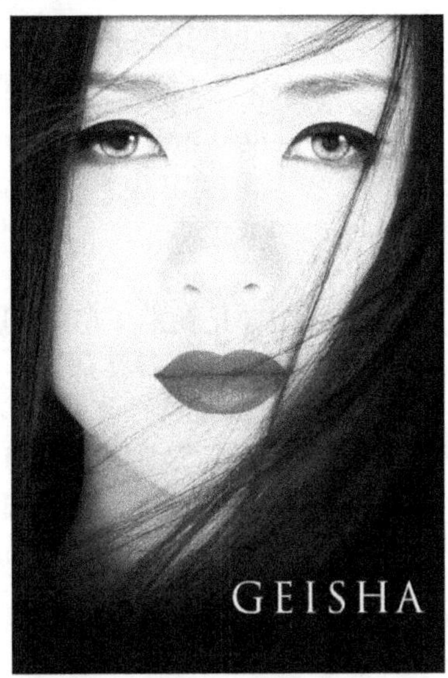

MEJOR DISEÑO DE VESTUARIO
MEMORIAS DE UNA GEISHA

MEJOR FOTOGRAFÍA
MEMORIAS DE UNA GEISHA

MEJOR MAQUILLAJE
LAS CRÓNICAS DE NARNIA

MEJOR BANDA SONORA ORIGINAL
BROKEBACK MOUNTAIN
MEJOR CANCIÓN ORIGINAL
IT'S HARD OUT HERE FOR A PIMP (*Hustle & Fflow*)

MEJOR SONIDO
KING KONG

MEJORES EFECTOS SONOROS
KING KONG

MEJOR CORTO ANIMADO
THE MOON AND THE SON: AN IMAGINED CONVERSATION
MEJOR PELÍCULA ANIMADA
WALLACE & GROMIT: LA MALDICIÓN DE LAS VERDURAS

MEJOR MONTAJE
CRASH

MEJOR DOCUMENTAL

EL VIAJE DEL EMPERADOR De: Luc Jacquet & Yves Darondeau

Un periplo sobre las penurias de los pingüinos para reproducirse.

MEJOR CORTOMETRAJE

SIX SHOOTER

OSCAR ESPECIAL

ROBERT ALTMAN, director de MASH, entre otras decenas de películas, recibió el Oscar honorario por su trayectoria.

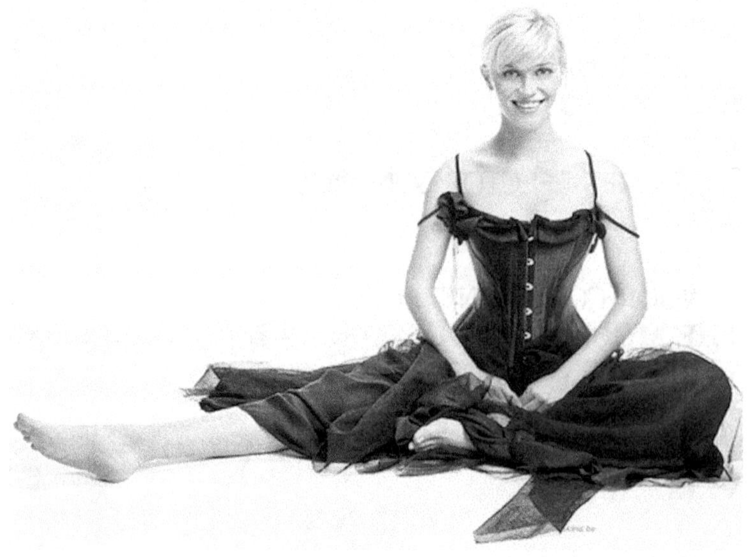

Reese Witherspoon

ÍNDICE

OTROS LIBROS DE EDICIONES MASTERS

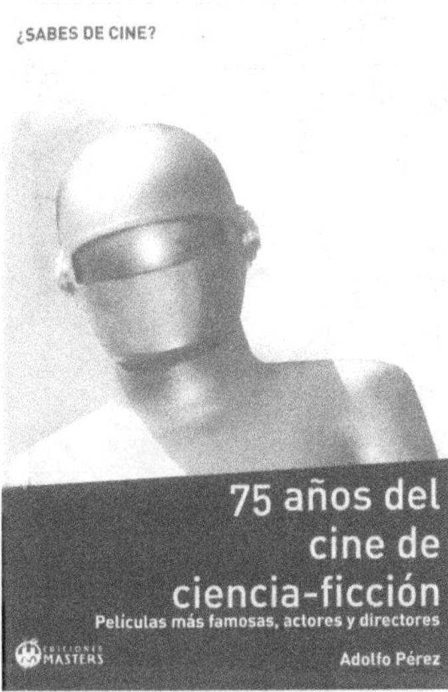

75 AÑOS DEL CINE DE CIENCIA FICCIÓN

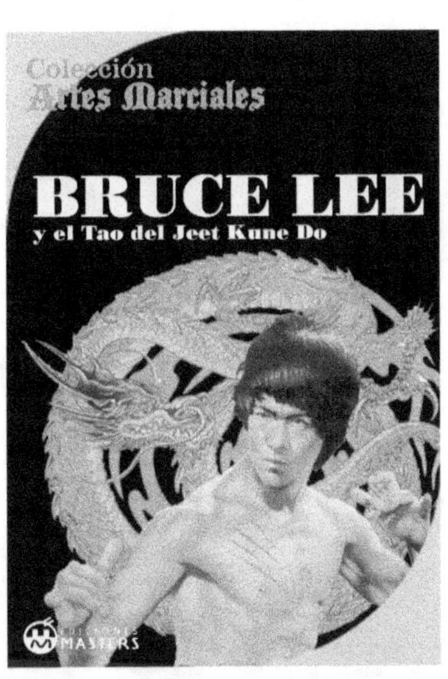

BRUCE LEE Y EL TAO DEL JEET KUNE DO

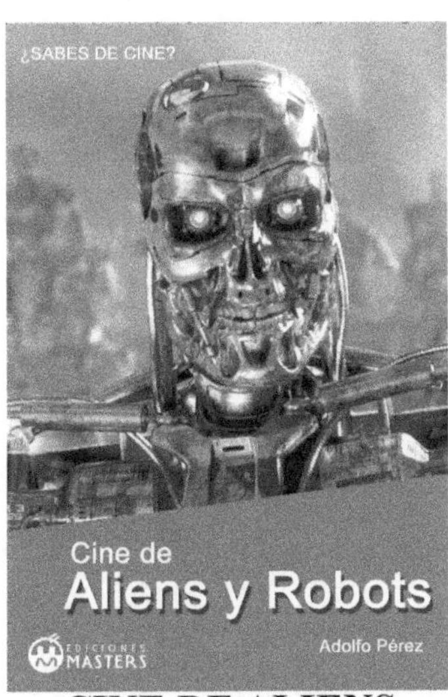

CINE DE ALIENS Y ROBOTS

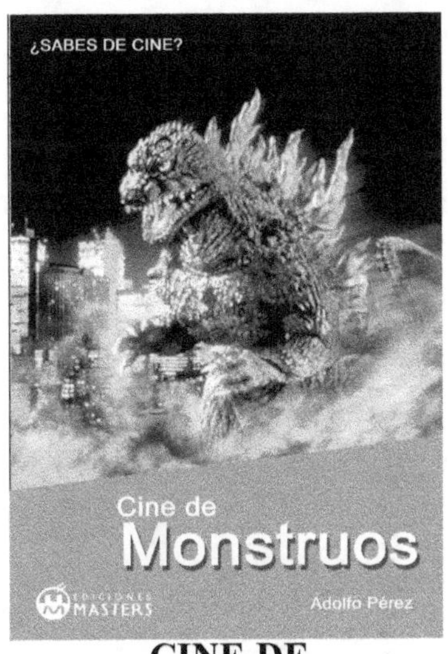

CINE DE MONSTRUOS

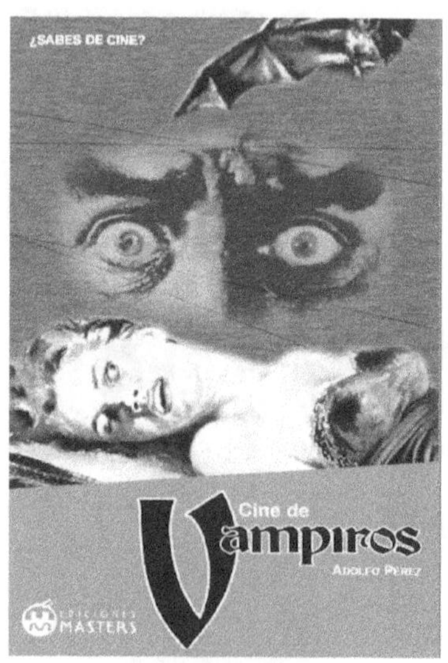

CINE DE VAMPIROS

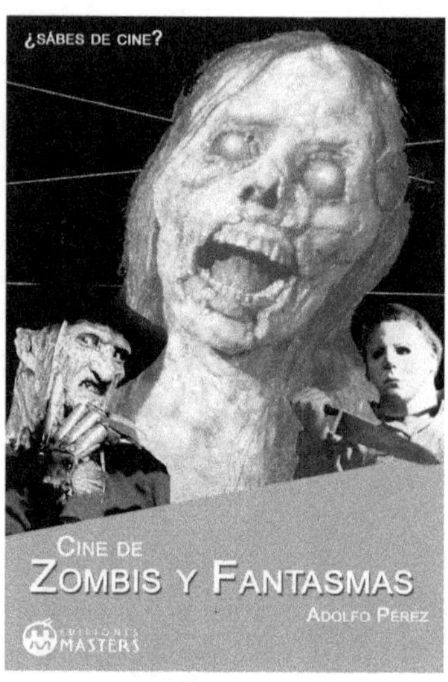

CINE DE ZOMBIS Y FANTASMAS

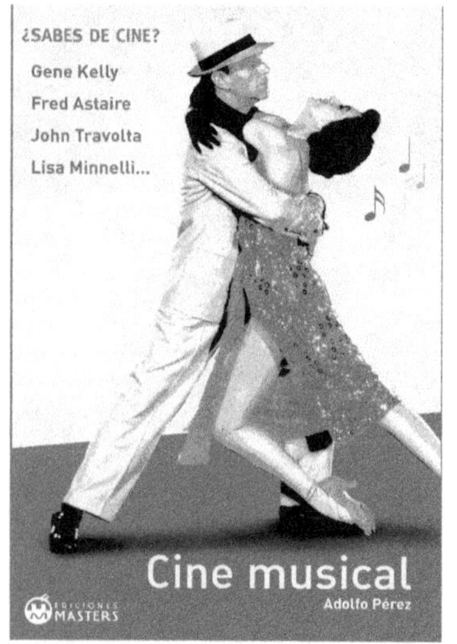

CINE MUSICAL

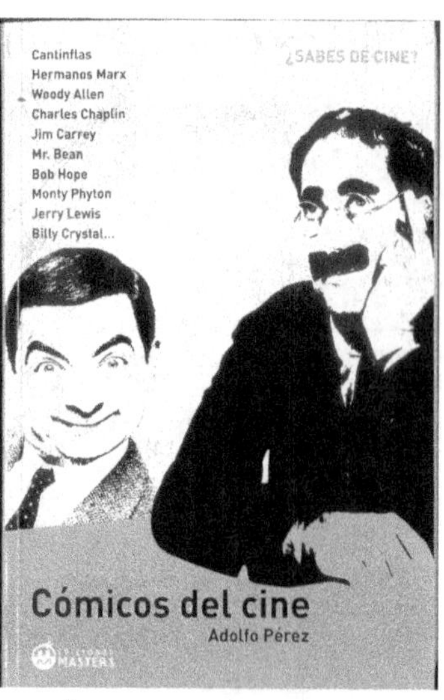

CÓMICOS DEL CINE

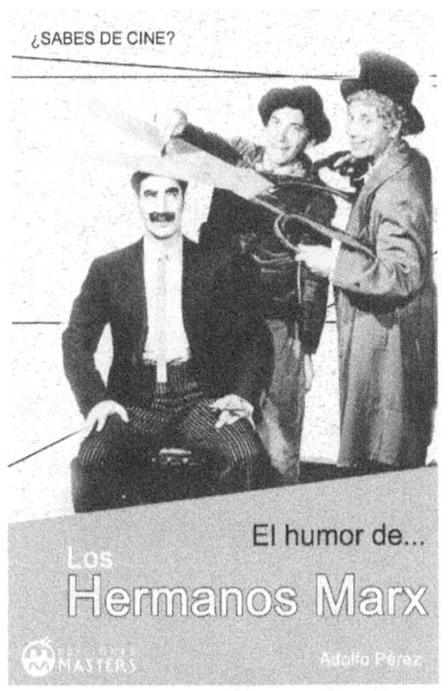

EL HUMOR DE LOS HERMANOS MARX

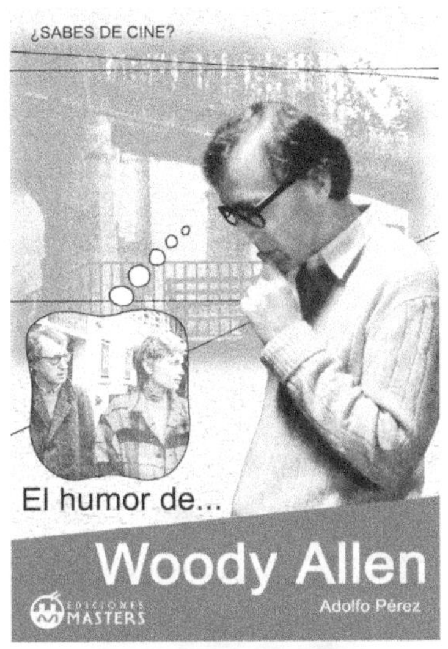

EL HUMOR DE WOODY ALLEN

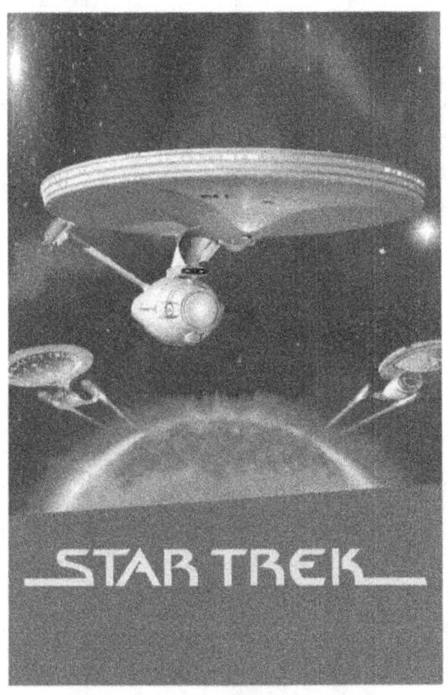

EL UNIVERSO DE STAR TREK

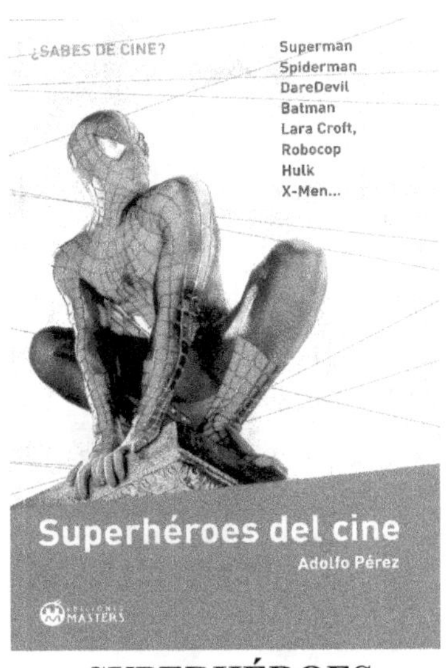

SUPERHÉROES DEL CINE

www.ingramcontent.com/pod-product-compliance
Lightning Source LLC
Chambersburg PA
CBHW051436170526
45166CB00001B/13